IP 知识产权专题研究书系

ZUOPIN YANYIQUAN YANJIU

作品演绎权研究

孙玉芸　著

知识产权出版社

全国百佳图书出版单位

图书在版编目（CIP）数据

作品演绎权研究 / 孙玉芸著 . —北京：知识产权出版社，
2014.11
（知识产权专题研究书系）
ISBN 978 - 7 - 5130 - 3153 - 0

Ⅰ.①作…　Ⅱ.①孙…　Ⅲ.①知识产权 – 研究 – 中国
Ⅳ.①D923.404

中国版本图书馆 CIP 数据核字（2014）第 267129 号

责任编辑：刘　睿　刘　江　　　　　责任校对：韩秀天
特约编辑：王晓琳　　　　　　　　　责任出版：刘译文

作品演绎权研究
Zuopin Yanyiquan Yanjiu

孙玉芸　著

出版发行：	知识产权出版社 有限责任公司	网　　址：	http：//www.ipph.cn
社　　址：	北京市海淀区马甸南村 1 号	邮　　编：	100088
责编电话：	010 – 82000860 转 8113	责编邮箱：	liurui@ cnipr.com
发行电话：	010 – 82000860 转 8101/8102	发行传真：	010 – 82000893/82005070/82000270
印　　刷：	保定市中画美凯印刷有限公司	经　　销：	各大网上书店、新华书店及相关专业书店
开　　本：	787mm×1092mm　1/16	印　　张：	17
版　　次：	2014 年 11 月第一版	印　　次：	2014 年 11 月第一次印刷
字　　数：	208 千字	定　　价：	42.00 元
ISBN 978 - 7 - 5130 - 3153 - 0			

演绎权：著作权保护的挑战
（代　　序）

　　著作权领域的作品有多重价值，包括固有价值和拓展价值。

　　以复制方式利用现有作品，其着重点在于作品的固有价值；以演绎方式利用现有作品，其着重点在于作品的拓展价值。例如，吴承恩创作的《西游记》，堪称中华古典小说中的瑰宝。当人们以复制方式印刷出版现代版《西游记》时，只能让其固有价值得以延伸。但是，当人们将《西游记》演绎成电视连续剧或者选取其中的一个章节拍摄成电影时，就拓展了它的文学艺术价值，不仅为人类增添更多的愉悦，而且引领人们对社会进行更深层次的思辨。

　　单纯从著作权理论角度看，演绎，毫无疑问是对现有作品的一种创作性利用。演绎者决定对某一作品进行演绎创作之前，首先应当弄清楚该作品受著作权保护的状况，然后再考虑是否应当与该作品作者或者著作权人取得联系，获得许可，最后才能决定是否对该作品进行演绎创作。倘若该作品已超过法律规定的保护期限，进入了公有领域，演绎者在不侵害该作品作者人身权的前提下，可以对该作品进行演绎创作。对于仍处于法律规定保护期内的作品，演绎者应当事先取得该作品著作权人许可，才能进行演绎创作。演绎者通过努力寻找仍然无法与著作权人取得联系的，应当将该作品以孤儿作品对待，按照有关规定办理相关手续后进行演绎创作。

然而，从著作权实践角度看，某一件具体作品即使与他人在先创作的作品高度相似甚至相同，该在后作品的作者却可以各种各样的理由否认其创作的作品是对他人在先作品的演绎，而坚称是自己独立的创作，只是因为巧合而雷同或者相似而已。面对这种现象，在先作品的作者或者著作权人要想指控该在后作品的作者所创作的作品是以其现有作品为基础进行的演绎，其难度非常大。例如，2014 年 4 月，我国台湾女作家琼瑶指控电视连续剧《宫锁连城》是对其电视剧《梅花烙》的抄袭剽窃（实际上应当是演绎），但《宫锁连城》编剧却矢口否认其抄袭剽窃（包括演绎），而是自己的独立创作，只不过在故事情节、主要人物及其关系、经典桥段等创作要素方面因巧合而雷同。在此纠纷中，琼瑶女士的维权之路必定十分艰难，因为改编式或者抄袭剽窃式演绎只是对原作中实质部分的利用，并不是原封不动的拿来，更何况被指控方以巧合而辩。

当然，在现实中，有些演绎是非常容易判断的，例如，对现有作品进行翻译、点校、注释、整理、缩写或者扩充。

由此可见，理论上的演绎与现实中的演绎存在巨大的差距。由此导致著作权人依法享有的演绎权在具体实践中面临着巨大的挑战。孙玉芸博士为了寻找破解演绎权所遭遇的难题，早在攻读博士学位期间就进行资料的收集整理，梳理相关理论，剖析具体案例，探索突破路径。今天，她的研究成果《作品演绎权研究》终于抽芽吐蕊，呈现在您面前，我作为导师，深感欣慰。

《作品演绎权研究》，谨遵"发现问题—分析问题—解决问题"的研究思路，从演绎权的发展轨迹入手，提出演绎权扩张问题，并对演绎权扩张的技术背景、历史进程、社会影响进行深入考察；以著作权理论为支撑，紧扣具体实践，分析演绎权扩张的正当性及其在司法实践中的体现；进而探讨演绎权扩张与版权公有领域之间的对立与冲突，反思演绎权扩张现象，提出限制演绎权扩张建议。全文脉络清晰，结构合理。针对演绎权的扩张问题，作者一方面从经济激励说、自然权利说、延迟作品公开说、节约交易成本说、公地悲剧说等角度肯定了演绎权扩张的必要性，并就司法实践中如何保护演绎权提出了具体方案；另一方面，从言论自由权、工具主义说、自然权利说、经济激励说等角度，作者也提出自己对演绎权过度扩张的担忧，指出演绎权的扩张应受到适当限制，版权法应为公众的自由演绎留下适当的发展空间，并建议从利益平衡原则出发，通过利益补偿法或分阶段保护法来完善演绎权制度。

　　以此为序，聊表喜悦之情！

曹新明

2014 年夏于武汉

目　　录

1

绪　　论

一、本书的研究价值

演绎权的出现是版权制度扩张的产物。从版权法的历史变迁中，可以清晰地看到演绎权的发展脉络。演绎权的初步形成，约开始于 19 世纪中叶，以英、法两国达成保护作者翻译权的双边协议为标志。在此之前的长达 100 多年的版权法进程中，演绎权和演绎作品的概念几乎不存在。早期的版权法，无论是《英国安娜法》，还是美国的第一部《美国联邦版权法》，都以打击盗版为目的，只授予作者及其出版商印刷权和重印权。因此，对作品进行改编、翻译或将作品从一种形式转换为另一种形式并发行之，这并不构成侵权，作者无权控制他人对作品的二次创作，改编作品、翻译作品及其他在原作品基础上产生的作品，均与原作品一样，受到版权法的平等保护。但是，版权制度的扩张改变了这一切。随着传媒技术的发展及文化产业的兴起，对作品的改编行为逐渐流行，并催生出新的消费市场。代表作者一方的相关利益集团开始积极推动版权法的修订，要求法律除继续打击盗版之外，还应加大对以生产新作品为目的的改编行为的规制，确保作者在国际市场、电影市场等新兴市场的垄断，保护他们的经济利益。面对新技术的挑战，立法者逐渐改变了以往对翻译、改编的态度，倾向于认为限制他人对原作品的接触于社会更有利。版权法逐渐加强了作者对作品的控制，翻译权、注释权、节选权、改编权等不断涌现，并最终形成一个庞大的权利族群，汇入演绎权体系，为各国立法和国际公约所认可。

演绎权的出现，也反过来作用于版权法，给版权制度的发展带来深刻影响。首先，从立法方面来看，演绎权彰显了私权神圣理念，强化了对二次创作的控制。自演绎权诞生之后，"任何对作品的利用活动都应为作者所主宰"的版权扩张思想深入人心，版权法实现了从打击盗版（非生产性使用作品）到打击二次创作（生产性使用作品）的飞跃，作者的专有权范围不断扩大。就这一意义而言，对演绎权的认识过程，也就是对版权扩张的认识过程。其次，从司法方面来看，演绎权模糊了侵权界限，增加了版权侵权认定的困难。一方面，在演绎权的保护下，剽窃与原创越来越难以区分；另一方面，由于演绎权与复制权、精神权利等的交叉与重叠，演绎权的侵权认定也常易与这些权利发生混淆。什么是作品的实质性相似、如何把握演绎行为的法律性质，成为司法实践中又一复杂、棘手的难题。

演绎权在版权法中的地位及其影响，使得对其进行较为系统的梳理与分析非常必要。具体而言，研究演绎权的基本理论和实际操作，有以下重要意义：

第一，是合理界定版权法的权利范围、实现私人利益和公共利益平衡的需要。

版权法的保护界限在哪，这一直是版权法中的一个古老问题。事实上，存在于版权领域内的一切疑难制度，包括合理使用、思想与表达二分法及独创性理论等，其实都是在试图对这一问题进行解答。甚至，这一问题也经常逾越版权领域，而受到包括商标、专利等其他知识产权制度的关注。然而，即使跳出版权制度框架，站在知识产权权利冲突的角度，人们也未能很好地解决这一问题。日本学者中山信弘曾指出：著作权法的权利范围不明确，使得社会上对作品的允许利用范围存有各种各样的"迷信"。演绎作品是作品中的一种特殊类型，它既不同于剽窃作品，也不同于原创作品。授予作者演绎权，要求演绎作品的创作须获得原作者的授权，这不可避免地使得本就模糊的版权保护范围更加模糊，一定程度上可能导致部分原创作品的创作也被纳入作者私权范畴。因此，对作者演绎权的保护，其实真正拷问的是版权制度的核心——版权法究竟要保护什么？研究演绎权的存在理论及其发展趋势，既是合理划分版权权利范围及公有领域的关键所在，也是抑制版权过度扩张，保护公共利益的需要。

第二，是正确理解演绎权扩张、解决演绎权侵权纠纷的需要。

作品的价值在于其艺术性，而版权制度的产生却因其财产利益而起。演绎作品具备作品的构成要件，但却因和原创作品的商业利用冲突而被置于原作者演绎权的控制之下。与版权人的其他财产权利相比，演绎权集中反映了版权法中的利益重叠与冲突，呈现法律界定的模糊性及实践保护的难操作性特点。司法实践中，面对作品演绎权的侵权纠纷，法院常常从复制权的角度去认定原作者的版权是否受到侵犯。特别地，当从复制权角度无法作出侵权与否的判断时，法院才开始真正考虑作者的演绎权是否受到侵害，且判决还经常相互冲突。演绎权在司法保护中的这一尴尬地位，与其在版权立法中的扩张趋势极不适应。随着计算机软件、视听作品、孤儿作品的大量涌现以及私人使用现象的普遍，演绎权日益复杂并越来越令人困惑。新的时代及技术背景下，我们有必要正视原作品和演绎作品的关系，从竞争、市场利益等角度，还原演绎权的本来面目，探讨利益平衡下演绎权的存在价值及对公共领域的保护。对作品演绎权制度展开研究，这既是解决司法实践中日益增多的作品演绎权侵权纠纷的需要，也是进一步完善演绎权立法的需要。

二、国内外的理论研究现状

作品演绎权制度是一项较少为人关注的课题。在我国，对这一制度展开较为细致研究的是冯晓青学者的《演绎权之沿革及其理论思考》一文。该文着重探讨演绎权的扩张历程及其正当性，这也是我国极少数的专门论及这一主题的文章。除此之外，相关研究成果还有学者马秀荣、卢海君、黄汇以及郭斯伦等的著作，以上学者主要探讨演绎作品的构成要件及非法演绎作品的保护问题。其中，马秀荣学者的《非法演绎作品之著作权辨》一文较早提出了非法演绎作品是否应受到著作权法保护的问题；黄汇学者的《非法演绎作品保护模式论考》一文着重分析了非法演绎作品保护的各种模式及我国的选择；卢海君学者的《从美国的演绎作品版权保护看我国〈著作权法〉相关内容的修订》一文主要结合美国在演绎作品保护方面的立法与司法实践，分析了我国《著作权法》在该方面存在的问题及完善；郭斯伦学者的博士论文《演绎作品构成研究》着重从演绎作品应受版权保护的角度，深入分析了演绎作品的两大构成要件——原创性和利用性的内涵及其判断标准。

与国内现有研究成果相比，国外学者对作品演绎权方面的研究，由于有相关案例可供探讨，因此显得相对深入和丰富。

就当前来看，国外关于演绎权的研究成果主要如下。

1. 演绎作品的构成与法律保护研究

演绎作品的构成及保护，是所有关于演绎权的讨论中学者论述最多的问题。其研究内容主要集中在以下三个方面。

第一，探讨演绎作品的两大构成要件——原创性和固定性。其中，对于原创性，多数观点认为这是演绎作品的核心要件，并结合 Doran 案、Gracen 案等具体分析了原创性的基本含义。对于固定性，部分学者则从 Midway 案、Galoob 案等出发，认为固定性不是演绎作品受版权保护的必备要件。如：Stevens S. Boyd，*Deriving Originality in Derivative Works：Considering the Quantum of Originality Needed to Attain Copyright Protection in a Derivative Work*，40 Santa Clara L. Rev. 325（2000）（斯蒂文·博伊德：《演绎作品的原创性：演绎作品要获得版权保护，应具备多少原创性》）；Tyler T. Ochoa，*Copyright，Derivative Works and Fixation：Is Galoob a Mirage，or does the Form（gen）of the Alleged Derivative Work Matter?* 20 Santa Clara Computer & High Tech. L. J. 991（2004）（特勒·欧嘉：《版权、演绎作品和固定性：是否 Galoob 案就是 Mirage 案，或者是所谓的演绎作品形式在起作用》）；Emilio B. Nicolas，*Why the Ninth Circuit Added Too Much to Subtract Add-on Software from the Scope of Derivative Works Under* 17 U. S. C. § 106（2）：*A Textual Argument*，2004 Syracuse Sci. & Tech. L. Rep. 4（2004）（伊米里奥·尼克拉斯：《为什么在认定加减软件是否是演绎作品时，第九巡回法院要求的比版权法更多》）。

第二，探讨演绎作品例外制度的成因及其适用。不少学者对美国版权法中的这一特殊制度进行了细致研究，充分肯定了这一制度在版权转让终止后保证演绎作品不受原作者控制的重要意义，并结合 Mill 案、Ahlert 案、Abend 案分析了相关法律条文的真正含义及其正确适用。如：Rob Sanders, *The Second Circuit Denies Music Publishers the Benefits of the Derivative Work Exception：Fred Ahlert Music Corp. V. Warner/Chappell Music*, Inc., 29 Sw. U. L. Rev. 655（2000）（罗伯·桑德斯：《第二巡回法院否定了音乐出版商通过演绎作品例外条款所获得的利益：Ahlert 案》）；Peter J. Settle, *Underlying Copyright Renewal and Derivative Works：Abend v. MCA*, Inc., 863 F. 2d 1465（9th Cir. 1988），58 U. Cin. L. Rev. 1069（1990）（彼得·赛特：《版权续展条款的基础及演绎作品：Abend 案》）；Virginia E. Lohmann, *The Errant Evolution of Termination of Transfer Rights and the Derivative Works Exception*, 48 Ohio St. L. J. 897（1987）（维吉尼亚·罗曼：《转移权终止与演绎作品例外的不当演变》）。

第三，探讨数字时代演绎作品的发展及一些新兴的演绎作品类型。从数字技术的发展将可能对演绎作品的保护带来的影响出发，部分学者分析了新技术背景下改革原演绎作品制度的必要性。针对演绎作品的一些特殊类型，如计算机软件，学者也对其原创性要求、侵权认定标准及未来的发展态势等作出了新的分析，并提出了一些法律适用建议。如：Natalie Heineman, *Computer Software Derivative Works：The Calm before the Storm*, 8 J. High Tech. L. 235（2008）（娜塔莉·海曼：《演绎作品之计算机软件：暴风雨前的宁静》）；Gerald O. Sweeney Jr. & John T. Williams, *Mortal Kombat：The Impact of Digital Technology on the Rights of Studios and Actors to Images and Derivative*

Works, 3 Minn. Intell. Prop. Rev. 95 （2002）（吉拉德·斯维尼等：《魔鬼帝国：数字技术给影音作品和演绎作品带来的影响》）。

2. 演绎权的扩张与侵权问题研究

演绎权的扩张是近年来各国版权法发展的一个共同现象，不少学者对这一现象表示了极大关注。其中，部分学者专门以美国1870年、1909年和1976年版权法为考察对象，系统对比和分析了不同时期下法律对演绎权的态度及变化，力图揭示演绎权发展的概貌。而另一些学者则对演绎权的扩张理由作了多角度分析，并表达了未来演绎权应进一步扩张的意见及相关立法建议。如：Patrick W. Ogilvy, *Frozen in Time? New Technologies, Fixation, and the Derivative Work Right*, 3 Vand. J. Ent. & Tech. L. 687 （2006）（帕奇克·欧吉威：《及时冻结？新技术、固定性和演绎权》）；Michael Abramowicz, *A Theory of Copyright's Derivative Right and Related Doctrines*, 90 Minn. L. Rev. 317 （2005）（迈克尔·埃博拉姆维茨：《演绎权理论和相关学说》）；Michael Wurzer, *Infringement of the Exclusive Right to Prepare Derivative Works: Reducing Uncertainty*, 73 Minn. L. Rev. 1521 （1989）（迈克尔·伍泽：《演绎权的侵犯：减少不确定性》）。演绎权的扩张也给版权侵权认定带来不少麻烦。面对司法中法院在演绎权侵权判决方面的混乱状态，部分学者首先对 Mirage 案、Lee 案等相关案例进行了细致考察，在较为全面地分析了演绎权的实际保护现状及其成因后，着重对演绎权侵权中的一些疑难问题，如演绎权侵权的不确定性、演绎权与复制权及精神权利的关系、判断侵权的实质性相似标准、演绎权保护中的利益冲突等作了较为深入的研究，为解决演绎权侵权纠纷提出了许多有益思考。如：Paul Goldstein, *Derivate Rights and Derivative Works in Copyright*, 30 J. Copyright Soc`y U. S. A. 209（1983）（保罗·戈登斯坦：《版权法中的演绎权和演绎作品》）；Aaron Clark, *Not all Edits are Created Equal：The Edited Movie Industry's Impact on Moral Rights and Derivative Works Doctrine*, 22 Santa Clara Computer & High Tech. L. J. 51（2005）（安罗·克拉克：《不是所有的编辑都一样：电影编辑产业对精神权利和演绎作品学说的影响》）。

3. 演绎权的限制与公共领域研究

演绎权的扩张也不可避免地引起了人们对版权公共领域存亡的担心。部分学者开始从文化多样性、数字技术的发展、后现代艺术的特点以及言论自由等多方面论述演绎权的扩张对版权公共领域的危害，质疑演绎权的存在意义。他们认为，宪政意义上的表达自由优先于版权人的私权，授予作者演绎权会导致作者对作品商业性利用的绝对垄断，这虽然看似激发了版权人的创作热情，但却牺牲了公共利益，是本末倒置的做法。作品不是禁忌，应给予公众演绎创作的自由。如：Christine M. Huggins, *The Judge's Order and the Rising Phoenix：The Role Public Interests Should Play in Limiting Author Copyrights in Derivative-Work Markets*, 95 Iowa L. Rev. 695（2010）（克里斯汀娜·胡吉：《法官的规则和凤凰涅槃：在演绎作品市场公共利益在限制作者权利方面应扮演何种角色》）；Erin E. Gallagher, *On the Fair Use between Derivative Works and Allegedly Infringing Creations：A Proposal for a Middle Ground*, 80 Notre Dame L. Rev. 759（2005）（伊瑞克·盖拉吉尔：《演绎作品和所谓侵权间的合理使用：一个中间建议》）。从保护版权公共领域出发，不少学者也纷纷提出了自己关于改革演绎权制度的构想。有学者认为应该重新定义演绎作品，缩小演绎作品范围，将那些不直接和原作品进行市场竞争的演绎创作排除在侵权之外。也有学者认为，对演绎权的侵犯，应以公开传播这一演绎作品为前提，所有对演绎作品的私人表演都是自由、合法的。还有学者具体分析了法定许可、合理使用制度等在限制演绎权扩张方面的意义。如：R. Anthony Reese, *Transformativeness and the Derivative Work Right*, 31 Colum. J. L. & Arts 467（2008）（安思妮·瑞思：《转化和演绎权》）；Amy B. Cohen, *When does a Work Infringe the Derivative Works Right of a Copyright Owner*? 17 Cardozo Arts & Ent LJ 623（1999）（艾米·科恩：《什么时候一部作品侵犯作者的演绎权?》）；Naomi Abe Voegtli, *Rethinking Derivative Rights*, 63 Brooklyn L. Rev. 1213（1997）（纳米·威吉特里：《演绎权的反思》）。

从国内外学者对演绎权相关问题的探讨中，可以窥见演绎权在版权立法及司法中颇为尴尬的处境。学者们关于演绎权的现有研究成果为本书的写作奠定了良好的基础，但这些研究也存在以下不足之处：

（1）现有研究过多从演绎作品的法律保护角度去研究演绎权制度，忽视了"演绎权的保护"与"演绎作品的保护"的区别。就现有研究成果来看，对演绎权问题的探讨常常依附于对演绎作品问题的研究，有关演绎权保护的分析大多来源于或散见于对演绎作品保护的集中论述。现有研究中的这种将"演绎权的保护"与"演绎作品的保护"混为一谈的倾向抹杀了这二者的不同内涵及各自在版权法中的独特意义，这不仅不利于演绎权相关问题的解决，反而更加深了人们对演绎权的困惑。

（2）现有研究主要关注演绎权制度本身，缺乏对该制度与其他相关制度的系统分析。就现有的相关研究成果来看，大多论著都是就事论事，孤立地对演绎权问题进行研究，忽视了该制度与版权其他制度的联系，研究视野过于狭隘。如部分学者在研究演绎权的侵权认定时，就常忽略了思想表达二分法的运用，不恰当地扩大了演绎权的保护范围。而有关合理使用或独创性理论的最新发展趋势也未被充分运用于对演绎权保护的探讨。总体来看，现有研究对演绎权问题的产生与解决缺乏全面和深入的整体分析。

（3）现有研究集中于对演绎权的扩张现象及由此所引发的侵权纠纷的探讨，缺乏对这些现象背后的更为深入、本质的理论研究。现有研究对演绎权的论述，尚处于直观认识阶段，大多只涉及演绎权某一方面问题的探讨，如对立法规定的理解或对司法案例的评析等，很少有关于演绎权的基本内涵、演绎权的法律地位、演绎权正当性的理性思考，也未有关于演绎权制度整体构建的专门研究。由于缺乏演绎权基本理论的支撑，不少关于演绎权实务方面的讨论常流于表面与形式，有时甚至自相矛盾，难以真正解决实际问题。

（4）现有研究对演绎权问题常只从单方利益出发去思考，未能很好地反映该制度的利益平衡精神。演绎权是版权法中的一项特殊制度，该制度集中体现了私人利益和公共利益的重叠与冲突。也正因为此，学者对这一制度总是态度不一，争论激烈。关于演绎权存废的争论过分夸大了演绎权制度中的利益冲突，有违版权法中利益平衡的基本原则，其研究结果也有失客观和公正。

三、本书研究内容、主要观点和研究方法

（一）研究内容

本书遵循理论与实践相结合的基本思路，研究演绎权制度的理论基础及其具体适用。首先，对演绎权的产生与发展作一个通贯性的历史路径勾勒，把握不同时期演绎权的发展特点，并在此基础上对演绎权的扩张现象进行理论剖析，探讨演绎权的存在意义。其次，对演绎权本体问题进行梳理与分析，解读演绎权概念，分析演绎权与演绎作品的构成、演绎作品的保护之间的关系，并结合相关立法规定与司法案例，探讨演绎权的基本内涵及侵权认定。再次，对演绎权制度与版权公共领域的冲突进行反思，研究新时代背景下保护版权公共领域的重要性，并从利益平衡原则出发，探讨现有版权限制制度，如合理使用、权利穷竭、法定许可等对演绎权的适用，提出演绎权修改与完善的相关建议。

本书将从六个方面对演绎权制度进行研究，其基本内容如下。

第一章"演绎权的扩张"。主要回顾与考察演绎权的历史发展进程，梳理演绎权扩张的全貌。演绎权扩张可分为三个阶段：第一阶段为演绎权的否定阶段（18世纪初至19世纪初），此时版权制度尚处于著作财产权时期，各国版权法都不保护作者的演绎权，版权只是复制权的代名词，公众可对他人作品自由翻译、节选或改编，不构成侵权。第二阶段为演绎权的形成阶段（19世纪中至19世纪末），此时版权制度已进入著作人身权时期和全球化时期，作者的权利不断扩张，表演权、精神权利等纷纷出现。受版权全球化及表演权产生的影响，翻译权

和戏剧改编权开始为各国版权法及国际公约所认可，演绎权框架初步形成。第三阶段为演绎权的发展阶段（20世纪初至今），此时版权制度已进入电子版权时期和数字化版权时期，作者的权利还在继续扩张，各国版权法在原有的翻译权和戏剧改编权基础上，增加规定了作者的演绎权（或称改编权），并几经调整，使该权利扩大适用到所有将作品从某一媒介改编到另一新媒介的行为。

第二章"演绎权的正当性"，主要分析演绎权的理论基础。从某些哲学或经济学的角度来看，演绎权既有利于作者，又造福于公众。首先，演绎权有利于保护作者利益，这可用经济激励说和自然权利说来解释。按照经济激励说的观点，授予作者一定期限的财产权利，是为了激励他们创作出更多的作品。经济激励说代表了英美法系对版权制度的基本认识。自然权利说则主要为大陆法系国家所接受。这一学说从保护作者人格利益出发，指出作品是作者创作的，作者当然享有版权，这是他们天赋的、不可剥夺的自然权利。经济激励说和自然权利说，共同反映了对作者利益的维护，是演绎权存在与发展的重要依据。其次，演绎权有利于实现公共利益，这可用延迟作品公开说和公地悲剧说来说明。按照延迟作品公开说和公地悲剧说，如果没有演绎权，那么作者很可能会选择延迟公开作品，这不利于公众对作品的接触；而如果作者不选择延迟公开，那么原作品又可能会被过度开发，这同样会损害公共利益。

第三章"演绎权与演绎作品"，主要考察演绎权与演绎作品的相互制约、相互作用关系。对演绎权的认识离不开对演绎作品的认识。演绎权是在原作品基础上创作演绎作品的权利，它与对演绎作品的保护完全不同，但是相互间又有着错综复杂的关系。通过研究演绎权与演绎作品的原创性、固定性及侵权演绎作品的法律保护问题，可以发现：其一，演绎权的授权与否影响演绎作品的法律保护状态。只有演绎作者在创作时取得了原作者演绎权的许可并且支付了相应报酬，才能由该作者合法享有这一演绎作品上的完整版权。如果演绎作品是未经原作者同意而创作，那么应认定其为侵犯演绎权行为，该非法演绎作品不一定受版权法保护。其二，演绎作品是否具备受版权法保护的构成要件又反过来影响演绎权的保护状态。只有一部未经授权创作的演绎作品具备受版权法保护的构成要件，才能认为该演绎创作是侵犯原作者演绎权的行为。如果该演绎作品没有原创性或固定性，那么可能构成侵犯原作者的复制权或其他权利，而不是演绎权。

第四章"演绎权的侵权认定"，主要结合相关的立法规定及司法判例，探讨演绎权的侵权认定方法。演绎权在立法中的模糊规定，使得演绎权的侵权认定成为司法实践中最为棘手和复杂的问题。对于演绎权的侵权判断，多数法院还是遵循复制权的侵权认定思路，一般从两种路径切入：其一，从作品相似的角度，看被控侵权的演绎作品与原作品之间是否存在实质性相似，如果存在，则构成侵权，否则不构成侵权。其二，从原作者利益角度，看被控侵权的演绎行为是否会损害到原作者的经济利益或精神利益，如果损害，则构成侵权，否则不构成侵权。从这两种路径出发，可以产生出演绎权侵权认定的三种测试方法：实质性相似测试法、经济利益测试法和精神利益测试法。从某种意义上来说，这三种测试方法也或多或少地反映了演绎权与复制权、修改权和保护作品完整权的交叉或重叠。尽管与过去对复制、翻印行为的判断相比，什么是作品的实质性相似，如何把握实质性相似的必要量非常困难，然而毫无疑问，与经济利益测试法和精神利益测试法相比，实质性相似测试法仍是目前运用最为广泛的演绎权侵权认定方法。

第五章"演绎权与公有领域"，主要研究演绎权对版权公共领域的危害。首先，演绎权构成对公民表达自由的威胁。表达自由既是公民的一项政治权利，也是现代社会容忍精神的体现。演绎权一定程度上使作者成为作品的独裁者。通过禁止他人擅自改编作品，演绎权确保了作者对作品的绝对控制，妨碍了其他创作者或读者抒发情感、发表评论以及进行思想交流的言论自由。其次，演绎权不利于版权法中"公共政策"目标的实现。从英美法系关于版权的工具主义说来看，版权法不仅要保护作者的私人利益，而且要最大限度地实现公益目的，促进公众对作品的接触与利用。然而，演绎权的存在，限制了人们对作品的接触。一项对原作品的演绎，无论它将给原作带来多大程度的改进或对社会产生多大的积极效应，只要原作者不授权，就会被阻止。再次，演绎权损害了演绎作者的利益并延迟了演绎作品的公开。演绎行为和盗版行为有着本质区别，从鼓励演绎创作出发，版权法应加大对代表公共利益一方的演绎作者的保护力度，维护他们的合法权益。但是，经济理论、自然权利说和延迟公开说都充分说明，演绎权只注重了对原作者财产利益和精神利益的保护，忽略了对演绎作者利益的保护，延迟了演绎作品的公开。

第六章"演绎权的限制"，主要研究演绎权的限制与完善。首先，探讨合理使用和权利穷竭对演绎权的适用。合理使用是版权法限制作者权利的最主要制度，从合理使用的产生来看，这一制度最初是否定作者演绎权的，它作为保护公众对作品的

14

生产性来使用。但随着演绎权的扩张，合理使用的范围在逐渐缩小，对演绎权的限制作用减弱，多数演绎行为由于其商业目的而被排除在合理使用范围之外。权利穷竭是版权法中另一项重要的权利限制制度，它渊源于贸易自由政策，保护人们对复制品的自由销售。实践中，一些法院认为作品的原件或复制件被首次销售后，购买者的所有权比作者的演绎权更有价值，允许购买者对作品复制件进行改编并将这一改编作品拿去市场销售，但另一些法院则态度相反。权利穷竭对演绎权的限制作用也非常有限。其次，结合法定许可和演绎作品例外制度，探讨演绎权的完善。美国特有的演绎作品例外制度，体现出对演绎权保护与限制的折中态度。就现有版权限制制度来看，法定许可由于兼顾了对作者私人利益和公共利益的保护，其作用及适用范围在不断扩大。总体而言，法定许可制度的利益补偿法和演绎作品例外制度的分阶段保护法，是未来演绎权发展的重要方向。

（二）主要观点

本书主要观点如下：

（1）不同技术背景下的版权法对演绎权的态度大不相同。从18世纪到19世纪，以印刷技术为基础的版权法还几乎不认可演绎权，但到了20世纪，在电子技术和数字技术的影响下，演绎权已俨然变成版权法中的三大权利之一，与复制权、表演权共同支撑起整个版权权利体系。因此，如果说印刷时代的版权法注重保护演绎作者的辛勤劳动的话，电子时代或者数字时代的版权法则更注重保护原作者的商业利益。

（2）从经济学和哲学基础理论来看，演绎权的扩张有其必要性。按照经济激励说，演绎权的扩张反映了对属于作者的新经济市场的认识。授予作者演绎权，不仅是保护其原作品市场利益的需要，更是保护其演绎作品市场利益的需要。在经济激励说基础上，自然权利说进一步为演绎权的扩张提供了道德基础和现实条件。按照自然权利说，作者应该享有演绎权，这不是因为别的，仅仅只因为作者创作了它们。授予作者演绎权，这既是保护作者财产利益的需要，也是作品人格化后的必然结果，是作者浪漫化后的现实需要。

（3）演绎权与演绎作品的构成要件有着密切联系。首先，就作品的原创性与演绎权而言，一方面，演绎作品只有具备原创性，才能受到版权法保护，作者才能享有演绎权。另一方面，演绎权是在原作基础上创作演绎作品的权利，如果一个基于原作产生的作品没有原创性，那么就只是原作的复制品而非演绎作品，不会构成对原作者演绎权的侵犯。其次，就作品的固定性与演绎权而言，虽然大陆法系和英美法系对作品的固定性要求不同，但总体来看，各国在判断演绎权侵权时，都不同程度上要求涉案演绎作品具有一定的固定性。

（4）在认定演绎权侵权方面，实质性相似测试法和市场利益测试法是主要方法，二者各有千秋。实质性相似测试法广泛运用于演绎权的侵权认定，并演化出抽象测试法、整体观念和感觉法及"外部—内部"测试法等一系列方法。其中，尤以"外部—内部"测试法最佳，较好地中和了前两种方法的缺陷。市场利益测试法是对实质性相似测试法的另一替代，它采用市场因素去评价原作者和演绎作者的权利和利益，以演绎作品对原作品演绎市场的损害为侵权判断标准，比实质性相似测试法更易操作，有利于克服实质性相似测试法的不确定性，但也易与复制权侵权及私人性质的合法使用相混淆，因此，较适合适用于一些新兴作品的侵权认定，如计算机软件。

（5）演绎权的扩张应受到适当限制。现代传媒技术的发展，给版权法的发展带来巨大挑战。面对版权的日益扩张及公共领域范围的逐渐缩小，我们应重新审视演绎权扩张的基础理论，反思演绎权制度下对公共领域的保护问题。当演绎行为已难以控制，而原认为的侵权行为也逐渐转为法定许可时，对介于合法与非法之间的演绎行为的控制也应受到适当限制。事实上，对原创作品的任何演绎都应该由原作者控制的观点并不准确。无论是从表达自由、公共政策还是经济激励理论来看，版权法都应为公众的自由演绎留下适当的发展空间。

（6）对演绎权制度的革新或完善，应遵从利益平衡原则。演绎权集中反映了原作者利益和公共利益的冲突。因此，在考虑演绎权制度的完善或新设计时，应借鉴美国版权法中关于演绎作品例外的规定及我国商标法关于权利冲突的规定，在综合考量各方利益基础上实行分阶段保护政策，既不强调原创作者利益优先，禁止他人未经原作者许可非法演绎原创作品；也不强调公共利益优先，主张推翻原作者的演绎权，允许他人自由改编作品。

（三）研究方法

本书撰写过程中主要遵循了以下研究方法：

（1）历史研究法。对演绎权制度的研究，应以了解和掌握演绎权的历史发展为前提。通过对演绎权的扩张现象进行考古式整理，本书归纳出演绎权发展的三个阶段，并对每一阶段的成因、特点作出较为详尽的分析，如实反映演绎权扩张的概貌及其背后规律。对演绎权扩张的这种历史研究法有利于进一步认识演绎权在版权法中的地位，厘清演绎权与演绎作品的关系，并深化对演绎权基本原理的探讨。

（2）案例分析法。作为作者的一项重要财产权利，演绎权制度的复杂性主要体现于司法适用方面。为全面掌握法院审判动向和解决演绎权侵权纠纷，本书采用案例分析法，结合各时期经典案例的介绍与评论，逐一探讨实践中演绎权相关疑难问题的产生及其解决。在进行案例分析时，本书也特别注意将演绎权制度的一般理论融入个案的具体评析中，以理论指导实践；并强调理论源于实践，通过对鲜活案例的引入和解读，为演绎权理论的进一步发展指明方向。

（3）比较研究法。演绎权并不是版权法中的一项孤立制度，其产生与侵权问题的解决，都和版权法中的原创性理论、思想表达二分法以及合理使用制度等有着千丝万缕的联系。原创性理论、合理使用制度等的变化，必然会引起演绎权保护的变化。为真实反映演绎权与其他相关制度的关系，还原演绎权制度的本来面目，本书采用比较研究法，不仅深入探讨大陆法系与英美法系在演绎权理论及实践方面的异同，而且将演绎权制度置于整个版权体系下进行考察，逐一对比、分析演绎权与演绎作品、合理使用、权利穷竭等相关制度的联系与区别。另外，针对司法实践中法院在演绎权侵权判决方面的不一致性，本书也对相关案例进行比较和归纳，并较全面、客观地介绍、比较各种侵权认定方法的利弊。

此外，在论述演绎权的立法变迁或演绎权扩张的正当性等方面，本书也不可避免地使用到实证、经济学及社会学等其他常用研究方法。

第一章 演绎权的扩张

演绎权是翻译权、节选权、改编权等权利的统称。作为现代版权法中的一项重要权利，演绎权出现较晚。一直到印刷权、重印权、表演权早已产生后，演绎权仍是版权法中一个遥遥无期的概念，谱曲、翻译、戏曲化等对原作品的改动活动，不受法律禁止。大约自 19 世纪中期起，立法对演绎行为的这一态度始有所转变，演绎权逐步为各国立法和国际公约所认可。演绎权的扩张，是漫长的版权历史长河中的一个重要现象，是版权制度扩张的一个缩影。回顾和思考演绎权的这一扩张过程，既是研究演绎权制度的起点，也是进一步评价该制度在版权法中的地位与作用的前提。

第一节 演绎权的否定——"版权只是复制权"

版权是"印刷出版之子"。18 世纪，印刷技术在欧美国家广泛应用，印刷业、图书业大为兴盛，但是，相应地，盗版现象也越来越严重，版权制度呼之欲出。1709 年《英国安娜法》和 1790 年《美国联邦版权法》的颁布，标志着现代版权制度的初步确立。通过版权法，作者和出版商获得了对图书的专有印刷、重印权利，版权侵权——盗版，也被认为是侵犯他们对物（书籍）的复制权。而节选、翻译或改编，因其不会威胁到作者的图书销售，不损害作者的著作财产利益，被排除在版权侵权之外。

一、1709 年《英国安娜法》：作者没有演绎权

《英国安娜法》是世界上第一部具有现代意义的版权法。该法以保护作者（严格意义上应该是出版商）在图书市场的商业利益为目的，只授予作者印刷、重印图书的专有权。在《英国安娜法》下，无论是立法规定还是司法活动，都不承认作者享有演绎权。

（一）立法规定：版权是印刷、重印图书权

《英国安娜法》❶ 率先授予作者或购买者（书商、印刷商或其他任何人）对图书的专有印刷和重印权利，并规定了一系列的图书登记、样书交存及罚金等制度。在世界范围内，《英国安娜法》首开保护作者复制权的先河。通过授予作者或出版商以印刷和重印方式复制图书的权利，该法保证了出版商对图书的专卖，有效地打击了盗版。考察《英国安娜法》对复制权的最初规定，可以看出，复制权和作品的有形载体——图书密不可分。作者的复制权被严格限于图书领域，复制权也只限于印刷权和重印权。公开朗诵一篇散文，或者将画中的人物制成雕像等，这些都明显超越了图书范畴，不属对图书的印刷和重印，不在作者的复制权范围之内。在《英国安娜法》中，版权明显地只和作品的图书形式有关。然而，即便如此，这种理解也可能还是太宽泛了。根据《英国安娜法》第 7 段的规定：本法不保护，也不应被解释为保护在国外印刷的希腊文、拉丁文

---

❶ 全称为《授予印刷图书的作者或购买者法定期限内的复制权以促进知识之法》。

或其他外文书籍的进口或销售。从该条的规定中，不难看出，受法律保护的图书（文字作品），只是英文图书，在国外印刷的希腊文、拉丁文或其他外文书籍，均不受《英国安娜法》保护。对于一部只鼓励作者进行英文创作的法律，我们很难想象它还保护作者的以在国外印刷为目的的英文著作的外文翻译版本。因此，翻译、节选（abridgement）或其他的文字改动行为，尽管其最终的表现形式还是图书，作者却无权控制。换言之，《英国安娜法》只打击对图书的逐字复制行为——印刷和重印。那些对图书的翻译、节选或改编行为，由于涉及新的添加、创作成分，不是对原作的逐字复制，所以不为《英国安娜法》所禁止。《英国安娜法》将作者权利严格限于印刷权和重印权的做法，使作者和出版社只能眼睁睁看着他人翻译、改编自己的作品。1737 年，英国书商公会向议会提交议案，要求增加作者的节选权和翻译权，禁止他人印刷、重印或销售作者图书的任何节选版本或翻译版本，但是这一建议遭到议会拒绝。

（二）司法态度：侵权只限于机械复制

在翻译、节选或改编问题上，英国法院和议会态度一致。例如，在 Burnett 案❶中，威廉·柴特伍德（William Chetwood）和理查德·富兰克林（Richard Franklin）将托马斯·奈特（Thomas Burnett）在 1692 年出版的拉丁语论文 *Archaeologia Philosophica* 翻译成英语论文印刷出版。奈特将柴特伍德和富兰克林起诉到法院。被告辩称，翻译不是机械复制（mechanical copy），它是将作品从一种形式到另一种形式的转换，并不为

❶ Burnett v. Chetwood. 35 Eng. Rep. 1008（Ch. 1720）.

《英国安娜法》所禁止。翻译版本是翻译者自己创作的图书。法院支持了被告的观点，认为一部拉丁作品的英文翻译版，不构成侵权。而在 Gyles 案❶中，原告是 *Pleas of the Crown* 一书的版权人，被告出版了另一本名为 *Treatise of Modern Crown Law* 的书，该书复制了 *Pleas of the Crown* 一书的部分章节，原告认为构成非法复制，起诉侵权。被告辩称其作品只是节选了原告图书的一些章节，并不同于原作。法院认为：基于原作而产生的一个真实的、公平的节选本，不同于对作品的机械复制，是新的作品，有利于促进公共利益，不侵犯原作版权。

正如法院所判决的，《英国安娜法》不保护作者对作品的翻译、节选和改编行为。在进行侵权分析时，法院的逻辑是：复制，或者说是印刷、重印，其实就是一种对作品的机械复制，它不包括任何的人为添加或改变，是完全的纯字面复制。"法律的正确考虑是逐字复制并使用于同一媒介（形式）"。❷因此，只有对作品的逐字复制才是盗版。改编、翻译或节选等，既然已经改变了作品的表达形式或风格，那么就不是对作品的逐字剽窃，不属机械复制，不构成侵权。借助于对复制权的严格解释，法院清楚地告诉人们：版权法的立法目的，只是要禁止机械复制。而之所以对立法作这样的狭义理解，不承认作者的改编权、翻译权或节选权，法院有自己的考虑。他们认为，改编、翻译或节选会带来新作品的产生，这样的新作品是有价值的，是值得鼓励的，它们会增加社会福利。

---

❶ Gyles v. Wilcox. 26 Eng. Rep. 489（Ch. 1740）.

❷ Paul Goldstein, Derivate Rights and Derivative Works in Copyright, 30 J. Copyright Soc'y U. S. A. 209（1983）.

二、1790 年《美国联邦版权法》：《英国安娜法》的追随者

与《英国安娜法》一样，1790 年颁布的《美国联邦版权法》也只授予了作者印刷、重印、出版和销售地图、图书和图表的权利。从这一立法规定出发，法院将作者的复制权解释为机械复制权，吝于授予作者改编权、翻译权、节选权。

（一）立法规定：版权是印刷、重印、出版和销售地图、图书和图表权

1790 年，美国议会通过《美国联邦版权法》❶，这也是美国历史上的第一部版权法。《美国联邦版权法》全文共 7 条，分别规定了权利主体、权利期限、图书登记、样本交存以及侵权救济等内容。该法也主要是要解决印刷技术下的盗版横行问题，保护作者和出版商在图书市场的商业利益。追随《英国安娜法》，《美国联邦版权法》在第 1 条规定了复制权：授予作者（包括其继承人）和所有者（为印刷或销售而购买图书的出版商）印刷、重印、出版和销售地图、图书和图表的权利。《美国联邦版权法》的这一规定，与《英国安娜法》一脉相承：它授予作者和出版商的复制权，也只和作品的物质载体——地图、图书和图表有关，仅限于对它们的印刷、重印、出版和销售。即只要不损害作者或出版商的地图、图书和图表的销售市场，就不侵犯他们的复制权。因此，《美国联邦版权

---

❶ 全称《授予地图、图表和图书的作者及其所有者法定期限内的复制权以促进知识之法》。

法》第 1 条的真正目的，与其说是要保护作者或出版商的复制权，不如说是要保护包含了这一复制权的地图、图书和图表。在《英国安娜法》下作者没有得到的翻译权、节选权或改编权，在《美国联邦版权法》中同样不存在。人们可以自由翻译一本有版权的书的内容，或缩写它，或通过舞台形式表现它。即使是到了 1831 年，美国议会在修订《美国联邦版权法》且将音乐作品纳入保护范围时，作者也仍没有表演权，只有印刷、重印、出版和销售彰显某一音乐作品的乐谱的权利。

（二）司法态度：吝于授予作者改编权、翻译权、节选权

作者们很快发现，指望议会修改版权法来保护他们对作品的节选或翻译，非常困难。于是，他们开始转而寻求司法救济，请求法院对他们的创作努力给予足够的保护，禁止他人对自己作品的自由改动。然而，法院和议会一样，也不愿意保护他们的这些权利。

在著名的 Stowe 案❶中，大名鼎鼎的斯托夫人（Harriet Bee-cher Stowe）也没能成功起诉一个对她的经典作品《汤姆叔叔的小屋》（*Uncle Tom's Cabin*）的德文翻译。1851 年，斯托夫人完成了《汤姆叔叔的小屋》的创作并获得了该小说的版权。小说最初是在美国的一份反对奴隶制度的报纸（*the National Era*）上连载，直到 1852 年，才以图书形式印刷出版。1853 年，斯托夫人来到英国，公然抗议奴隶制度，开辟了她作品的欧洲市场，并授权他人将该小说翻译成德文。而托马斯（Thomas）却未经斯托夫人授权，另外制作了一个该小说的德文版本并公开出版。斯托夫人以版权受到侵犯为由将托马斯诉至宾夕法尼亚州巡回法

---

❶ Stowe v. Thomas, 23 F. Cas. 201 (C. C. E. D. Pa. 1853) (No. 13, 514).

院。在审理过程中，法院将作品的思想与作品的表达进行了区分（虽然未明确阐述思想表达二分法），并以此作为该案判决的主要依据。法院认为，作品的思想是不受法律保护的，作者对该书的版权不能延伸到对书中思想的保护这么远。"一个作者可以被认为是创造者或发明者，其作品中的思想通过书中的词语组合来反映。在出版之前作者对她的发明有专有权，她的权利是完美的。但当她出版了书之后，她的感想、知识、发现、情绪就都给了世界，她便再不能垄断它们，之前的完美占有已变得不可能，也和出版物的公开不一致。作者的思想已成为她的读者的共同财产，她不能剥夺她的读者对它们的使用，也不能剥夺他们用自己的语言，通过口头或书面形式，去交流这些思想的权利"。在解释了作品的思想为何不受版权保护之后，法院继续认为，版权的保护范围应严格限于"思想的表达，并且是通过语言来传达的"。"法律只授予作者对其独创性表达的肉眼可见的复制行为的控制权。换句话来说，版权法所禁止的复制仅是对原作的看得见的复制"。"翻译，用一种较为宽松的措辞，可以被称为是对思想或观念的复制或抄袭，而非对书的表达的复制"。而且，"翻译并不是一个卑微的和机械的模仿"，相反，它需要原创和天赋，提升了原作价值，并且不取代原作品的销售市场。通过以上论证，法院得出结论：被告对原告作品的翻译，只是对原告作品思想的复制，不仅不侵犯原作者版权，本身还具有原创性，是版权法保护的新作品。法院最后驳回了斯托夫人的诉讼请求。

Stowe 案基本反映了在《美国联邦版权法》下美国法院不保护作者翻译权、节选权和改编权的传统。虽然这样的一个判决在后来遭受到很多的批评，甚至被学者伊顿·德劳（Eaton Drowe）认为是"完全错误、不公平和荒谬的"。但不可否认，这一判决在相当程度上代表了早期美国司法界在授予作者垄断权方面极其谨慎的态度。沿袭英国法院的判例精神，美国法院在否定作者的翻译权、节选权和改编权时，主要理由仍然是机械复制理论。他们认为，法律所要禁止的只是对作品的机械复制，翻译、节选或改编，包含了后续作者的独立劳动，不是对原作的逐字剽窃，且会产生与原作不同的新作品，不损害原作品已经存在的销售市场，因此，不应判定为侵权。用斯托里（Story）法官的话来说："他，通过自己的技巧、判断和劳动写了一部新作品，并且不仅是对其他作品的复制，本身就应享有版权，如果这种对原作的改变不只是形式上的和虚无的。"❶而在另一个关于节选问题的版权纠纷案件❷中，法院也在区分节选作品和对原作的简单拼凑前提下，强调对原作的简单拼凑构成侵权，节选不构成侵权。节选，尽管可能会损害到原作者利益，然而由于它包含了后续作者的大量独立劳动和判断，因此可以被看做一个全新的作品，不侵犯原作者版权。

三、早期版权法：演绎权为何被否定

在印刷技术的影响下，法律开始关注对作者（出版商）财产利益的保护。通过授予作者复制权，版权法打击了盗版，保证了作者（出版商）在图书市场上的一定程度的垄断。然而，当作者和书商继续寻求对图书市场的进一步控制，要求获得作品之上的翻译权、节选权和改编权时，各国议会和法院都大体

---

❶ Naomi Abe Voegtli, Rethinking Derivative Rights, 63 Brooklyn L. Rev. 1213 (1997).

❷ Story v. Holcombe, 23 F. Cas. 171 (C. C. D. Ohio 1847).

体现出相同的态度：拒绝保护。1709 年的《英国安娜法》和 1790 年的《美国联邦版权法》，都只授予了作者和出版商对图书的专有印刷、重印权，而未将作者的这一权利扩大到对作品的节选、改编或翻译。套用英美法院的解释，作者所享有的印刷、重印权，只是一种机械复制权，该权利只能禁止他人对作品的逐字复制，而无法禁止他人对作品的翻译、节选或改编。因此，在《英国安娜法》颁布后的 100 多年内，即版权历史上的著作财产权时期，作者都未能获得翻译、节选或改编作品的专有权利。

　　总体而言，在作品的翻译、节选或改编问题上，早期版权法更倾向于保护后续作者对新作品的精力、技巧、劳动或金钱的投入，认为它们是值得版权法鼓励的创作活动，对社会更具价值。早期版权法对作者翻译权、节选权和改编权的这一态度，和英美法系一贯坚持的版权工具主义说密切相关，是法律维护公共利益的体现。按照版权工具主义说的观点，授予作者一定期限的垄断权利，是为了激励作者创作，促进知识的传播和文化的繁荣。任何对作者专有权的保护，都不能以牺牲文化进步和知识创新为代价，版权制度，必须小心翼翼地在保护私人利益和公共利益之间游走，避免出现利益失衡现象。从这一观念出发，议会和法院认为，授予作者和出版商对图书的专有印刷权、重印权，保护他们的私人利益，这是打击盗版、发展国家经济和促进文化繁荣的需要，是实现版权法公益目的的手段。但是，如果将作者的专有权利扩大到对作品的翻译、节选及改编，则只是强化了对私人利益的保护，牺牲了公共利益。翻译、节选或改编，与对作品的逐字复制完全不同，它们只是对原作材料的借用。或者说，只是使用了原作中不受版权保护的思想，因此显然不构成侵犯原作者的版权。而且，所谓的翻译作品、节选作品或改编作品，其实也是完全意义上的独立的新作品，它们并不影响原作的市场销售。所以，否定作者的翻译权、节选权和改编权，既不会损害到作者的私人利益，又于社会发展有利，是版权法中利益平衡精神的体现。

第二节　演绎权的形成——"版权只是复制权"的例外

大约到 19 世纪中期，版权法对演绎权的否定态度有所松动。随着表演权、翻译权、戏剧改编权的产生，作者的演绎权终于为法律所认可，其虽仍不能完全与复制权相抗衡，但却以"版权就是复制权"这一一般规则的例外形式而获得了特别存在。

一、表演权：演绎权的过渡

（一）表演权的产生：打破了版权法只保护复制权的局面

19 世纪某天，三个法国作者走进一家咖啡店，在那里他们听到由他们其中一位创作的歌曲，并且看到一台由另外两人创作的戏剧节目在演出，三位作者拒绝对他们在该店中的消费付费。他们对店主说："你使用了我们的作品没有付费，也就没有理由要求我们对这个账单付款。"❶ 作者们的要求很快得到

---

❶　[美] 保罗·爱德华·盖勒著，李祖明译：《版权的历史与未来：文化与版权的关系》，见《知识产权文丛（第 6 卷）》，中国方正出版社 2001 年版，第 264 页。

法律的支持。与英、美注重保护图书作者的复制权不同，法国作为戏剧大国，首先考虑的是对戏剧作者的保护。1791 年，法国通过《法国表演权法》，授予剧作家公开表演权，首开了版权法保护作者表演权的先例，打破了传统版权法中"复制权"一统天下的局面。❶《法国表演权法》的颁布深受本国剧作家们的欢迎，同时，这一法律也极大地鼓舞了其他国家的类似立法。例如，在当时的英国，戏剧作品就不受版权保护，剧作家们多次要求议会改革。最后，在以布尔沃·利顿（Bulwer Lytton）为首的作者群推动下，这一局面终于得到改变。1833 年，英国议会通过《英国戏剧版权法》，规定剧作家有"重现或表演戏剧作品的特权，他人未经许可，不得在任何公共娱乐场合表演戏剧作品"。表演权的发展也很快扩及德、美等国。1837 年，《德国版权法》规定了戏剧类和音乐类作品作者的表演权，1856 年，美国也对 1790 年《美国联邦版权法》作出修订，规定戏剧作品受版权保护，"作者有在任何舞台或公共场所表演、演奏、重现或授权他人表演、演奏或重现的权利"。

（二）表演权的意义：开启了版权法通往演绎权的大门

表演权是推动作者权利从复制权向演绎权扩张的关键。通过授予作者表演权，版权法实现了从保护作品的复制品到保护作品本身，从打击对作品的逐字复制到打击对作品的实质复制的重大转变。而这一转变，正是演绎权产生的基本条件。

1. 表演权破坏了版权保护作品有形载体的假象，克服了版权对图书市场的依赖

在表演权诞生之前，人们对版权制度的认识一直停留在所有

---

❶　两年之后，参考英、美版权法，法国又颁布了《复制权法》。

权阶段。在前版权时期，作者只享有对原稿的所有权，无法阻止他人对作品的复制、出版。而在版权制度确立后，作者虽然获得了印刷权和重印权，可以独享复制、出版作品的垄断利益，但是，授予作者专有印刷权、重印权的目的仍是打击盗版，保护作者对图书（包括原稿及其复制件）的所有与销售。因此，本质上而言，早期版权法对作者的保护，无非就是将原来作者享有所有权的对象由"原稿"扩大到"原稿的复制件"，其保护作者对作品有形载体所有权的观念并没有变。一旦脱离对图书这一有形物的所有权，作者的印刷权、重印权就变得毫无意义。与印刷权、重印权不同，表演权改变了人们对版权制度的所有权印象，使人们真正认识到版权制度的本来面目及意义。区别于作品的印刷、重印，表演以演奏、演唱或舞蹈形式再现作品，它不产生有形的物质载体，是一种对作品的无形再现。因此，表演权的出现意味着，即使没有对戏剧作品的物理复制，在没有取得作者授权的情况下，他人也不能在任何舞台或公共场合表演作品。❶ 表演权的这一特点迫使人们不得不越过有形物去认识版权，并认识到，作品与作品的有形载体是不同的，版权真正保护的是作品，而不是作品的有形载体，图书只是作品的一种存在形式，并非作品本身。通过表演权，版权保护有形物（作品复制件）的假象被揭穿，版权回归了保护作品，也就是保护作者利益的本来面目。而一旦脱离了物理复制（机械复制）的束缚，版权便很快克服了对图书市场的依赖，向公共演出市场和演绎市场扩张。那些故意隐藏材料来源的行为被认为构成侵权。例如，一些演绎作

---

❶ Amy B. Cohen, When does a work Infringe the Derivative Works Right of a Copyright Owner? 17 Cardozo Arts & Ent LJ 623（1999）.

品，如再现平面作品的立体造型，便可能被认为是以另一形式存在的原作品，不再因为不属图书领域而被免除侵权责任。而另一些演绎作品，如小说的话剧版、歌曲的钢琴演奏版等，本身就是演绎行为与表演行为的融合，授予作者表演权，也就相当于间接地授予作者演绎权。以表演权为跳板，版权轻松地实现了从复制权向演绎权的跨越。

2. 表演权改变了版权法中的复制观念，将版权从逐字复制引向实质复制

不同于对作品的逐字复制，表演是一种复杂的舞台艺术，在将作品以演奏、演唱或舞蹈形式呈现，并能让人感觉到原作存在方面，它和作品的转换、改编行为有很多相通之处。从某种意义上来说，表演本身即是对作品的一种演绎。事实上，正是在表演权产生之后，人们才开始从"实质相似并使用于不同市场"的角度，认识到许多创作演绎作品的行为，如将作品从一种语言转换为另一种语言，从二维设计变为三维设计，或从一个版本到另一个版本等，构成对作品的实质复制，侵犯原作者版权。例如，Daly 案❶就反映了这样一种认识。在该案中，原告声称他的戏剧作品被侵犯。法院仔细地对比了两个戏剧作品《煤灯之下》和《黑暗之后》，发现两个戏剧都以描述营救一辆正在进站的火车上的受害人为场景特色。两戏剧中的场景在很多细节方面都有不同，并且这些场景也只构成戏剧作品的一小部分。但两部戏剧无论是在"动作、叙述、戏剧效果和印象"方面，还是在一系列事件的出场方面，都很相似。法院认为，"如果被挪用的一系列事件，虽然由新的不同人物来表演，

---

❶ Daly v Palmer, 6 F. Cas. 1132 (C. C. S. D. N. Y. 1868).

并使用了不同的语言，但只要它们仍然能被观众认出，并给观众传达大致相同的印象，激起他们脑海中同样的情感。这就足以构成盗版"。"被复制场景是原作的最有商业价值的部分，且两场景的相似之处也正是最吸引观众付费的因素。被告作品事实上是原作的替代品，损害了原作市场"。综合以上分析，法院最后认定，被告侵犯原告戏剧作品的表演权。Daly 案虽然是一个关于表演权的侵权案例，但却被认为是美国历史上有效保护演绎权的第一例。该案深刻反映了法院对作者改编权的新认识。通过对两部戏剧作品进行非字面观察，法院认为两部作品虽然不是逐字相似，但是构成大概相似（实质相似），并且这样的一种大概相似也使原告的市场缩小了，损害了原作品的商业价值，因此被告构成侵权。法院的这一针对戏剧表演权的侵权分析，体现出对复制行为的进一步认识。它关于大概相似构成版权侵权的观点，也为版权从复制权向演绎权的扩张指明了方向。可以说，表演权架起了版权从复制权向演绎权过渡的桥梁。它使复制被认为是包括很多对原作表达的占用、模仿或似是而非的转换，而不再被限定为只是文字的重复。

二、翻译权、戏剧改编权：演绎权的雏形

（一）翻译权、戏剧改编权的产生：图书市场上的非逐字复制

18 世纪末 19 世纪初，尽管表演权已逐渐在各国得到确立，作为其发展结果的演绎权却仍迟迟未能出现。即便是在表演权的发源地——尊崇作者地位的法国，也不例外。"根据 1791 年法和 1793 年法，法国的法院最初不愿认定所谓译者所为的由

原作到演绎作品这样的形式变化行为为侵权"。❶ 但很快，法国改变了这一态度，其政府开始致力于为作者寻求翻译权的保护，拉开了版权法保护作者演绎权的序幕。

19 世纪，图书贸易的全球化发展趋势明显，作者开始关注作品的海外市场。但是，令他们懊恼的是，一直到 19 世纪中叶，各国版权法还是严守地域性原则，版权只保护本国作品，不保护外国作品，结果是，图书的海外市场一片混乱，盗版现象日益严重。法国出版商印刷英国的图书，英国出版商又反过来重印法国的图书，且在海外印刷的图书又反过来销往国内，作者们深受其害。尤其是对于一些文化出口大国，损失更惨重。例如法国，当时已经是世界文化中心，但近邻比利时就是一个盗版法国图书的中心。法国图书被大量地翻译成外国文字，源源不断地输往世界各地。为推动对作品的国际保护，1851 年，在法国的坚持下，英、法两国率先达成版权保护的双边协议，承认了作者的翻译权。1886 年，英、法、德等国签订了世界上第一个版权公约《保护文学和艺术作品伯尔尼公约》（以下简称《伯尔尼公约》）。在确立了作品保护的国民待遇原则后，《伯尔尼公约》规定了作者的表演权和翻译权。为履行国际条约的义务，各国也纷纷修订本国版权法，增加关于翻译权的规定。1852 年，英国修订 1844 年《英国国际版权法》，将翻译权纳入版权范围。1870 年，部分地受 Stowe 案判决的影响，美国版权法再次被修订，新增了作者的翻译权。

在表演权产生之后，他人要公开演出戏剧作品，必须取得

---

❶ [美] 保罗·爱德华·盖勒著，李祖明译：《版权的历史与未来：文化与版权的关系》，见《知识产权文丛（第 6 卷）》，中国方正出版社 2001 年版，第 265 页。

剧本作者（剧作家）的授权。但是，如果这个剧本是由小说改编而成，剧作家是否需要取得小说家的同意并支付报酬呢？当时的很多国家，对于这样一些将小说改编成戏剧的行为，并不禁止。在英国，狄更斯（Charles Dickens）的小说《尼古拉斯·尼克贝》（*Nicholas Nickleby*）还未连载完成就被剧作家改成戏剧搬上舞台。一直到1874年，在Toole v. Young案❶中，法官科伯恩（Cockburn）还坚持认为：小说作者无权阻止他人将小说改成戏剧，即使他本人已经对小说进行了戏剧改编，这也没有任何意义。一旦作者将小说公之于众，他人就享有将小说自由改编成戏剧的权利。版权法保护剧作家的表演权却不保护小说家的戏剧改编权的做法，使小说家们深感不公。他们要求像剧作家享有戏剧作品的表演权一样，享有小说的戏剧改编权（dramatization）。作为对作者们这一要求的反应，1870年的美国版权法修正案，规定"作者保留对作品的翻译权和戏剧改编权"，该法也被看做美国第一部规定演绎权的版权法。戏剧改编权在版权体系中初露端倪，但是，即使是到1886年《伯尔尼公约》的签订，很多国家也还是没有将这一权利授予作者，《伯尔尼公约》本身，也只字未提作者的戏剧改编权。

（二）翻译权、戏剧改编权的地位：保护作者复制权的例外

从本质上看，翻译和戏剧改编行为有两大特点。（1）它们都不是对作品的逐字复制。翻译，通俗地说，就是将作品从一种文字译成另一种文字。按照美国联邦地方法院的观点，它并非只是简单的单个字词的变换，还包括将很多的细微差别和微

---

❶ Toole v. Young. 9 LR（QB）523（1874）.

妙变化传达到整个译作中去。❶ 而戏剧改编，也明显是从小说到剧本的转换，不是对作品的逐字复制。（2）它们都不会产生对原作的替代。例如，一本法文书籍的德文版本，只能使用于德国市场，并不会影响到原作的法国市场。而他人对剧本的使用，也不会影响到原小说的销售。翻译和戏剧改编行为的这两大特点，曾长期使它们免于侵权指控。在侵权就是"逐字复制并使用于同一市场"的版权传统理念下，版权人不能要求翻译者、改编者承担法律责任。

然而，随着版权进入作者权时期，立法者逐渐改变了以往对翻译、改编的态度，倾向于认为限制他人对原作品的接触于社会更有利。版权法加强了作者对作品的控制，翻译权、戏剧改编权开始出现，版权保护作者演绎权的序幕正式拉开。越来越多的不是对作品的逐字复制行为受到法律禁止，传统的"版权就是复制权"的观念有所动摇，但是并没有根本改变。一直到 19 世纪末期，一条基本的规则还是：只有当某书可被视为是原书的复制本时，版权侵权——盗版才存在。❷ 版权仍然以保护作者印刷作品上的复制权为主，作者的演绎权非常有限，只有翻译权和戏剧改编权，且只能由文字作品的作者（译者和小说家）享有。对于将图画制成雕像或将雕像改成图画的行为，在英、德等国，都被算做是复制而不是演绎，即使侵权，也认为侵犯的是作者的复制权而非演绎权。而所谓的戏剧改编权，按照法院对立法的解释，其实也只是作者复制权的一种特

---

❶ Signo Trading International v. Gordon. 535 F. Supp. 362, 214 USPQ 793（N. D. Calif. 1981）.

❷ John Feather, Publishing, Piracy and Politics—An Historical Study of Copyright In Britain, Mansell Publishing Limited, 1994, p. 96.

殊存在形式。"如果法律认为它是一种特别的，同类的和著名的复制方式，并且在某种意义上，授予某一垄断也被认为是保护原作的合适方式的话，那么在这一点上，法院不能说议会错了"。❶ 另外，在对这两种新增权利进行侵权分析时，法院通常采取的也还是复制权的侵权认定方法——考察两部作品的相似程度（只不过不再是比较两作品的逐字相似，而是比较它们的实质性相似）。因此，无论是从立法还是司法来看，翻译权和戏剧改编权的产生，都被当做是复制权从逐字复制向实质复制扩张的结果。只是，由于人们一直习惯于将复制权限于机械复制权，所以这些新兴的权利才未被纳入复制权范畴，以"版权就是复制权"的例外形式而存在。

三、传统版权法：演绎权是如何形成的？

19世纪，版权制度继续向欧洲大陆扩张，法、德等国相继加入版权保护体系，并将其本国的古典哲学或浪漫主义学说引入版权领域。与这些国家的资产阶级启蒙思想相结合，版权进入作者权时期，作品不再被认为仅仅是有形的"物"——复制件，而被认为是作者思想、人格的反映。以此为契机，版权法揭开了保护戏剧作品（非出版物）的新篇章。作品与作品的载体逐渐被区分开来，版权也被更多地与作者联系在一起，并从过去的保护"物"（出版物）的权利上升为保护"人"（作者）的权利。从保护戏剧作品出发，剧作家和小说家被分别授予表演权和戏剧改编权。作者的专有权利在不断扩大，他们除了可以继续禁止他人对作品的逐字复制之外，也开始禁止他人

---

❶ Kalem Co. v. Harper Bros, 222 U. S. 55. （1911）（Holmes, J. ）.

对作品的变相复制，如将其作品翻译到国外出版发行或搬上表演舞台等。因此，在版权从保护作者财产利益向保护作者人格利益的转变过程中，翻译权和戏剧改编权的出现，代表了版权从复制权向演绎权的发展趋势，标志着演绎权体系的初步形成。但是，一直到 19 世纪末期，"版权只是复制权"的观念还是根深蒂固，演绎权的产生，在印刷时代的技术背景下，只能算是这一原则的例外，如果我们将演绎看做是另一种特殊的复制。

演绎权体系的初步形成，也意味着，在作品的演出市场和国际市场被进一步打开之时，英美法系传统的版权工具主义论也逐渐为大陆法系的新著作权自然权利说所取代，版权法开始更关注对作者私人利益的保护。演绎权的形成，也使得在司法实践中，法院不再强调只有对作品的逐字复制才构成侵权。而当对公共利益的保护开始让位于对作者私人利益的保护时，思想表达二分法，这个曾经证明翻译和改编行为不受作者版权限制的主要理论，也变得日趋模糊。

思想表达二分法理论曾经在 Stowe 案中发挥了关键作用。当时法官正是以版权只保护作品表达而不保护作品思想为由，拒绝认定翻译斯托夫人小说的行为构成侵权。然而，随着翻译权和戏剧改编权的出现，这种对思想和表达的区分——一根用来区分什么受版权保护、什么不受版权保护的看不见的线，已经越来越困难。尽管法院还是保留了这一理论，然而可以看出，在这一时期，由原告证明被告大量复制了其原创性表达的要求已经不再是法院认定各种侵权的核心要素。通过保护作者的翻译权、戏剧改编权，法院在很大程度上已经进入了保护作品的主题、情节或构思的禁区。例如，在 Dam 案❶中，第二巡回法院就认为，一部戏剧作品侵犯了另一部小说的戏剧改编权，因为它用了这部小说的故事主题。法院虽然认可原故事在新作中仅仅是作为框架被使用，并且两作品具有重要的不同。但法院最终还是认为，由于两作品在很多微不足道的细节方面非常相似，并且这些相似性不可能是巧合。因此，被告构成侵权。"戏剧是以对话和动作的方式去表现故事，这一过程不可能不对原作作任何改变。就我们看来，一个剧作家占用另一故事的主题，这不可能通过一些细小的事件增加或改变就逃避侵权指控"。法院的这种不考虑被诉侵权作品中重要的原创性贡献就认定其构成侵权的做法，实际上是回避了思想与表达的区分。因此，如果说版权不保护思想而只保护思想的表现，那么在作品改编范畴中，实际上却保护了一部分思想。❷

第三节 演绎权的发展——"版权不只是复制权"

如果说从 18 世纪到 19 世纪，以印刷技术为基础的版权制度还只是偶尔涉及演绎权的话，到 20 世纪，在新技术革命浪潮的影响下，演绎权已俨然变成版权的三大权利之一，与复制权、表演权共同支撑起整个版权权利体系。

---

❶ Dam v. Kirk La Shelle Co. 189 F. 842（2d Cir. 1911）.

❷ ［日］中山信弘著，张玉瑞译：《多媒体与著作权》，专利文献出版社 1997年版，第 34 页。

一、新技术的挑战：电子技术、数字技术的兴起

（一）电子技术：引发钢琴卷、电影改编问题

19 世纪末到 20 世纪初，以模拟技术为标志的第二次技术革命蓬勃兴起。围绕电能的开发与利用，电子传播技术迅猛发展：1877 年爱迪生发明的留声机和 1895 年埃德文·沃提发明的自动钢琴，将声音成功固定于机械设备之上，推动了录音技术的发展；1890 年爱迪生发明的活动电影摄像机和 1925 年贝尔德发明的机械电视机，使图片可以以静止或活动方式再现，推动了录像技术的发展；1894 年意大利人马可尼发明的无线电发射机和 1927 年美国电报公司对电视图像的有线传送，使声音和图像实现了远程播放，推动了远程传播技术的发展。受电子传播技术的影响，作品的传播媒介发生重大变化。与传统的报纸、杂志、图书等纸质媒介相比，新的无纸化媒介，如磁带、唱片、录像带、电影、广播及电视等，传播速度更快，范围更广，深受消费者青睐。传媒的变革促进了作品的进一步传播，同时，它也引起了演绎行为的变化。在印刷时代，受技术的限制，人们对作品的改编还非常有限，主要表现为一些单向的文字改动行为，如对文字作品的翻译、节选或戏剧改编。但是，进入电子时代，情形就完全不同了。借助自动钢琴、电影、电视等发明，演绎行为日益普遍，可转换的作品种类越来越多，而且几乎都是双向的。小说可以被改编成电影、电视或相反；电影也可以被改编成电视、戏剧或相反。面对新的演绎市场，原作者和演绎作者之间的冲突不断，各种错综复杂的利益关系，使版权制度陷入新的麻烦中。

例如，在自动钢琴的发明地美国，1908 年，怀特—史密斯

音乐出版公司（White-Smith Music Publishing Company）就将钢琴卷的制造商阿波罗公司（Apollo Company）告上法庭❶。钢琴卷（player-piano music roll），是一种可供自动钢琴演奏的孔状符号，它以打孔的方式将音乐记录下来，只能供机器阅读，人类无法直接识别与阅读。原告认为，作品的任何表现形式都应由作者控制，钢琴卷虽然是借助机械装置来阅读，但它最终还是音乐作品的一种表现形式。被告擅自将原告享有版权的音乐作品改编成钢琴卷，这侵犯了原告的版权。被告认为，按照版权法的规定，复制所产生的表现形式（复制品）应该与原作品具有相同的有形、可读形式。钢琴卷这种孔状符号不能为人类肉眼辨别，被告制造钢琴卷的行为不侵犯原告复制权。原被告的争辩使美国联邦最高法院陷入两难境地：支持原告，这明显违反版权法的现行规定；支持被告，这似乎又和保护作者利益的目的相冲突。权衡利弊，法官最后还是采取了较为保守的态度，严格按照 1891 年的版权法进行分析，认为钢琴卷只能为机器所阅读，不能为人类直接感知，因此不是版权法中的复制品，被告的这种音乐改编行为没有侵犯原告版权。该案判决结果一出，就受到来自各方的批评与质疑，很多人认为这鼓励了"搭便车"现象。同样的情形也出现在电影领域。在 Harper 案❷中，被告卡拉姆公司（Kalem Company）擅自将原告哈伯公司（Harper Bros Company）享有版权的小说《宾虚》（Ben Hur）拍摄成同名电影并播放，原告将被告诉至第二巡回法院。被告辩称：版权法所禁止的只是对作品表达的复制，且该复制

---

❶ White-Smith Music Publishing Co. v. Apollo Co. 209 U. S. 1（1908）.

❷ Harper Bros. v. Kalem Co. 169 F. 61（2d Cir. 1909）.

必须使用于与原作相同的形式。很明显，电影和图书是完全不同的表现形式，电影只是使用了原作的人物和故事情节，这属作品思想范畴，并不在版权保护范围之内。法院认为该案和"怀特—史密斯"案相似，应该构成侵权，但被告电影中确实存在很多对原作的重要改变，且两部作品，一个是图书形式，一个是图片形式，不符合复制权的侵权要件。最后，法院不得不从侵犯原作的戏剧改编权和表演权入手，判定被告侵权。

（二）数字技术：产生万人改编现象

正当人们在为钢琴卷、电影改编等头疼不已，开始思考版权制度对电子传播技术的应对方案时，第三次技术革命又已登场。

第三次技术革命以信息技术、空间技术、生物技术等高新技术为标志，其核心是电子计算机的发明和应用。1945 年，美国人莫克莱和埃克特发明了世界上第一台电子计算机，以此为标志，人类进入计算机时代。在经历了从电子管到晶体管再到集成电路的三大飞跃之后，计算机继续朝着超大规模集成电路发展。1971 年，英特尔公司开发出世界上第一个微处理器，微电子技术兴起，各种微处理器和微型计算机大量涌现，计算机进入微型机时代。而随着微型计算机在社会上的大量应用，计算机很快又与通信技术相结合，实现了计算机间的互通互联。1991 年，在英国人伯纳兹·李将其开发的万维网使用于互联网后，互联网进入新的发展阶段，一个崭新的时代——网络时代，又称数字化时代，已经到来。计算机技术的发展再次革新了作品的传播方式。新的数字技术背景下，作品不仅可以以图书、唱片、录像带等有形形式传播，而且可以以"0"和"1"的数字形式进行无形传播，作品的传播速度之快，传播范围之广,超过了历史上任何一个时代。每一个人,只需要轻点鼠标或进行一些简单的键盘操作,就可以随意地修改或复制数字作品,并将它们再传递给他人。在这样的一个高速、高容量的信息体系中,改编已经越来越容易,也越来越盛行了。一切文字、数据、声音、图像,都可以在被数字化处理后,为他人调取、更新或编辑。作品的改编,已经完全超越了形式限制,超越了时空限制,进入"万人都是改编者"的时代。众多的内容被分解,由他人进一步改编、利用,进行综合,形成新的作品;新的作品又会被分解、改编、重新利用。❶ 来自新数字媒体的威胁,使版权体系越来越被假设为是,版权保护越强,则越多的作品将被创作出来,并最终最大化消费者利益。按照美国专利商标局总裁布鲁斯·莱曼(Bruce Lehman)的话来说,那些提议用来制止知识产权盗版的措施,并没有试图阻止合理使用的运用。如果你想鼓励人们在新数字环境下投资,你必须让他们有被保护和可以赚钱的安全感。❷ 版权必须进一步扩张的思想,为演绎权的发展埋下伏笔。

二、版权法的应对:演绎权的全面扩张

第二次技术革命和第三次技术革命,使版权制度相继进入电子时代和网络时代。从电子版权到数字版权,演绎权几经调整,逐步扩张,最终形成版权法中的一项包含多个子权利,极具开放性的财产权利。

---

❶ [日]中山信弘著,张玉瑞译:《多媒体与著作权》,专利文献出版社1997年版,第97页。

❷ Naomi Abe Voegtli, Rethinking Derivative Rights, 63 Brooklyn L. Rev. 1213 (1997).

（一）第一阶段：改编权出现

在模拟技术出现之前，长期以来，人们都习惯于接受"版权就是复制权"的理念。改编，由于不是对作品的复制，所以一般不为法律所禁止（翻译例外）。多数国家的版权法中都没有改编权概念，即使是在版权的发源地英国也是如此。1886年的《伯尔尼公约》也没有提到作者的改编权。极其个别地，在美国和法国，作者被授予了戏剧改编权，但这一权利的适用范围也极为有限。令人们始料未及的是，模拟技术的发展，使古老的作品改编现象重焕生机。剧院、电影、电视的相继出现，开辟出巨大的演绎作品市场，使得一直致力于保护图书市场的印刷版权制度捉襟见肘。面对朝气蓬勃的演绎作品市场，版权法开始重新审视作品改编问题，加强了对作者利益的保护。在几乎没有任何解释的情况下，法院的一些判决，就被上升为法律。版权法不再只打击对作品的逐字复制，很多的变相复制作品行为，如自动钢琴对歌曲的演绎、电影对小说的改编等，都被纳入作者的改编权范围，为新的版权法所严厉禁止。例如，1908年在柏林修订的《伯尔尼公约》，就增加了"禁止未被授权的间接占用，如将小说、故事、诗歌转换成戏剧或相反"的规定，这也是《伯尔尼公约》首次肯定作者的改编权。1909年，《美国版权法》被再次修订。修订后的《美国版权法》用宽泛的语言规定：作者享有将文学作品翻译成其他语言或方言，或者创作任何其他版本的权利。将非戏剧作品改成戏剧；将戏剧作品改成小说或其他非戏剧作品；对音乐作品进行重新编排或改编；完成或实行艺术作品的设计或模型。1909年的《美国版权法》对演绎作品的这一新规定，是对1908年的"怀特—史密斯"案的立法反应。通过使用"创作任何其他版本"的措辞，该法案将以前法律所不包含的由新技术产生的作品，如钢琴卷、电影等，都纳入作者的专有权范围。1911年，英国也终于完成了对《英国版权法》的重新编纂。为适应新技术的发展，该法也进一步扩张了作者的权利，授予某些特殊作品的作者改编权。例如，戏剧作品的作者有权将作品改编成小说或其他非戏剧作品；小说、非戏剧作品或艺术作品（不包括音乐作品）的作者有权将以上作品改编成戏剧作品；文学作品、戏剧作品或音乐作品（不包括艺术作品）的作者有权将以上作品制成唱片或拍成电影。❶ 在经历了长达两个多世纪的不保护阶段，或者说是勉强保护阶段后，作者的改编权，终于在 20 世纪初期得到版权法的正式认可。改编权的出现，标志着演绎权范围的进一步扩大。尽管演绎仍然不同于复制，演绎作品也不替代原作，然而毫无疑问，各国立法已开始加大对演绎权的保护，演绎权不再只是翻译权或戏剧改编权，而被广泛地界定为是包含所有将某些作品改编到另一新媒介的权利，这几乎囊括了当时的一切改编技术。与之前人们常常将演绎作品看做是完全的、独立的新作品相比，电子版权下的演绎作品则被更多地认为是原作的变体，是依附于原作而产生的。与之相对应，演绎权在版权法中的地位也越来越重要了。电子时代的版权法，已经倾向于将演绎权看作是一种与复制权完全不同的权利，而不是将它当作"版权就是复制权"的例外。

（二）第二阶段：演绎权的全球化

随着广播技术、电视技术、录像技术和数字技术的出现，

---

❶ Ronan Deazley, Rethinking Copyright—History Theory Language, Edward Elgar Publishing Limited, 2006, p.145.

各国纷纷修改版权法，扩大演绎权的适用对象，以跟上技术发展的步伐。具体而言，根据演绎权在立法中的不同表现，可将之分为以下三种不同模式：

1. 演绎权模式：使用演绎权和演绎作品概念

1976 年《美国版权法》是这一模式的代表。在演绎权发展史上，1976 年《美国版权法》的修订具有重大意义。首先，1976 年《美国版权法》第一次使用了演绎作品和演绎权概念。在这之前的版权法中，美国议会都只是将改编权、翻译权等分别列出，只有在 1976 年《美国版权法》中，才真正开出演绎权这个总项。其次，1976 年《美国版权法》对演绎权和演绎作品作了新的、更为全面的规定。该法在第 101 条先界定了演绎作品："基于一个或多个已有作品创作完成的作品，如翻译、音乐改编、戏剧改编、小说改编、电影版本、录音、艺术再现、节本、缩写或任何其他对作品的重作、转换或改编。作品中的编辑修订、注释、详解或其他修改作为整体构成独创作品的，是演绎作品。"然后，在第 106 条第 2 款中，该法又将演绎权界定为是"作者有根据版权作品创作演绎作品的权利"。通过增加演绎作品的具体类型以及使用"任何其他对作品的重作、转换或改编"这样的包罗万象的措辞，1976 年《美国版权法》明显突破了 1909 年《美国版权法》只授予文学作品作者演绎权的限制，将演绎权的适用对象扩大到所有作品。

出现于《美国版权法》中的演绎权和演绎作品概念，很快为一些国家或地区所效仿。例如，2003 年新修改的《德国著作权法与邻接权法》，就照搬了演绎权和演绎作品概念。该法第 3 条规定："对于构成了演绎者的个人智力创作成果的某部作品的翻译和其他演绎，在不损害被演绎作品的著作权的情况下，作为独立作品予以保护。对不受本法保护的音乐作品的非重大的演绎，不作为独立作品予以保护。"在该法第 23 条，法律又进一步规定："只有取得被演绎作品或者被改编作品的作者的同意，才可以将演绎后的或者改编后的作品予以发表或者利用。在涉及电影改编、按照美术作品的图纸与草图进行施工、对建筑作品的仿造、数据库作品的演绎与改编的情况下，从演绎物或者改编物制作之时就需得到作者的同意。"在演绎权问题上，1992 年我国台湾地区"著作权法"第 6 条规定：就原著作改作之创作为衍生著作，以独立之著作保护之。衍生著作之保护，对原著作之著作权不产生影响。另外，该法第 28 条又规定：著作人专有将其著作改作成衍生著作或编辑成编辑著作之权利。但表演不适用之。我国台湾地区"著作权法"关于衍生著作和衍生著作权的规定，虽然与演绎权和演绎作品的概念表述稍有差别，但基本上可认为二者是同一含义，属于演绎权立法模式。

2. 改编权模式：使用改编权和改编作品概念

较之于新的演绎权和演绎作品概念，部分国家还是坚持使用传统的改编权和改编作品概念。英国就是这一立法模式的代表。根据 1988 年的《英国版权、外观设计和专利法》第 16(1) e 条和第 21 条第 3 款的规定，改编权被界定为是"作者对作品进行改编或针对改编作品实施复制、发行、广播等行为的权利"。而改编作品则被细分为四类："（1）对于计算机程序或数据库之外的文学作品和戏剧作品而言，是指：（ⅰ）作品的翻译；（ⅱ）由戏剧作品转换成的非戏剧作品，或者由非戏剧作品转换成的戏剧作品；（ⅲ）故事或情节的图片版本，以用于书籍、报纸、杂志及其他期刊的复制。（2）对于计算机而言，是指程序的编排、转换或翻译。（3）对于数据库而言，是指数据库的编排、转换或翻译。（4）对于音乐作品而言，是指作品的编排或改编。"因此，在采用改编权模式的国家，改编权也和演绎权一样，是一个大权利的统称，其下包含了翻译权、戏剧改编权、节选权、注释权等子权利。

3. 具体列举模式：翻译权、改编权、改动权或整理权

采用具体列举模式的国家，翻译权、改编权或整理权等被分别列出，法律既不使用统一的演绎权和演绎作品概念，也不使用统一的改编权和改编作品概念。即在演绎权问题上，它们的立法态度是，有什么样的作品演绎方式，就有什么样的演绎权利与之相对应。换言之，在这些国家，立法重在列举演绎行为的方式，而不是界定演绎权或改编作品的含义。在这方面，1992 年的《法国知识产权法典》堪称代表。不同于英美国家关于演绎权或改编权的总括式规定，该法在其第 L. 112—3 条和第 L. 122—4 条，逐一列举了各项作品演绎情形，规定："翻译、改编、改动或整理智力作品的作者，在不损害原作品版权的情况下，享受本法保护。""通过任何技术和手段的翻译、改编、改动、整理或复制违法。"具体列举模式也反映在 1971 年的《伯尔尼公约》中。在规定作者的演绎权时，该公约也基本上采取的是分别列举式，承认翻译、改编、乐曲改编以及对文学或艺术作品的其他变动应得到与原作同等的保护，但要求其不得损害原作的版权，并授权文学艺术作品的作者享有对其作品进行改编、音乐改编和其他变动的专有权利。

到 20 世纪中后期，演绎权已进入全面扩张时期。不仅从立法形式来看，各国版权法几乎都有了关于演绎权的规定（或采用具体列举式，或采用高度概括式）；而且从具体内容来看，

作者的演绎权也在随着演绎作品范围的扩大而不断扩大，包括计算机软件、数据库等在内的一切演绎作品的创作活动都被纳入演绎权的保护范围。作者的演绎权确实扩张了，但法院也因此遇到新问题。如戏剧要和小说相似到什么程度才构成侵权？原作品的语言是否必须在戏剧作品中出现？只要情节和人物的足够相似就可认定侵权吗？法院一直纠结于这些问题。一些保守者，只在非常有限的条件下认定构成侵权。但随着时间的推移，法院对于一些两作品相似度并不明显的案子，也越来越倾向于判决侵权，作者权利呈不断扩张趋势。❶

三、现代版权法：演绎权发展的影响

版权法对作者演绎权的保护，最早可溯及 19 世纪中期。翻译权的出现，标志着实质意义上的演绎权保护开始。但是，要论及演绎权与演绎作品概念的产生，则始于 1976 年的美国版权法，从那时起，形式意义上的演绎权保护才真正开始。因此，就整个版权发展来看，演绎权的保护历史并不长，实质意义上的演绎权保护才刚开始不久。而要论及形式意义上的演绎权保护，则历史更短，或者说几乎就没有什么历史。然而，就是这样一项才兴起不久的权利，却在模拟技术、数字技术的推动下迅速发展，形成一个包含翻译权、注释权、节选权、改编权等在内的庞大权利族群，将文字作品、音乐作品、电影作品、软件作品以及其他一切基于原作而产生的作品，统统纳入作者的掌控范围，对版权法的保护范围及权利体系产生深远

---

❶　Amy B. Cohen, When does a work Infringe the Derivative Works Right of a Copyright Owner? 17 Cardozo Arts & Ent LJ 623 (1999).

影响。

（一）演绎权的发展，扩大了版权法的保护范围

在《英国安娜法》颁布后的长达 100 多年的时间里，版权法一直坚持版权就是复制权的观念，只授予作者图书作品上的印刷权和重印权。法院在进行侵权分析时，也一切从打击盗版、禁止机械复制的立法目的出发，严格限定版权的保护范围，对复制作纯字面理解，只要不是对作品的逐字剽窃，就不认为构成侵权。

在当时，无论是翻译作品还是改编作品，都被认为只是借用了原作品的材料或思想，并未逐字复制原作，因此是与原作品完全不同的新作品，不存在侵权问题。然而，随着演绎权的产生与发展，电子时代和数字时代的版权法越来越注重保护原作者的商业利益，它们不再像印刷时代的版权法一样注重考察后续作者的辛勤劳动。"新的辛苦工作的吸引力对版权侵权指控的防护到 19 世纪末几乎消失了。后续作者创作演绎版本的辛勤劳动，例如翻译或改编成戏剧，不再是免除侵权责任的理由"。❶ 通过要求对原作的使用（非字面的）必须取得合法授权，演绎权的扩张使版权法来了个 180 度的大转变（从一个开始只保护出版商的复制到现在保护作者的思想）。❷ 版权法的保护范围不断扩大：从以前的只保护文字作品发展到保护非文字作品（戏剧作品、音乐作品、视听作品或其他）；从以前的

---

❶ Naomi Abe Voegtli, Rethinking Derivative Rights, 63 Brooklyn L. Rev. 1213 (1997).

❷ Note, Derivative Works and the Protection of Ideas, 14 GA. L. REV. 794, 799 (1980).

只保护作品的原创性表达（纯字面文字）发展到保护作品的主题、故事情节、人物或其他（文字背后的意思）。❶

（二）演绎权的发展，改变了版权法的权利格局

一直以来，复制权在版权体系中都是一支独大的局面。最初，由于盗版现象的横行，版权法致力于打击盗版，授予作者和出版商对图书的专有印刷权和重印权，以保护他们的财产利益。在这一时期，复制权就是版权的代名词，在版权法中居于核心地位，并且复制只限于逐字复制。然后，随着作者表演权、翻译权、戏剧改编权的相继出现，版权权利体系发生了很大变化，版权就是复制权的局面有所改变。但总体而言，在这一时期，复制权的中心地位仍没有改变。表演权、翻译权、戏剧改编权，作为复制权从逐字复制到实质复制扩张的产物，仅是"版权就是复制权"的例外存在。最后，到电子时代和数字化时代，演绎权获得了真正的发展，逐步克服以往对复制权的依赖，变成版权法中一项包含多项权能、具有独立含义的财产权利，并使印刷时代下的版权法跳出保护作者复制权的窠臼，走向新的权利体系构建——复制权、表演权和演绎权三足鼎立。

本章小结

一般认为，演绎权包括翻译权、改编权、节选权等内容，是版权人禁止他人擅自创作演绎作品的权利。版权制度确立之

---

❶ 某种意义上来说，演绎权已经使版权法突破了保护作品本身的限制，上升到保护作者的思想意图及偏好的高度。

初，作者的权利非常有限，仅限于机械复制权。18 世纪末，随着欧洲大陆各国相继建立版权制度，表演权被纳入版权权利体系。表演权的产生，使传统版权法中的复制权观念发生嬗变，版权被再次引入新的、以前属于公有领域的改编市场，翻译权、戏剧改编权等开始出现，演绎权保护框架初步形成。进入 20 世纪，在新的信息技术、材料技术和能源技术的引领下，版权逐渐跳出原来的印刷出版窠臼，向电子、网络领域扩张，演绎权也获得了进一步发展，成为版权法中的一项重要财产权利。

演绎权的扩张是一个曲折、复杂的过程。在经历了早期版权法的不保护、传统版权法的勉强保护和现代版权法的全方位保护三个阶段之后，演绎权最终成为作者的不可或缺的专有权利。那么，是什么使演绎权发生如此的转变呢？演绎权的扩张引起了我们对演绎权正当性的思考。

第二章　演绎权的正当性

演绎权从来就是版权法中的敏感话题。从最初的不受保护，到后来的不断扩张，围绕演绎权的存废问题一直争议不断，并最终都直指版权制度的核心——版权法究竟要保护什么？是保护作者利益，还是保护公共利益，抑或二者兼顾？不论作出何种回答，演绎权都犹如在刀尖上行走，难以给出令人满意的答案。演绎权保护问题的复杂性，使得对演绎权正当性的研究非常必要。事实上，只有从根源上解决了为什么要保护演绎权的问题之后，才能对演绎权制度有更清楚的认识，才能进一步思考该制度的具体适用与完善。

第一节　演绎权之经济激励说

经济激励说是关于演绎权正当性的重要经济学解释，它侧重于考察各种作品利用行为对作者市场的影响，强调保护作者的财产利益。经济激励说广泛体现于英美国家的立法和司法活动中，是英美法系版权制度构建的理论基础。

一、版权扩张下的经济激励说：财产权是激励创作之必需

经济激励说是重商主义的经济垄断观念与私有财产神圣的财产权利观念相结合的产物，它反映了人们对版权法立法目的

的最初认识。按照该学说，法律之所以授予作者专有权利，保护他们的财产利益，是因为其目的就在于激励作者创作。套用美国总统林肯的话来说，版权法就是"为天才之火添加利益之油"。假设没有版权法，任何人可擅自发行、复制或展览他人创作的作品，则作者的财产利益必将受到严重损害。长此以往，作者将无法依靠版税为生，丧失创作作品的积极性，最终造成社会没有优秀作品，甚至没有作品可供欣赏的局面。

作品的价值在于其艺术性，但版权制度的产生却因其财产利益而起。当盗版开始威胁到出版商和作者的图书市场时，出版商和作者提出：法律应保护他们的财产利益，否则作者将不愿创作，图书市场难以繁荣。在作者和出版商的游说下，英国于 1709 年颁布《英国安娜法》，并在该法中明确指出：时下盗版横行，作者及其出版商深受其害甚至难以谋生。为打击盗版，鼓励有学之士进行创作，特制定本法。《英国安娜法》关于立法目的的这一阐述，是典型的经济激励说观点的反映：版权法的首要目的是为创作者提供经济激励。正是为了激励作者创作，保护他们在图书市场上的商业利益，《英国安娜法》才授予了作者（出版商）专有印刷权和重印权。经济激励说催生出现代版权制度，并成为版权扩张的理论基础。在经济激励说的影响下，保护作者财产利益的观念深入人心，一切基于作品而产生的经济利益，都被认为应由作者享有。成熟的版权范例包含了所有文学和艺术作品，纯粹是根据他们的创作和由市场来评判的。❶ 当版权法被看作是激励作者创作，保护作者财产

---

❶ J. H. Reichman, Design Protection and the New Technologies: The United States Experience in a Transnational Perspective, 19 U. Balt. L. Rev. 6 (1989).

权利的重要法律时，版权法也越来越容易受代表作者一方的相关利益集团的影响，朝向不断扩大作者的财产权方向发展。司法实践中，作品的使用是否具有商业性，是否会对原作品的市场产生潜在影响，也成为判断版权侵权与否的核心要素，是法院进行案情分析的关键。

二、经济激励说下的演绎权：保护作者演绎作品市场的财产权

经济激励说认为，版权法以财产权制度激励作者创作，法律必须保护作者的财产权利，他人对作品的未经授权的使用，不得影响到作者的市场利益。根据经济激励说，在以下两方面，授予作者演绎权，是保护原作者演绎作品市场的需要。

（一）来自演绎作品市场的收入，是作者创作的动力

演绎作品对作者的重要性已经日益显现。在过去，囿于印刷技术不高，作品的可利用方式有限，作者只能以卖书为生，其全部收入几乎都来自图书的出版与销售。一部作品，无论创作得多么成功，对于作者而言，也只是可以多发行一些书籍的精装版本而已，并没有其他的可获利途径。然而，录音录像技术、数字技术的发展，大大拓展了作品的可利用空间。除了可被继续印成书籍出版之外，越来越多的作品开始被改编成话剧、电影或电视发行，一个巨大的演绎作品市场逐渐形成。新的演绎作品市场的诞生，不可避免地会影响到作者的创作。与由小说改编而成的电影、电视所产生出的巨额商业利润相比，来自作品出版市场的销售利润，即便是精装版的，也常常是少得可怜。面对一个充满无限商机的演绎作品市场，假如我们依然允许他人可在原作基础上自由创作演绎作品，否定作者自己

制作作品的演绎版本或授权他人创作演绎作品的专有权利，则必将使他人无偿占有作者的劳动成果，严重挫伤作者创作的积极性。特别地，当作者从原作品市场的所得收益要远远少于演绎作者从演绎作品市场的所得收益，以至于作者创作成本都收不回来时，这种不公正性尤为明显。当然，对于很多优秀作品来说，来自于原作品的收入足以使作者收回创作成本。但是，即便如此，如果没有演绎权，作者也仍将不愿创作，因为虽然他们可从原作品市场获利，但作品上的绝大部分利益（演绎作品市场利益）还是归他人所有。所以，在没有演绎权的情况下，一些现有作品可能不会被创作出来。例如，当我们不确定是否要写书时，这时来自演绎市场的巨大利益吸引可能成为我们是否创作的关键。❶

　　因此，在新的技术与时代背景下，有必要授予作者演绎权，使作者可以根据原作品市场和演绎作品市场中的可能收益来确定自己对作品创作的投资，充分利用演绎作品市场对作者的吸引力，最大限度地激发出作者的创作欲望。例如，《飘》的作者就可通过这一权利，不仅控制该小说平装版和精装版的销售收益，而且可以进一步控制他人对小说的其他使用，包括翻译、电影改编等其他演绎形式。演绎权不断扩张的目的就是阻止对原作的不同媒介或不同市场的转换性使用。❷ 演绎权的确立与其他著作权一样增加了著作权人控制作品利用和作品市场的机会，增加了原创的作者、出版者等收回固定成本的机

---

❶　Michael Abramowicz, A Theory of Copyright's Derivative Right and Related Doctrines, 90 Minn. L. Rev. 317 (2005).

❷　Paul Goldstein, Derivate Rights and Derivative Works in Copyright, 30 J. Copyright Soc'y U. S. A. 209 (1983).

会，授予作者对其作品重新创作的任何演绎权利，会实质性地增加其创作特定作品的动力。这种动力转化为创作作品数量的增加。❶ 授予作者演绎权，将对作者的保护从原作品市场扩张到演绎作品市场，这不仅有利于激励作者创作出更多的作品，而且有利于激励作者增加对作品的投入，创作出更优秀的作品，以获得更多被改编的机会。如果一个作者知道他的书将会被改编成电影，或者假设他在写书前已经和一个制片商签订了电影改编合同，那么可以合理预见到的是，作者将会腾出更多的时间和精力去创作这部小说。当然，作者也完全可以在这种情况之外创作出一部杰作。通常来说，演绎权可以引导资金和时间流向那些最可能被改编的作品，并进而提高原作品和改编作品的质量。❷

（二）保护作者的演绎作品市场，即使作者无意开发该市场或他人的演绎于作者有利

授予作者演绎权，在于保护作者的演绎作品市场。当作者已经创作了演绎作品或已经授权他人创作演绎作品时，允许他人再在原作基础上创作演绎作品，这会影响到原作者的演绎作品市场或被授权方创作的演绎作品市场，造成对原作者或被授权方市场利益的损害。但是，如果作者并没有打算去开发演绎作品市场，或者他人的演绎行为有利于原作品的销售，保护作者的演绎权还有意义吗？

---

❶ 冯晓青：《知识产权法利益平衡理论》，中国政法大学出版社 2006 年版，第215 页。

❷ Michael Abramowicz, A Theory of Copyright's Derivative Right and Related Doctrines, 90 Minn. L. Rev. 317（2005）.

1. 演绎权与作者是否开发演绎作品市场无关

现实生活中，作者可能根本就没有创作演绎作品，也没有授权他人创作演绎作品。此种情况下，授予作者演绎权似乎并无必要。他人的创作演绎作品行为，既不会给作者的任何既有利益带来损害，也很难说会给作者的演绎作品市场带来什么不利影响。然而，虽然如此，按照经济激励说的观点，作者的演绎权仍不能被否定。因为，（1）这可能只是一种暂时现象，它不足以否定作者的演绎权。作者虽然现在没有创作演绎作品，也没有授权他人创作演绎作品，但这并不意味着他在将来也没有这样的打算。一旦作者日后决定去开发或授权他人开发这一新的演绎作品市场，则在没有演绎权的保护下，他人之前已经创作的演绎作品必将构成作者新创作的演绎作品或被授权方创作的演绎作品的市场替代，原作者和被授权方的演绎作品市场终将受到损害。（2）这也可能是一种永久现象，但它仍不能对抗作者的演绎权。作者也可能永远都不会去创作演绎作品或授权他人创作。但事实上，一直到作品的保护期限届满，这都还只是一种假设。在作品的保护期限内，作者随时可以改变主意，我们无法知道这种现象是否真正发生，因此，从尊重作者的创作意愿来看，也应该授予作者演绎权。作品上的垄断权应由作者享有，他有权决定在作品上将发生什么。授予作者演绎权可能是这样做的最好方法。作者的合法利益不能被否定，仅仅因为他做了一个不进入演绎作品市场的艺术决定。❶版权，是通过赋予作者控制作品输出的能力，来保护他们的市

---

❶ Castle Rock Entm't, Inc. v. Carol Publ'g Group, Inc. 150 F. 3d 132（2d Cir. 1998）.

场利益不被损害。即使作者没有选择通过自己创作或授权他人创作某类演绎作品来开发其原作品，版权法也保护作者的这种决定什么时候开发或授权谁开发这种演绎作品市场的权利，这和作者是否计划开发某一演绎作品市场并无关系。演绎权由此反映了版权法对作者是否将其作品投入新市场或赋予新形式的尊重。作者有权利决定不去开发作品的演绎作品市场，也有权利选择在某些限制条件下去开发，版权法不准备推翻对作者的这种关怀。❶

2. 演绎权与他人的演绎行为是否有利于作者无关

他人的演绎创作行为，并不一定不利于作者。某些时候，一些对原作的擅自演绎，会给作者带来巨大的经济利益和良好的声誉，使作者名利双收。这种现象在电影改编或戏剧改编中较为常见。例如，早期英国的很多小说家，在没有戏剧改编权的保护下，还常常主动帮助剧作家们将他们的小说搬上舞台，并不收取分文报酬。作者们的这一看似反常的做法，其实无非是想借助舞台这种特殊的表演形式，使小说传播得更广，使作者及早成名。某种意义上而言，改编确实能取得这样的效果。现实生活中经常出现这样的现象：一部小说，在没被改编之前一直默默无闻，无人问津。但自从被改编成电影后，旋即走红，街知巷闻，原作者也一夜成名。不可否认，电影、电视等新兴传播媒介，在促进作品公开、吸引人们关注作品方面，确实有着传统的纸质传播所不可比拟的优势。将小说改编成电影或电视，这不仅可以推动人们对原著的阅读，给作者带来丰厚

---

❶ Patrick W. Ogilvy, Frozen in Time? New Technologies, Fixation, and the Derivative Work Right, 3 Vand. J. Ent. & Tech. L. 687（2006）.

的出版利润；而且也可以极大地提高作者的知名度，给作者带来良好的声誉。然而，尽管如此，这样的改编行为也仍然不能掩盖它对作者演绎作品市场的伤害。从作者的声誉或原作品的销售来看，某些电影或电视改编行为确实能起到一定的积极作用，有利于原作者。但从作者的演绎作品市场来看，任何未经授权而改编成的电影或电视，都必然妨碍作者自己对作品的影视改编或授权他人改编，损害作者在演绎作品市场上的合法利益，它们对作者声誉及原作品市场的正面效应，并不能否定作者的演绎作品市场利益受到损害的事实。演绎权以保护作者的演绎作品市场为目的，一部改编自小说的电影，无论多么成功地促进了该小说的销售或作者的声望，只要它使作者无法自己制作该小说的电影版本或无法从授权他人制作小说的电影版本中获益，就损害了作者的演绎作品市场，应受到演绎权的规制。这就正如对作品的非法复制，虽然它也有利于作品的传播，但是却不能逃避被认定为侵权的命运。因此，当演绎作品是未经授权创作时，即使原作者从中获得利益，也并不影响原作者对该演绎作品市场的控制。这样的一种观点不仅为经济激励说所支持，也已经为一些法院所采纳。❶

三、经济激励说对演绎权的论证：新经济市场的角度

经济激励说是关于版权正当性的经济学理论。当用于论证演绎权时，这一理论扩大了作者的专有保护范围，反映了一个

---

❶ 在 Twin Peaks Prods., Inc. v. Publ'ns Int'l, Ltd. 等案件中，虽然被告的作品改编行为增加了原告的经济收入，但法院仍然判决原告的演绎权受到侵犯，被告的这种有积极意义的自由演绎，也仍然会损害原作者的市场利益。Twin Peaks Prods., Inc. v. Publ'ns Int'l, Ltd. 996 F. 2d 1366（2d Cir. 1993）.

对属于作者的新经济市场的认识。即，授予作者演绎权，并不在于保护作者的原作品市场，而在于保护作者的新经济市场——演绎作品市场，如电影或钢琴卷。

（一）授予作者演绎权，不为保护作者的原作品市场

演绎作品不同于原作品的复制品，它虽然是在原作品基础上创作出来的，却和原作品有本质区别，是具有原创性的新作品。因此，一般情况下，原作品市场和演绎作品市场是两个完全不同的市场，演绎作品并不构成原作品的完全或近似替代。允许他人对作品的自由演绎，不会损害到作者的原作品市场。例如，将一部中文小说翻译成德文，小说的德文版本只在国外出版发行，并不会影响到原著在中国市场上的销售。或者，将一幅画制成石雕，则对画的使用不妨碍对石雕的销售，对石雕的使用也不妨碍对画的销售，二者分属不同的市场，彼此互不冲突。当然，原作品市场和演绎作品市场的不同，并不意味着这两个市场绝对不能发生任何关联。按照经济学理论，任何市场都不是完全孤立、完全竞争的市场，各不同市场上的经济行为之间都或多或少存在一定程度的相互干扰和影响。所以，他人对作品的自由演绎也可能对原作品市场产生某些不利影响。例如，不受限制地演绎他人作品，可能产生与原作在实质上相似的作品，构成原作品的市场实质性的替代品——如果与原作太相似，作品的用户可能将其当成是市场中的替代品。又或者，改编以相同或另一形式维持了原作品的实质内容，则即使不构成原作品的完全或者接近完全的实质性相似替代品，演绎作品与原作品在内

容上的相似也可能会损害原作品的市场。❶ 例如，被翻译成德文的小说，可能再销售回中国，与原中文版本展开一定的市场竞争，导致一些原作卖不出去（假设有人懂德文版本并选择了买该译本而没有买原作）。只是，演绎作品对原作品市场的这种不利影响，仍只是一种可能性，它既难以确定，也几乎可以忽略不计。事实上，译文再销售回国内，也可能对原作的国内市场产生积极影响，带动一部分原作的销售（看了译本的人对原作也产生了兴趣，又购买了原作）。或者反之，原著也可以再销往国外，对小说的德文译本产生同样的影响。这些情形都有可能发生。立于保护作者原作品市场的角度，很难去计算，原作者从他人的演绎行为中，到底是得到的更多，还是失去的更多。因此，总体而言，作者的原作品市场和演绎作品市场各自面对不同的消费群体，分属不同领域，新的演绎作品的创作基本没有损害他人原作品市场的可能。授予作者演绎权，并不在于保护作者的原作品市场。

（二）授予作者演绎权，为保护作者的演绎作品市场

演绎作品不是原作的替代品，不会损害到作者的原作品市场，也并不意味着法律就没有保护作者演绎权的必要。通过引入作者的演绎作品市场，论证他人的擅自演绎会给作者的演绎作品市场带来损害，经济激励说指出，演绎权的正当性，恰恰在于保护作者的演绎作品市场，阻止他人未经授权创作的演绎作品与作者的或作者授权创作的演绎作品相竞争。

版权法应该保护作者的演绎作品市场吗？回顾版权法的发

---

❶ 冯晓青：《知识产权法利益平衡理论》，中国政法大学出版社 2006 年版，第 215 页。

展史，不难发现，18 世纪初到 19 世纪中后期，版权法的基本规则都是只保护作者的原作品市场，而不保护作者的演绎作品市场。在当时，翻译、改编作品的现象也时有发生，但是法律却只授予了作者复制权，保护他们在已经存在的图书市场上的垄断利益，并没有授予作者演绎权，保护他们对作品的翻译、节选或改编。换言之，一直在 19 世纪中后期之前，演绎权都不存在，法律的焦点是保护作者已经存在的出版市场而不是作者的潜在演绎作品市场。那么，为什么在 19 世纪中后期之后，版权法迅速转变，开始保护作者在演绎作品市场的垄断利益呢？按照经济激励说的观点，作品上的一切财产利益都应该由作者享有。不仅原作品市场，而且演绎作品市场也是作者的。在印刷时代，之所以作者只有印刷权和重印权，无法禁止他人对作品的擅自翻译或节选行为，主要是因为当时的演绎作品市场并不发达，版权法没有保护作者演绎作品市场的需要。这其实和保护作者的原作品市场是一样的道理。在印刷术没有发明之前，剽窃他人作品现象也有，但是并不会给作者的图书市场造成实质性影响，所以，当时也没有版权法来保护作者的原作品市场，这种保护法并无必要，因为当时根本就没有盗版现象存在。而当盗版现象出现并严重危及作者在图书出版市场的经济利益之后，版权法立即开始授予作者复制权，保护作者的原作品市场。与保护作者的原作品市场一样，对作者演绎作品市场的保护也有一个过程。在前电子时代，将图书改编成电影或电视的现象几乎没有，演绎作品市场既没有正式形成，也就当然不存在保护问题。因此，对作者演绎作品市场的保护，以作品改编现象开始流行为前提。当进入 19 世纪中后期，在原作品市场之外的一个巨大的新经济市场——演绎作品市场真正产生时，为激励原作者创作，版权法开始扩大对作者的保护，将演绎作品市场纳入作者的专属范围。

第二节 演绎权之自然权利说

演绎权也可以用自然权利说来解释。自然权利说在版权法历史上主要表现为三种学说：劳动财产权说、个性说和浪漫作者权说。从保护作者的私人财产和保护作者的浪漫人格角度，这三大理论说明了授予作者演绎权的正当性。自然权利说是大陆法系著作权制度构建的理论基础，是演绎权产生的哲学依据。

一、版权法上的自然权利说：劳动财产权说、个性说和浪漫作者权说

对版权制度的进一步思考来自自然权利说。古老的自然法学派思想，催生出朴素的版权观念：作品是作者创作的，当然应该由作者所有。版权，是作者天赋的、不可剥夺的自然权利。与经济激励说认为版权法的立法目的是激励作者创作不同，自然权利说从基本的公平、正义观念出发，认为"努力工作的人应当得到属于他的那一份薪水"，"看不到收获希望的人不会努力耕种"。作者应该享有作品上的权利，这不是因为别的，仅仅只是因为作者创作了它们。自然权利说常常通过版权法的劳动财产权说、个性说和浪漫作者权说反映出来，并通过后者来证明版权扩张的正当性。

劳动财产权说大约形成于 17 世纪末 18 世纪初，以洛克（John Locke）的《政府论》为代表。该学说认为，劳动是产

生私人财产权的重要方式，人们对于自己的劳动成果应享有财产权。在劳动财产权说的影响下，《英国安娜法》授予了作者复制权，开创了保护作者著作财产权的新时代。个性说和浪漫作者权说渊源于康德、黑格尔的财产"自由意志—人格"说，大约形成于18世纪末19世纪初，以黑格尔的《法哲学原理》为代表。该学说认为，作品是作者人格精神、思想感情的反映，作者的主体地位要求得到尊重。在个性说和浪漫作者权说的共同作用下，法、德等国的著作权法开始授予作者精神权利，版权制度进入著作人身权时代。自然权利说也是200多年来美国版权立法不断扩张的理论基础。虽然根据1787年的《美国宪法》，授予作者和发明者对他们的作品和发明在一定期限内的专有权利，被认为是"为了促进科学和艺术的进步"。但从议会的不断扩张作者权利，强化版权保护的举措中，不难看出美国版权法中的自然权利说倾向。而近年来，在一些司法判决中，美国部分法院也已经逐渐显示出对自然权利说的偏爱。例如，在Eldred v. Ashcroft案❶中，法院就认为把公共利益置于第一位的考虑并没有很好地认识到对作者经济回报和社会进步的关系。法院认为作者的经济需要同样是版权保护的一个重要原因，理应和知识进步与公众接触作品的需要达成平衡，二者的关系是互补的。

二、劳动财产权说：演绎权是"劳动"扩大化理解后的结果

1690年，洛克提出著名的劳动财产权说，对现代版权制

---

❶ Eldred v. Ashcroft. 537 U. S. 186 (2003).

度产生深远影响。在以下两方面，洛克关于劳动与财产权关系的论述，揭示了演绎权存在的物质基础。

（一）"劳动成果归劳动者所有"催生出"作者改编作品"的思想。

按照劳动财产权说的逻辑，正是我们自己的劳动，使我们成了财产的主人。每个人对他自己的人身享有所有权，人的身体所从事的劳动和他的双手所进行的工作，可以说，是正当地属于他自己的。所以，一个人只要使任何东西脱离其自然存在的状态，这个东西里就已经掺进了他的劳动，即掺进了他自己所有的东西，因而这个东西就成了他的财产。换言之，一个人只要通过自己的劳动使任何自然之物脱离自然状态，他就对这一自然之物享有排他的所有权。❶通过从主体本身去探寻财产权的存在意义，劳动财产权说充分认识到人类劳动的价值，阐明了"我制造了它，所以它是我的"的观点。洛克关于劳动与所有权关系的阐释，虽然只涉及体力劳动与有形财产，但却同样可推广适用于版权领域。只要将这一"劳动——所有权"论述中的劳动范围扩大到智力劳动，便很容易得出"只有作者可以改编作品"的结论：作品是作者创作的无形财产，是作者的劳动成果，作者当然可以复制它、改编它，并从复制、改编行为中获利。

（二）"劳动产生财产权"孕育了授予作者演绎权的观念。

在提出了"劳动成果归劳动者所有"之后，洛克进一步总结出"劳动产生财产权"的观点：由于劳动成果是劳动者无可

---

❶ ［英］洛克著，叶启芳、瞿菊农译：《政府论》（下篇），商务印书馆1964年版，第19页。

争辩的所有物，所以，对于掺进了一个人的劳动的东西，除劳动者本人之外就没有别人能够享用它。我的劳动使它们脱离原来所处的共有状态，由此便确定了我对于它们的财产权。洛克的这一论述，实际上是在强调财产权的排他性。按照他的观点，任何东西，只要加入了我们的劳动，我们便能对它享有私人财产权。在私人财产权的保护下，我们不仅可以自由使用它，而且可以排除他人对它的占有与使用。将洛克的"劳动产生财产权"理论作广义理解，即将其中的"劳动"解释为既包括体力劳动，又包括智力劳动，则授予作者财产权也应是版权法的应有之义：作品是作者智慧的结晶，对于自己的智力劳动成果，作者当然享有私人财产权。任何对作品的擅自利用，都应该为法律所禁止。"劳动产生财产权"理论，是著作财产权产生的基础。它不仅包含了授予作者复制权、表演权及展览权的思想，也孕育了授予作者演绎权的观念。"作品经济上的价值体现在它能够满足人们在精神方面的需求。为了保障作者就其作品享有的经济利益，著作权法规定，从作品利用前的那一阶段开始所涉及的各种消费者群体都被包括在作者主宰权的势力范围之内"。[1] 随着"劳动产生财产权"的提出，对作品的复制、展览、表演或演绎，被逐渐纳入作者的财产权范围，没有作者的许可，他人不能再复制或演绎作品。

三、个性说：演绎权是作品人格化后的产物

个性说是自然权利说的另一反映。该学说渊源于康德、黑

---

[1] ［德］M. 雷炳德著，张恩民译：《著作权法》，法律出版社2005年版，第216页。

格尔的财产"自由意志—人格"说，其关于作品与人格关系的论述，是对作品认识的进一步升华。通过区分作品与作品的载体，该学说将授予作者演绎权看作是作品人格化后的产物。

（一）个性说的产生

与劳动财产权说一样，这一学说也首先来自人们对所有权的认识。1797 年，从财产与人的自由意志角度，康德指出：无论是什么东西，只要我根据外在自由法则把该物置于我的强力之下，并把它作为我自由意志活动的对象，我有能力依照实践理论的公设去使用它，而且，我依照可能联合起来的共同意志的观念，决意把一物变成我的，那么，此物就是我的。❶ 在康德的财产自由意志说的基础上，1821 年，黑格尔进一步提出财产人格权说，认为所有权所以合乎理性不在于满足需要，而在于扬弃人格的纯粹主观性。人唯有在所有权中才是作为理性而存在的。❷ 相较于洛克的劳动财产权说，康德、黑格尔的财产"自由意志—人格"说可以理解为一种劳动人格权说。它通过论证所有权是自由意志的体现，财产是人的人格、理性的反映，表达了劳动不仅能产生财产权，劳动还能产生人格权的观点。作为劳动财产权说的延续，康德、黑格尔的财产"自由意志—人格"说也深刻影响到了版权的财产权格局。

在新的财产观念的引导下，大陆法系发展出著作权个性说，视保护作者人格利益为著作权法的首要目的。从个性说出

---

❶ ［德］康德著，沈叔平译：《法的形而上学原理——权利的科学》，商务印书馆 1991 年版，第 72 页。

❷ ［德］黑格尔著，范扬、张企泰译：《法哲学原理》商务印书馆 1961 年版，第 50 页。

发，写作不再被认为只是作者赖以谋生的一种技艺（craftsman-ship），而被看做是一个作者人格物化的过程。在这一过程中，作者将他的思想、气质、个性、情绪等个人人格融入作品之中，作品成为作者自身灵感（inspiration）的表达，是作者独一无二的天资与能力的反映。灵感不是来自外部，而是来自作者本身，它使作品变成作者财产，作者对它享有财产权。独创性作品可以说具有可植物的属性：他是从天才的命根子自然地生长出来，是长成的，不是做成的。❶ 作品属于作者人格的势力范围，著作权则保障了作者对这部分人格领域的主宰。❷ 个性说对早期版权体系没有影响。在英国，版权最初只是出版者权利，根本不考虑到作者。即使是在 1709 年《英国安娜法》中，保护作者观念开始浮出水面时，作者也只被授予印刷权和重印权，法律并不保护他们的人格。但是，大约到 19 世纪后期，在著作权体系的影响下，英美法系开始关注作品和作者人格的关系。在打击盗版的同时，也注重对作者人格和个性的保护。

（二）作品与作品载体的分离

作品反映作者人格的认识，革新了人们对图书或复制件的印象。在过去，人们一直认为图书就是作品，是版权法保护的对象。但财产"自由意志—人格"说的出现，使人们意识到，版权法中的书（book），不能仅从物理上理解为是一本书，它

---

❶ ［英］爱德华·扬格著，袁可嘉译：《试论独创性作品》，人民文学出版社 1998 年版，第 86 页。

❷ ［德］M. 雷炳德著，张恩民译：《著作权法》，法律出版社 2005 年版，第 24 页。

还是作者创作的文学产品的出版物，是作者个性的体现。在 Bleistein 案❶中，最高法院法官霍姆斯（Holmes）就指出复制件是一个人个性的自然反映。个性通常包含一些不同之处。作者即使在笔迹中也表达出他的独特。一种最低限度的艺术性也包含某种属于他个人特有的"不可约减"的东西，这就是他可以受版权法保护的东西。

在将书或复制件理解为是作者人格、个性的反映之后，人们真正认识到，版权法所保护的，是通过书或复制件反映出来的作者的人格、个性，而不是书或复制件本身。书的实物形式上人们享有物权，书的内容是作者向公众说的话——因而作者享有人格权。如果人们在没有得到作者的同意下通过翻印把作品公之于众的话，就会侵犯作者的人格权，该出版社就应当向作为作品的"总管"的被侵犯的作者本人支付赔偿。❷ 从对书的实物存在形式与书的内容的区分中，不难看出，个性说下的作品，与作品的载体是完全不同的：作品是主观的无形物，是作者人格的反映；而作品载体则是客观的有形物，是作品的具体存在形式。作品与作品载体的分离，使作品的概念越来越抽象、模糊。人们所看到的，所感觉到的，都成了作品的载体。而作品成了无形的、不可捉摸的东西。它似乎无处不在，既可以英文形式出现，也可以德文形式出现；它既可以体现在一幅图画中，也可以体现在一栋楼房中。作品与作品载体的分离，也使法院变得理想化。它们开始自由地将作者对作品的控制延

---

❶ Bleistein v. Donaldson Lithographing Co. 188 U. S. 239（1903）.

❷ ［德］M. 雷炳德著，张恩民译：《著作权法》，法律出版社 2005 年版，第 24 页。

伸到不只是体现于同一载体的逐字复制，以保护作者在作品中的人格利益。因此，在个性说将作品人格化后，版权法对作者的保护明显增强，不论是与作品同一形式的复制品，还是与作品不同形式的演绎作品，都被视为作者人格的反映，受作者专有权的控制。在版权法超越作品的有形载体去保护无形作品的过程中，演绎权获得了存在意义。当人们开始以一种现代化的方式看待作品时，法院更愿意通过授予演绎权来保护作者的人格。

四、浪漫作者权说：演绎权是作者浪漫化后的需要

作品的人格化也使作者变得浪漫化。从要求版权法尊重人格、崇尚个性的角度，新的浪漫作者权说又将授予作者演绎权上升为作者的精神需要。

（一）浪漫作者权说的提出

财产"自由意志—人格"说和个性说使作者越来越浪漫化。按照洛克的劳动财产权说，作者与其他劳动者应处于平等地位。对于自己创作的作品，他只能享有私人财产权，不能享有人格权。作者的人格利益不受法律保护。但是，建立于财产"自由意志—人格"说和个性说基础之上的浪漫作者权说使作者的这种地位发生了变化。从"财产是人的自由意志的体现，作品是作者个性的反映"观点出发，浪漫作者权说认为，作品既然是作者思想、人格的反映，那以财产权去保护它就是远远不够的，授予作者著作人格权才是真正体现对作者人格的保护。作者不同于一般意义上的劳动者。他们是比普通劳动者更为高贵的创作者。创作者的身份使他们不仅可以享有著作财产权，而且还可以享有著作人格权。他们通过作品所反映出来的

人格利益应受到法律的无微不至的关怀和保护。浪漫作者权说成为授予作者著作人格权的基础。在该学说的影响下，版权法从保护作者的财产利益转向保护作者的人格利益，作者也越来越具浪漫气质。很多时候，人们倾向于接受他们是一群"为艺术而艺术"的人，任何对他们人格利益的侵害，如作者身份的错误认定或他人对作品的擅自修改等，都被认为是令他们难以忍受的。

（二）原作者的优先地位

作者的浪漫化和理想化，进一步彰显了原作者的创作者身份。由原作者来控制对他们作品的演绎，这被看做是由他们的创作者身份所带来的与生俱来的自然权利。与原作者相比，演绎作者虽然也是作品的主动创作者，具备一定的创作者身份，但是，这种身份只是相对于演绎作品而言的。演绎创作的特点要求演绎作者必须首先是原作品的消费者，然后才是演绎作品的创作者。因此，相对于原作者——原作品的积极创作者来说，演绎作者只是原作品的消费者，他的人格利益和财产利益是第二位的、次要的，须让位于原作者的人格利益和财产利益。浪漫作者权说的这种原作者利益优先保护的态度，使授予作者演绎权成为必要。一方面，演绎权可以主动提升原作者的地位，保护原作者的财产利益。通过要求演绎作者将许可费用交给原作者，减少演绎作者的收益，增加原作者的利益。演绎权被认为是鼓励作者权所必需的，而作者权又被法院认为是一种社会更期待的权利形式。❶ 另一方面，演绎权也可以积极防

---

❶ Naomi Abe Voegtli, Rethinking Derivative Rights, 63 Brooklyn L. Rev. 1213 (1997).

范他人对原作者人格的贬损，保护原作者的人格利益。如果允许他人自由演绎，很可能会贬损原作中所反映的作者人格。某种意义上而言，只要是对原作的再创作，总有些不同于原作的东西，淡化了原作的文化个性。当看到自己的角色被用在与原作完全不同的背景下，例如色情文学，罗琳、迪士尼和其他创作者完全有理由愤怒。这其实也是一个改编到什么程度可以被忍受的问题。❶

五、自然权利说对演绎权的解释："天赋人权"的角度

自然权利说为论证演绎权的正当性提供了有益的思想资料。较之于演绎权的经济激励说，劳动财产权说、个性说和浪漫作者权说对演绎权的理解，具有以下特点。

（一）提供了演绎权存在的道德基础

自然权利说为我们分析演绎权的正当性提供了一种新的思考路径。在这种新路径下，演绎权被认为是鼓励了作者对作品的控制。授予作者演绎权，是保护作者财产利益和人格利益的需要。通过将演绎权内在化为作者生存与发展的物质需要和精神需要，自然权利说为演绎权的扩张提供了道德基础，成为原作者谴责演绎作者偷了他们作品的道德依据。以劳动财产权说为例。"劳动产品归劳动者所有"和"劳动产生财产权"是劳动财产权说的两大主要观点。将这两大观点推广适用到版权领域，不难得出作者对作品拥有私人财产权的结论：作品是作者

---

❶ Dennis S. Karjala, The Investiture of Professor Dennis S. Karjala as the Jack E. Brown Professor of Law: Harry Potter, Tanya Grotter, and the Copyright Derivative Work, 38 Ariz. St. L. J. 17 (2006).

的劳动成果，应归作者所有。劳动财产权说对原创作品是一种私人财产的认识支持了版权保护的自然权利说，而私人财产理论又来自于自然权利观念，作品是作者的劳动成果，在自然权利理论下，应该受到广泛保护。❶ 从这样的一种产权观念出发，授予作者演绎权，禁止他人擅自演绎作品就成了一种最自然的道德要求，它来自我们的基本的甚至是天生的观念："一些有价值的东西的创造者当然应该拥有这些东西。"因此，在对作者财产利益的关注方面，虽然劳动财产权说与经济激励说颇为相似，都强调了演绎权在保护作者财产利益方面的积极作用，但二者仍有本质区别。其中，经济激励说对演绎权正当性的论证，是立足于"激励作者创作"，发展国家经济。而劳动财产权说则立足于"作品来自于作者"，强调作者对自己作品的控制，并认为这是他们天赋的、与生俱来的权利。二者一个从哲学的自然权利角度，一个是从经济学的法定权利角度，各自论证了演绎权的存在意义。

（二）反映了一种艺术和人格观念的扩张

如果说经济激励说对演绎权的认识，反映的是一个新经济市场的扩张，那么自然权利说对演绎权的解释，则反映了一种艺术和人格观念的扩张。这主要表现于个性说和浪漫作者权说。按照这两大学说，我们每个人为了获得适当的自我发展，都需要控制一些外部资源，财产就是我们的意志、人格的体现。一方面，作品与作品的载体（表现形式）逐渐分离。作品被看做是作者个性的反映，版权被认为是保护作者人格而不是

---

❶ melville B. Nimmer & David Nimmer, Nimmer on Copyright, Matthew&Bender Company, Inc. 1. 03 （2005）.

作品的载体。另一方面，作者被假设成了是极具个性、敏感浪漫、富有理想的艺术家，与名利、金钱相比，他们更关注对他们人格、个性的贬损。在这样的一种新的人格、艺术观念的引领下，原作者的利益被优先考虑，作者被认为应该进一步控制与原作处于不同形式的演绎作品。正如商标法通过商标淡化理论来保护特殊企业的声誉、个性一样，版权法也被认为应通过演绎权来体现对原作者人格的尊重。从保护作者的人格不被贬损角度，对演绎权的保护被提升到新的高度。某种程度上来说，演绎权已经超越了著作财产权的性质，成为著作人格权的替代，和修改权、保护作品完整权一样，具有保护作者偏好、喜怒哀乐的功能。

第三节　演绎权之其他学说

在自然权利说和经济激励说之外，人们又从延迟作品公开、节约交易成本和公地悲剧现象角度，进一步指出演绎权是保护社会公共利益的需要。通过分析演绎权不存在情况下的各种法律后果，延迟作品公开说、节约交易成本说和公地悲剧说认为，授予作者演绎权，不仅鼓励了原创作品的及早公开，克服了作品隐藏现象，而且促进了原创作品的最大化利用，克服了公地悲剧现象。延迟作品公开说、交易成本说和公地悲剧说，反映了人们对演绎权的一种最直观认识。

一、延迟作品公开说

"版权是传播之子"。一般认为，版权法是通过授予作者一定期限的专有权利，来鼓励作者将自己的作品公之于众，以满足公众的学习、娱乐需要。作品的公开在版权法中具有重要意义。一方面，它是作者获得版权的前提。作者创作作品的目的之一就是使之传播，并在传播中得以行使权利、取得利益。❶没有作品的公开，作者便无法享有由传播所带来的著作利益。另一方面，它也是公众获取知识的途径。只有作者将他的作品发表出来，公众才能看到并得到其中的专门知识。没有作品的公开，公众就不能享受阅读、欣赏所带来的乐趣。作品的及时公开，于作者有利，于公众无害。但是，假如不给作者演绎权，那么作者耗费很多时间、金钱和心血创作出来的作品可以为他人自由仿作、改编或引用，这势必促使作者推迟作品的发表时间，甚至选择将作品隐藏起来，不再发表。❷允许演绎作者而非原始作者对演绎作品（整个作品，而不仅指由演绎者所增加的表达）享有著作权，这可能会扭曲原始作品和演绎作品的发表时间。原始作者为了最大化其作品收益，将会延迟发表其作品，直到他自己也已经创作出演绎作品（或者已经授权由被许可人进行这样的创作），以便领先于其他潜在作者，抢先开发这一演绎作品市场。例如，在没有演绎权的情况下，任何人都可以将已经出版的小说改编成戏剧或电影。这样，小说家为保护自己的演绎作品市场，将不得不推迟自己小说的出版，直到自己的戏剧作品或电影作品问世。所以，授予作者演绎权，使作者在作品公开后，有权禁止他人对作品的擅自演绎，这是打消作者顾虑，鼓励作者及时公开作品的有效手段。

---

❶　吴汉东等：《知识产权基本问题研究》，中国人民大学出版社2005年版，第37页。

❷　［美］威廉·M.兰德斯、理查德·A.波斯纳著，金海军译：《知识产权法的经济结构》，北京大学出版社2005年版，第139页。

二、节约交易成本说

交易是促进资源优化配置的最主要手段。没有交易，资源将不能正常流动，无法实现价值的最大化。为鼓励交易，首先，就要明确、稳定产权。产权是一种社会工具，其重要性就在于事实上它们能帮助一个人形成他与其他人进行交易时的合理预期。❶ 进行产权界定，这是交易活动开展的前提。其次，还要降低交易成本。交易活动是有成本的，如果签约、谈判的费用非常高的话，那么人们还是不愿意进行交易，资源仍将处于低效率使用状态。就原作品的演绎而言，不可否认，演绎是对原作品的另一种利用，在推动原作品传播，实现原作品价值方面，这样的一种方式应该得到版权法的肯定。但是，假设产权界定是原作者不享有演绎权，演绎作品的版权只由演绎作者享有，那么很可能是演绎权不仅没被消灭，反而被强化了。由于演绎作者对自己的演绎作品（整个作品，包括原作品部分）享有完全的、独立的版权，因此他可以自己的版权受到侵犯为由阻止他人对原作品的演绎。这样一来，控制他人演绎原作品的权利，就转由各演绎作者享有，后来的演绎作者，必须逐一取得前面的所有演绎作者的授权，才能在原作品基础上创作新的演绎作品。如此，创作演绎作品的交易成本不是不存在了，而是大大增加了。反之，如果我们将控制演绎作品创作的权利界定为由原

---

❶ H.登姆塞茨："关于产权的理论"，见［美］R.科斯、A.阿尔钦、D.诺斯等著：《财产权利与制度变迁——产权学派与新制度学派译文集》，上海三联书店、上海人民出版社 2004 年版，第 97 页。

作者享有，即授予原作者演绎权，则由于法律把拥有两个著作权的权力在一开始就置于同一人身上——事实上法律就是这样做的，那么，这样一种交易成本及其附随成本就可能被避免。而且，对于一个流行一时的原始作品，可能存在成百上千的演绎作品。如果他将不得不从他已经或者可能被指控接触的每一个演绎作品的著作权所有人那里获得许可。这些交易成本通常将并不只是很高，而是高得令人望而却步。❶因此，通过把对作品的控制权集中于作者身上，演绎权减少了交易成本，鼓励了他人对作品的适度演绎。

三、公地悲剧说

从新的避免资源浪费、阻止演绎作品创作的角度，公地悲剧说揭示了演绎权存在的社会意义。反映了对演绎作品市场的另一经济学认识。

（一）公地悲剧说对演绎权的启示

1968 年，美国经济学家哈丁借助于一个牧场比喻，为人们描述了公地悲剧现象的产生：一群牧民在一块公共草地上放牧。每个牧民为了自己的个人利益都不断地增加羊的数量，结果是草地上羊越来越多，草越来越少，草地持续退化。最终该草地无法再养羊，所有牧民破产。哈丁的公地悲剧理论提醒人们，没有产权保护的公共利益总是特别易受侵害。为了一己之利，私人只知无休止地掠夺公共资源，而不知关心、保护这一共同财产。公地悲剧理论的提出使人们认识到，在有价值的资

---

❶　［美］威廉·M.兰德斯、理查德·A.波斯纳著，金海军译：《知识产权法的经济结构》，北京大学出版社 2005 年版，第 139 ～ 140 页。

源上设置排他的财产权具有重要意义。只有对公共资源进行产权界定，才能激励权利人管理好、保护好这一资源，阻止他人的掠夺性开发。如果任何一块土地都为人们所有，即如果总有这么一些人，他们可以排除任何其他人接近其特定的区域，那么个人就会通过耕种和其他措施来努力使土地价值最大化。当然，土地仅仅是一个例证。这一原则适用于任何有价值的资源。❶

公地悲剧理论带给人们的启示，也从另一侧面揭示出演绎权的存在意义。即授予作者演绎权，把对演绎作品的控制集中在原作者身上，这是一种最大化原作品价值，防止原作品被过度开发的有效方法。进言之，演绎权的正当性，并不在于它可以激励创作。事实上，无论是从经济激励说来看，还是从自然权利说来看，演绎权都只是激励了原作者的创作，而没有激励所有作者的创作。例如，演绎作者的创作活动，就因为这一权利的存在而受到抑制。假如演绎权不存在，他人可以自由创作演绎作品的话，那么大量的演绎作品将被创作出来，其数量可能远远超过原作品。因此，演绎权显然不会带来版权法中作品数量的最大化。或者说，激励作品数量的最大化，这并不是演绎权存在的真正意义。相反，演绎权所要实现的目的，恰恰是要阻止数以万计的演绎作品的产生。与原作品相比，演绎作品相对不重要。或者说，演绎作品是原作品的多余的、次要的作品。

---

❶ ［美］理查德·A.波斯纳著，蒋兆康、林毅夫译：《法律的经济分析》，中国大百科全书出版社 2003 版，第 41 页。

（二）演绎权克服了公地悲剧现象

演绎权是避免资源浪费、克服公地悲剧的需要。假如没有演绎权，则为争夺演绎作品市场，演绎作者将无视原作品的社会价值，任意挖掘原作品的有用素材为己所用，结果使公地悲剧现象发生：原作品被过度开发，大量的低成本和低质量的演绎作品充斥市场，各种不正当竞争行为横行。

1. 演绎权克服了资源浪费现象

在没有演绎权的情况下，原作者和演绎作者，将各自为了自身利益的最大化，展开激烈的演绎作品创作竞赛。作品一经投放市场，就会立即掀起演绎作品创作的热潮。为抢先占领演绎作品市场，成千上万的演绎作品被创作出来，导致严重的资源浪费。一方面，那些低质量、耗时少的演绎作品将抢先投放到市场，由于这些作品的低质量，人们难免失去对演绎作品的兴趣；另一方面，由于演绎作品都以原作品为基础，相互间存在大量的相似与雷同情况。因此，演绎作品市场将很快饱和，大量的演绎作品无人过问，形成过剩。为避免资源浪费，维持市场的正常竞争秩序及保护社会公益，有必要通过演绎权的设置来限制演绎作品的创作。演绎权的存在，主要源于演绎作品间的相互多余性。如果没有演绎权，那么除非创作演绎作品的预期利润为零，否则人们不会停止这种创作。当然，我们不否认，有些演绎作品具有很高的社会价值，版权法也不是要阻止这种演绎作品的创作，而是将这种创作行为交由原作者去判断，由他来决定这种行为是否被允许，以减少演绎作品创作中的资源浪费，实现利益的最大化。当然，一些时候，原作者也会基于一些非商业性原因，如个人的好恶而阻止演绎作品的创

作，但这可通过合理使用解决。❶

2. 演绎权克服了过度开发原作品现象

知识产品的公共产品特点使得它非常容易被过度开发。以商标为例，那些具有良好声誉、为公众所熟知的驰名商标总是特别容易受到侵害。如他人可以将与驰名商标相同或近似的商标用于伪劣产品上，贬损这一驰名品牌的奢华形象和良好声誉。或者，在自己所生产的所有商品上都使用与驰名商标相同或近似的商标，淡化该驰名商标的显著性，直至其最后变成商品的通用名称，进入公有领域。商标法中的这种过度开发现象也同样可出现于版权领域。事实上，一部好的作品就好比是一个驰名商标，如果允许他人在该作品基础上自由创作演绎作品，则必将带来与驰名商标一样的被过度开发的后果，导致该作品形象被损，甚至使该作品的价值消失殆尽，产生公地悲剧。具体而言，如果原作品被过度开发，将带来以下两方面的危害：（1）导致原作品的声誉和形象受损。正如对驰名商标的丑化使用会玷污驰名商标的声誉一样，人们对演绎作品的印象，很大程度上也决定着人们对原作品的印象。如果一部作品的演绎作品粗制滥造，给人以不好的声誉和印象，那么基于联想，人们也自然会对与演绎作品相似的原作品产生不好的印象。（2）导致原作品的价值退化甚至消失。演绎作品的大量存在，容易使人们产生审美疲劳，对原作品感到厌倦。例如，假设所有的关于哈里·波特小说的改编都被允许，则几乎在原作发表的同时，各类同名电影、电视、漫画或电子游戏就将不

---

❶ Michael Abramowicz, A Theory of Copyright's Derivative Right and Related Doctrines, 90 Minn. L. Rev. 317 (2005).

断出现。这样，哈里·波特很快会因为被过度暴露而使公众厌倦他，没有人再对关于这一人物的小说感兴趣，即便是原作者创作的，也是如此。就这一点而言，演绎作品对原作所产生的影响类似于驰名商标的淡化。

作品的重要性并不仅仅取决于它所产生的演绎作品的多少，还取决于它对公众的贡献程度。且作品的这种对公众的价值又往往和它的近似市场替代程度有关。如果一部作品的多数消费者可以选择其他差不多价值的作品进行消费，那么新作品的价值就相对较低。和现有作品相比，一个作品越多余，版权法越可能将它认定为侵权从而阻止这一作品的产生。由于演绎作品不仅借用原作的思想，而且借用原作的一些独创性表达，因此多数时候，演绎作品被认为是最多余的作品。无论演绎作品是否如此多余以至于减少了公众福利，版权法都可以通过激励一小部分原创作品而非大量演绎作品的创作来最大化社会福利。❶ 演绎作品的相对多余性使得授予作者演绎权成为必要。在没有演绎权的情况下，大量的相对多余的演绎作品不仅会带来资源浪费，而且原作品的价值也会受到损害。作者无法对自己的作品进行积极的监督与保护，作品的价值将由于演绎作品的破坏而消失殆尽。因此，从保护原作品价值出发，版权法有必要借鉴商标法中的反淡化理论，授予原作者演绎权，降低演绎作品的数量，给公众一段较长时间去期待演绎作品的产生。就这一意义而言，演绎权的正当性在于激励原作品的创作，即激励最重要作品的产生。

---

❶ Michael Abramowicz, A Theory of Copyright's Derivative Right and Related Doctrines, 90 Minn. L. Rev. 317 （2005）.

本章小结

从经济学、哲学、社会学等角度，经济激励说、自然权利说、延迟作品公开说、节约交易成本说和公地悲剧说说明了演绎权的正当性。

（1）经济激励说。经济激励说主要反映了版权体系对演绎权正当性的认识。该学说认为，作品的当前市场（原作品市场）和作品的潜在市场（演绎作品市场）是两个完全不同的市场，它们都是作者经济收入的重要来源。允许他人在原作品基础上自由创作演绎作品，这虽然不会损害到作者的原作品市场，但是会损害到作者的演绎作品市场，使作者失去创作的动力。因此，为激励作者创作出更多、更优秀的作品，版权法有必要授予作者演绎权，保护作者的演绎作品市场。经济激励说强调演绎作品市场上的经济利益应属于作者而不是公众。

（2）自然权利说。自然权利说主要反映了著作权体系对演绎权正当性的认识。该学说主要体现为版权法上的三种学说：劳动财产权说、个性说和浪漫作者权说，并通过后者说明演绎权的正当性。首先，劳动财产权说认为，作品是作者的私人财产，只有作者有权演绎，他人不能随意改动。授予作者演绎权，这是保护作者财产利益的需要。其次，个性说认为，作品是作者人格、个性的反映，著作权法真正保护的是作品而不是作品的载体。任何对作品的自由演绎，都可能贬损作者的人格或个性，应受到作者演绎权的限制。再次，浪漫作者权说认为，作者不仅应该享有著作财产权，而且应该享有著作人身权。与演绎作者相比，原作者更像是一个浪漫作者，应受到特别保护，享有演绎权。通过劳动财产权说、个性说和浪漫作者权说，自然权利说肯定了演绎权在保护作者财产利益和人格利益方面的积极作用，并认为演绎权是作者的天赋人权。

（3）延迟作品公开说。该学说认为，作品的价值主要体现于公开传播中，无传播无权利。无论是对于作者，还是对于公众来说，作品都应及时地予以公开。然而，在没有演绎权的情况下，为获得创作演绎作品的领先时间，作者将千方百计推迟作品的公开，结果是越来越多的作品被隐藏起来，文化产业发展受阻，公众难以及时接触作品。因此，授予作者演绎权，可以使那些故意延迟作品公开的行为成为不必要，有利于作品的及早公开。

（4）节约交易成本说。该学说认为，过高的交易成本不利于资源的优化配置和社会整体福利水平的提高。为减少交易成本，法律有必要将权利授予能最大化资源价值的一方。如果没有演绎权，他人需要从所有的演绎作者那里获得版权许可的话，则交易成本将不是一般的高。因此，从这一意义上来说，授予能最大化作品价值的作者演绎权，这节约了交易成本，鼓励了他人对原作品的适度演绎。

（5）公地悲剧说。该学说认为，在没有产权的情况下，公共资源容易被过度开发，产生浪费。为保护公共资源，法律应进行产权界定，设定资源的财产管理人。作品也是一种公共产品。如果没有演绎权，那么围绕作品的开发将展开一场激烈的演绎作品创作竞赛（但人们并不需要如此多的演绎作品），这不仅会带来社会资源的浪费，而且容易产生不正当竞争现象。因此，为避免原作品被过度开发及由此导致的资源浪费，版权法有必要授予作者演绎权，使他们以作品有效管理者的身份，承担起监督、管理和开发原作品的重要职责。

　　以上五大学说关于演绎权正当性的论述，虽然结论一致，但在论证方面各有千秋。其中，经济激励说和自然权利说主要从版权法中的保护作者利益入手，探讨演绎权在保护作者的财产利益和人格利益方面的重要作用。其研究思路为"授予作者演绎权—保护原作者利益—激励原作者创作"。而延迟作品公开说、节约交易成本说和公地悲剧说则跳出了版权法保护作者利益的框架，从作品的公共产品特点入手，探讨演绎权在保护公共利益方面的重要作用。其研究思路为"授予作者演绎权—抑制演绎作品产生—激励原作品产生"。总而言之，传统的自然权利说和经济激励说较为偏重于从正面论证演绎权是保护原作者利益、激励原作者创作的需要，而新的延迟作品公开说、节约交易成本说和公地悲剧说则偏重于从反面论证演绎权是保护公共利益、抑制演绎作者创作的需要。

　　从诸学说关于演绎权正当性的或直接或深入的讨论中，可以看出，授予作者演绎权，被认为是保护作者私人利益和公共利益的共同需要。各学说关于演绎权正当性的思考，既是演绎权扩张的理论基础，也启发我们对演绎权与演绎作品关系的研究。

第三章 演绎权与演绎作品

　　某种意义上来说，所有作品都是借用的。但是，演绎作品仍不一样。由于演绎作品实质性地复制了原作品，所以，演绎作品的创作必须获得原作者的授权，否则构成侵权。为避免侵犯作者的演绎权，翻译作品、音乐改编或艺术再现等的创作者要么将他们的作品建于公有领域作品的基础之上，要么获得版权作品作者的许可。❶ 对于演绎权与演绎作品，版权法的态度是：其一，演绎权是作者享有的，在原作品基础上创作演绎作品或授权他人创作演绎作品的权利。没有作者的授权，他人不得创作演绎作品。其二，经合法授权创作的演绎作品，受法律保护。但演绎作者只对演绎作品的原创性部分享有版权，演绎作品的原作部分仍由原作者享有版权。版权法的这一规定，看似清楚地区分了演绎权与演绎作品，但实际上却增加了人们对演绎权的困惑，引发了一系列问题。例如，侵犯演绎权创作的演绎作品还受法律保护吗？为认定侵权目的（而不是为保护它），一部演绎作品需要具备原创性或固定性吗？诸如此类的问题常常成为法院争议的焦点。为厘清立法中演绎权与演绎作品的关系，解决司法实践中演绎权侵权纠纷及演绎作品保护问题，我们有必要对演绎权与演绎作品的关系展开研究，探讨二

---

　　❶ Marshall A. Leaffer, Understanding Copyright Law, Matthew Bender Company, Inc. 1999, p. 60.

者之间的相互影响及对策。

第一节　演绎权与演绎作品的原创性

原创性（originality），是作品受版权保护的首要条件，也是最重要的条件。一般而言，著作权体系对原创性要求较高。作品要受法律保护，不仅须是作者独立完成的，而且要具有一定的艺术价值或美感，表现作者的天资与能力。不同于著作权体系，版权体系对原创性的要求较低。作品要受法律保护，只需是作者自己独立完成的，不是抄袭别人的就可。

演绎作品又有改编作品、二次作品或衍生作品之称，通常指翻译、改编、节选已有作品而产生的新作品。演绎作品是否要有原创性？理论界和司法界存有不同意见。一种观点认为，无论是为认定侵权目的，还是为法律保护目的，演绎作品都应该具备原创性。另一种观点则认为，演绎作品只有在寻求版权法保护时，才需要具备原创性。如果是为认定侵权目的，则不需要具备原创性。由于演绎作品是在原作品基础上派生出来的，并非一般意义上的原创作品，所以，司法实践中，对于演绎作品的原创性，法院常有一些特殊要求。例如，在德国，对不受法律保护的音乐作品的非重大演绎，就不作为独立作品予以保护。而在判定对具有重大独创性特征作品进行的改编是否属于演绎的时候，也被认为应当使用更加严格的标准。❶

---

❶　［德］M. 雷炳德著，张恩民译：《著作权法》，法律出版社2005年版，第161页。

一、演绎作品的原创性标准

由于立法规定的模糊性、抽象性，作品的原创性一直是诸多版权判例所反复探讨的话题。特别地，当涉及演绎作品原创性的判断时，这一问题就显得更为复杂。法院通常既要考虑原创性的基本含义，又要考虑被演绎作品的性质。结果经常是，一直到法院最后作出判决，人们才能确定知道某一演绎作品是否具有原创性。

（一）"超过微小变化"标准：Alfred 案和 Batlin 案

对于原作品属公有领域的演绎作品，法院多采取这一较低标准，认为原创性只要是"超过微小限度的变化"即已足够。

1. Alfred Bell & Co. v. Catalda Fine Arts, Inc. 案

在 Alfred 案❶中，法官弗兰克（Frank）根据人们对原创性的一般理解，提出了适用于演绎作品的"超过微小变化"标准。

原告用一种金属雕刻方式复制了一些处于公有领域的名画。被告制作了原告这些金属雕刻的平版画。原告起诉被告侵权。被告争辩说，原告用金属雕刻的方式制作的画作缺乏原创性。它们只是对公有领域作品的复制，不受版权法保护。法官弗兰克认为，实际复制是法律所要禁止的，版权法要求的原创性就是比实际复制多一点点，不管作者增加的这一点有多稀少，这也足够使得它是他的。原告虽然是复制公有领域内的作品，但由于该雕刻作品反映了作者的特别的个性与能力，所以这一新的金属雕刻作品区别于原来的绘画作品，是具有原创性

---

❶ Alfred Bell & Co. v. Cataldo Fine Arts, Inc. 191 F. 2d 99 (2d Cir. 1951).

的演绎作品，受到版权法保护，被告的擅自复制行为构成侵权。"一个复制者的坏视力或有缺憾的肌肉组织，或雷击，都可能产生足够的可区别变化。虽然这只是无意的，但仍是作者的，可以受到版权法保护。"按照弗兰克法官的观点，"超过微小变化"标准是一种最低限度的原创性要求。只要原作和演绎作品有微小的可辨认变化，就具有原创性。这样的可区别的变化，在一些时候，也可以使得一些无意的行动具有原创性。"超过微小变化"标准又经常被称为"可区别性变化"标准，该标准也是司法实践中被引用最多的一个标准。在此标准的影响下，很多法院开始使用"少量的""最小的"或"可感知的量"来描述原创性的量。即使是一些最平庸和最普通的单独努力结果，法院也多认可它们的原创性，给予版权保护。

2. L. Batlin & Son, Inc. v. Snyder 案

在"超过微小变化"标准下，原创性被认为是只要极少的量就已足够。然而，什么是原创性的"极少的量"？是否对原创性的最低要求就意味着对原创性没有要求呢？在 Batlin 案❶中，法院对"超过微小变化"标准作了较为严格的解释。

斯奈德（Snyder）将一个处于公有领域的山姆大叔储蓄罐的铁铸版本改为塑料版本。相较于 11 英寸高的铁铸储蓄罐，斯奈德的塑料储蓄罐较小，只有 9 英寸。除材质和尺寸之外，铁铸储蓄罐的其他一些特征也被稍作修改。但总体来看，两个储蓄罐非常相似，如衣服、姿势、颜色等。原告巴特林（Batlin）向法院起诉，主张斯奈德的塑料储蓄罐不受版权法保护。在案件审理过程中，法院认为，演绎作品的原创性必须是要比

---

❶ L. Batlin & Son, Inc. v. Snyder. 536 F. 2d 486（2d Cir. 1976）.

细小或不重要的努力多一点点，它要求作者不能只是对原作品的机械复制，还应贡献出一些他自己的东西，超出只是微不足道的变化。就本案而言，两个储蓄罐确实存在一些区别，但这样的一些区别只是微小的、不重要的。无论是尺寸、材质或特征的改变，都只是为了制造一个更适合塑料材质的储蓄罐的功能性目的，并不足以将塑料储蓄罐和铁铸储蓄罐区分开来。即使原作已进入公有领域，法院仍然认为，对一个艺术品复制件的保护越被限制，这种复制才越不仅仅是一个复制，而是包含在原作中没有体现出来的原创性。斯奈德所接受的特殊训练，使他可以通过制作塑料模具的方式来生产塑料储蓄罐，这样的一种制作技巧没有原创性。如欲使被告的这一复制行为受版权法保护，则还需要一个更高的艺术技巧。新颖性、独特性和精巧的装置虽然不是作品受版权法保护的要求，但作品至少应该是作者的独立表达。将作品从一种载体转换为另一种载体，正如铁铸的储蓄罐被重铸为塑料的，这不具备版权保护的足够原创性。

因此，尽管也是根据"超过微小变化"标准，但与 Alfred 案相反，法院最后得出结论：斯奈德的塑料储蓄罐只是对公有领域的金属模型的原样复制，而非具有原创性的演绎作品，不受版权法保护，被告构成侵权。

（二）"两分法"标准：Durham 案和 Weissmann 案

对于原作品尚在版权保护范围内的演绎作品，法院一般采取这一较高标准，要求原创性不仅是"超过微小限度的变化"，而且"不应在任何情况下影响到对原作的版权保护"，即"两分法"标准。

1. Durham Indus. , Inc. v. Tomy Corp. 案

"超过微小变化"标准最早只适用于原作品处于公有领域的演绎作品。对于原作仍然受版权保护的演绎作品，法院虽然认为这一标准可以继续使用，但是要求对该标准的理解不能损害到原作者的版权。演绎作品既要有最低的原创性，又不能影响到原作品的版权法地位的新要求，也被称为新的"两分法"标准。对"两分法"的经典阐释来自于 Durham 案❶。

原告汤米（Tomy）认为，它对三个迪士尼形象的塑料玩具享有版权，这三个迪士尼形象分别是米老鼠、唐老鸭和普鲁托。被告德拉姆（Durham）制造和销售同上述形象区别不明显的版本。汤米主张德拉姆侵犯他作品的版权。德拉姆承认自己在制造产品中确实使用了汤米的迪士尼形象做模型，但是否认侵权。巡回法官 Meskill 认为，如果一个演绎作品的原作品仍受版权法保护，那么，这一演绎作品要受版权法保护，必须满足两个相关且重要的条件：第一，为了获得版权保护，演绎作品的原创性必须是比微小多一点。第二，对演绎作品的保护必须反映它对原作的依赖程度并且不应在任何情况下影响到对原作的版权保护。我们的考虑是，演绎作品的版权无论如何不能影响到原作的版权。就汤米的三个塑料玩具而言，它们仅是用塑料方式复制的迪士尼人物，"三个形象只是迪士尼人物的另一形式的复制，米老鼠、唐老鸭和普鲁托现在只是作为一种小的塑料的转动玩具"。尽管将原作品改编成这样一种塑料形式毫无疑问地包含了一定程度的制造技巧，但这并不符合原创性要求。汤米已经表明，玩具本身也表明，这些塑料玩具没有

---

❶ Durham Indus. , Inc. v. Tomy Corp. 630 F. 2d 905（2d Cir. 1980）.

原创性，它们与原来的迪士尼形象无明显不同，没能反映作者自己贡献的用来区分汤米人物和其他卡通人物的东西。这种单纯对已有作品从一形式到另一形式的变换不足以使之受版权保护。而且，米老鼠、唐老鸭和普鲁托的版权由迪士尼公司享有，各种形式的迪士尼人物都是由迪士尼或其被授权人享有版权。如果我们认可三个迪士尼的塑料玩具是演绎作品，汤米对它们享有版权，那么，那些如德拉姆一样已经获得迪士尼授权复制的人，就必须在复制这些卡通形象时作出实质性的改变，以避免侵犯汤米的版权。显然，宪法和版权法要求的原创性对基于版权作品创作的演绎作品具有重要意义。通过这一"两分法"分析，Meskill 最后认为，汤米的三个迪士尼形象的塑料玩具，缺乏最低限度的原创性，不受版权法保护，被告不构成侵权。

2. Weissmann v. Freeman 案

两分法提高了演绎作品原创性的门槛，是判断原作还在法律保护范围内的演绎作品原创性的主要依据。只是，如何才能不损害到原作品的版权，这仍然是一个抽象概念，如果法院对此作较为宽松的解释，则演绎作品的原创性要求又将降低，"两分法"又将重新变为"超过微小变化"标准。例如，在 Weissmann 案❶中，第二巡回法院就几乎未考虑演绎作品对原作品版权的影响，肯定了一篇只是重新编排已有论文的文章的原创性。

原告海迪·韦斯曼（Heidi Weissmann）和被告伦纳迪·弗里曼（Leonard Freeman）在 1977 年建立合作关系。从 1980 年

---

❶　Weissmann v. Freeman. 868 F. 2d 1313 (2d Cir. 1989).

开始，两人一起研究并以合作作者名义共同发表了一系列关于核医学的文章，特别是对于亚氨基二乙酸，展开了很多探讨。1985年，韦斯曼写了一篇名为"P-1"的文章，研究了一种相对较新的使用亚氨基二乙酸药剂的放射性尘埃的诊断技术。该文不是严格意义上的独立创作，它几乎是对之前两人合作期间共同写作的文章的逐字利用。1987年，弗里曼在一个关于核医学的活动中，使用了"P-1"这一文章。韦斯曼发现后，起诉弗里曼侵权。地方法院认为，弗里曼对"P-1"的使用不构成侵权。"P-1"中的部分材料可能是基于韦斯曼的单独努力，但这种添加太微小以至于不足以使之作为演绎作品而受到版权法的保护。韦斯曼不服地方法院的判决，提起上诉。在上诉中，巡回法官卡达蒙（Cardamone）认为，既然弗里曼承认复制了"P-1"这篇文章，那么被告是否构成侵权的关键，在于韦斯曼的这部所谓的演绎作品的版权是否有效。通过使用"超过微小限度的变化"标准，卡达蒙解释说，宪法和版权法要求作者贡献的不仅是"只是微小"的变化，一些东西必须被认为是"他的"。"P-1"是韦斯曼对两人之前的合作作品的重新编排，具有原创性，受版权法保护。

所有作品，包括演绎作品都必须满足受版权保护的相同条件。法律没有说明哪种标准应该严厉些，法律也没有任何关于演绎作品原创性适用困难的线索。因此，法院不得不或在理论上，或在实践中纠结于原创与复制的区分。也正因为这一原因，演绎作品原创性标准被不断制定、评价、缩小和注释。考察美国判例法关于演绎作品原创性的解释，可以看出，法院对演绎作品原创性的要求并不总是一致，或者说，演绎作品的原创性标准并不总是被公平适用的。一些法院或是从保护原作者利益考虑，或是从保护公有领域考虑，对演绎作品原创性的理解非常苛刻。例如，在 Batlin 案和 Durham 案中，尽管原作品的很多特点被修改，但仅是载体的变化还是被认为没有任何原创性。法院认为，这并不是因为原创性数量不够，而主要是因为它们是纯功能性改变。而另一些法院则出于回报熟练技工、惩罚不道德的被告或给即将进入公有领域的原作品的作者一个安慰奖的考虑，又过分自由地发挥"超过微小变化"标准。❶例如，在 Alfred 案和 Weissmann 案中，仅是对原作的形式改变及重新编排又被认为有原创性，法院认为，这反映了作者的独特才能，是值得版权法保护的艺术技巧。❷

二、为认定侵犯演绎权，非法演绎作品应具有原创性

一部作品是否是演绎作品，这不仅关系到它能否获得版权保护，也关系到作者的演绎权能否得到保护。由于演绎权是作者享有的在原作品基础上创作演绎作品的权利。因此，在认定作者的演绎权是否受到侵犯时，首先要判断的就是涉案侵权作品是否是演绎作品。如果涉案侵权作品不是演绎作品，则不存在演绎权侵犯问题。根据各国版权法的规定，原创性是合法创作的演绎作品获得版权保护的必要条件。那么，它是否也是非

---

❶　Steven S. Boyd, Deriving Originality in Derivative Works: Considering the Quantum of Originality Needed to Attain Copyright Protection in a Derivative Work, 40 Santa Clara L. Rev. 325 (2000).

❷　在 Alva Studios, Inc. v. Winninger 案中，法院认为比例的改变并非只是缩小某物的技巧，它是具有原创性的演绎。因此，一个缩小版的罗丹雕像是演绎作品。同样，在 American Greetings Corp v. Kleinfab Corp 案中，原告的作品也被认为有原创性，是演绎作品，仅仅因为他在原作上多加了一个笑脸标记。

法演绎作品的构成要件呢？如果是，这一原创性要求又会给演绎权侵权认定带来什么影响呢？

在认定原作者的演绎权是否受到侵犯时，某一未被授权创作的演绎作品，必须要有原创性吗？对此问题，法院态度不一。

例如，在 Mirage 案❶中，法院认为原创性不是侵权演绎作品的必要条件。在该案中，被告 Albuquerque A. R. T. 买了一本帕特里克·内格尔（Patrick Nagel）的艺术作品集，该作品集里收录了很多内格尔的有版权的个人艺术作品。原告 Mirage E-ditions 是内格尔作品的版权人，该作品集由它授权独家出版。被告雇员在该书被买回来后，仔细地将其中的艺术作品剪下来，然后再一张张粘到瓷砖上，贴好塑料薄膜之后就把这些瓷砖拿到市场去卖。原告因此起诉被告侵权。法院经审理认为，被告在书买回后，将单个的艺术作品从书中剪下然后粘上瓷砖，这样的一个过程虽然不存在复制行为，但是却通过一种特殊的把它们包含进瓷砖的方式，改变了原来的艺术作品，形成一个新的与原作品不同的作品。与原作相比，这一新作品虽然只有极其微小的变化，但它确实是原作的演绎作品，被告侵犯了原告的演绎权。

从上述 Mirage 案的判决可以看出，第九巡回法院在认定演绎权侵权时，并没有考虑演绎作品的原创性。法院承认，与原艺术作品相比，粘上艺术作品的瓷砖只有微小变化，这不足以使它具有原创性（原创性的最低要求是"超过微小变化"）。

---

❶ Mirage Editions, Inc. v. Albuquerque A. R. T. Co. 856 F. 2d 1341（9th Cir. 1988）.

但是，即使没有原创性，法院仍然认为它是演绎作品，判定被告侵权。第九巡回法院的这一观点，其实是认为，受版权保护的演绎作品与侵权演绎作品是不同的。受版权保护的演绎作品需要具备可版权条件——原创性和固定性，而非法演绎作品则不需要。用公式来表述，即"原作＋添加的材料＝演绎作品"，"原作＋添加的材料＋（原创性＋固定＋授权）＝受保护的演绎作品"，"原作＋添加的材料＝非法演绎作品"。从原创性的功能来看，第九巡回法院的这一观点具有一定意义。由于原创性是区分演绎作品和剽窃作品的关键，而法律对演绎作品与剽窃作品的保护态度又完全不同，因此原创性确实只在法律考虑保护演绎作品时才有认定的意义。如果从侵权角度来看，法律对剽窃作品和演绎作品的态度并无不同，版权法不会因为一部作品是演绎作品就允许其创作者可以随意复制、挪用他人作品。所以就这一角度而言，认为非法演绎作品不需要具备原创性有一定的道理。但是，即便如此，我们仍不应就此对演绎作品采取双重标准，在版权保护时要求它有原创性，在侵权认定时又不要求它有原创性。

　　具体而言，要求非法演绎作品具有原创性，这有以下两方面意义。

　　（1）它有利于我们正确区分复制权与演绎权，避免在侵权认定时，将这二者混为一谈。对于未获授权创作的演绎作品，原创性虽然不影响它的侵权性质，但却是区分侵犯的是作者的何种权利的关键。根据各国版权法，演绎权是原作者对自己作品享有的权利，他人在原作品基础上创作演绎作品，必须取得原作者演绎权的许可并支付报酬。法律对演绎权的这一规定，意味着他人只有在原作品基础上创作演绎作品时，才需取得原作者演绎权的授权，如若是制作原作的复制品，则只需取得原作者复制权的授权即可，不需另外再取得原作者演绎权的授权。换言之，未经授权创作原作的演绎作品，侵犯原作者的演绎权；而未经授权制作原作的复制件，则侵犯原作者的复制权。因此，作者的演绎权是否受到侵犯，这与侵权作品是演绎作品还是复制品有关，或者说，它取决于对演绎作品原创性的判断。即如果某一非法演绎作品具有原创性，则可以认定它侵犯原作者的演绎权；否则，就只能认定它侵犯原作者的复制权；或者在复制行为也不存在时，认定它不构成侵权。所以，如果原创性不是非法演绎作品的必要条件，则将抹杀演绎权与复制权的区分意义，混淆二者的界限。

（2）它有利于保护公共利益，避免将任何擅自改变或展览作品行为都认定为侵犯作者演绎权。Mirage 案的判决，也引起了人们对演绎权过度扩张的担心与批评。在 Precious 案❶中，原告起诉被告将他的享有版权的作品改编成婴儿床。地方法院法官佩雷斯（Perez）就认为，非法演绎作品应具有原创性。他指出，在 Mirage 案中，第九巡回法院的判决，忽视了《美国版权法》第 101 条对演绎作品的原创性要求，这将导致法官天真地用这一广泛定义去判决很多活动侵权（这超出版权范围）。事实上，不仅演绎作品要具备所有可版权条件才能获得版权保护，而且，即使是为了侵权目的认定演绎作品，它也需要具备独立的可版权条件。不是所有的改动原作而产生的作品都是演绎作品。为侵权认定目的，演绎作品也应该有最低限度的原创性。就本案来看，被告虽然改动了原告的版权作品，但

---

❶ Precious Moments, Inc. v. La Infantil, Inc. 971 F. Supp. 66（D. P. R. 1997）.

由于其以原告作品为基础改制而成的婴儿床并没有原创性，所以被告的这一作品不是演绎作品，被告不构成侵权。另外，在Lee案❶中，第七巡回法院也在又一关于将艺术品粘上瓷砖的案件中，推翻了第九巡回法院在 Mirage 案的观点。第七巡回法院法官伊斯特布鲁克（Easterbrook）认为，除非被告作品本身具有受版权保护的原创性，否则它不是演绎作品，不侵犯原作者的演绎权。在本案中，事实恰恰是，被告的这一行为没有原创性。"他只是平凡的把艺术品粘上瓷砖（没有任何创造性火花存在），这只是使同样的作品被置于不同背景，并没有产生新的、具有原创性的作品。在这一过程中，被告 A. R. T. 并没有展示任何的必需的智力劳动或创造性，因此该瓷砖不符合演绎作品的界定，被告不构成侵权。"

三、原创性标准：演绎权保护中的一把双刃剑

要求非法演绎作品须具有原创性才构成对作者演绎权的侵犯，这使得演绎作品的原创性深刻影响到演绎权的法律保护。具体而言，演绎作品原创性标准不同，其在演绎权保护中的作用也不同：采"两分法"标准，则扩张了作者的演绎权，使演绎作者版权依附于原作者演绎权；采用"超过微小变化"标准，则限制了作者的演绎权，将创作"微小变化"作品行为排除在侵权行为之外。

（一）"两分法"标准：演绎作者版权依附于原作者演绎权

与专利法要求发明应具有新颖性、创造性相比，版权法对于作品的原创性要求并不高。一部作品，只要是来自于作者的

---

❶ Lee v. A. R. T. Co. 125 F. 3d 580 （7th Cir. 1997）.

独立劳动，并且这种劳动不是微不足道、可有可无的，那么版权法就认为它具有足够的原创性，给予专有权保护。就演绎作品来说，最初的"超过微小变化"标准，其实也只是字面地和象征性地运用了版权法对作品的这一最低要求。在该标准下，演绎作品和原作品一样，具备最低限度的原创性就可受到法律保护。但是，"两分法"的出现，将对演绎作品的原创性要求提升至不能影响原作品版权的高度，这打破了之前版权法对原作品和演绎作品的平等保护，使原作品和演绎作品被区别对待。即在版权法下，一个完全的创新、第一作品受到最强保护，二次作品、演绎作品和编辑作品受到较弱保护，无创新的作品不受版权保护。一句话，与功能性和非小说作品相比，版权法更倾向于保护高原创性的和表达性作品。[1] 因此，采取"两分法"，提高演绎作品的原创性标准，看似是平衡原作者利益和演绎作者利益的需要，但本质上反映的还是演绎作品的版权保护要从属于原作品的版权保护的思想，它直接导致了演绎作者的版权对原作者演绎权的依赖。

以 ERG 案[2]为例，6 年来，原告 ERG 一直从事设计和制造以卡通形象为基础的三维充气衣服的业务，该衣服主要使用于一些公共场合，如商场开张等。被告 Genesis 受原告委托销售原告的产品，并提供这些产品的维修服务。到 1990 年，被告已经销售了原告制造的近 60 套（包含 13 种不同的卡通形象）

---

[1] Steven S. Boyd, Deriving Originality in Derivative Works: Considering the Quantum of Originality Needed to Attain Copyright Protection in a Derivative Work, 40 Santa Clara L. Rev. 325 (2000).

[2] Entertainment Research Group, Inc. v. Genesis Creative Group, Inc., 122 F. 3d 1211 (9th Cir. 1997).

的三维充气衣服。后来，被告终止了与原告的合作，和原告的一个竞争者 Aerostar 建立起商业合作关系，开始销售由 Aerostar 制造的充气衣服。原告起诉被告侵权。法官雷（Rea）拒绝采用"超过微小限度的变化"标准，认为这一标准没有很好地考虑到对原作者利益的保护，因此只适用于那些原作处于公有领域的演绎作品，他认为，如果一部演绎作品的原作品仍在法律保护范围内，那么，在决定是否授予该演绎作品版权时，法院必须考虑这一授权将对原作版权的影响。基于"两分法"，雷法官指出，ERG 所有衣服的变化几乎都是基于功能考虑的形式、结构和比例的变化，艺术性的不同少之又少。给予这样的作品和原作一样的版权保护，将会干扰原作的版权。这个所谓的演绎作者，将通过被授予的版权，否定他人创作一个基于原作的第二演绎作品，并进而决定演绎作品和原作品的命运，形成垄断。原告的衣服只是对已有作品的复制或另一形式或规格的改变，这不足以证明这就是他的。因此不能受版权保护，被告不构成侵权。

在 ERG 案中，雷注意到，赋予原告对其制造的三维充气衣服的版权，将不可避免地影响到该衣服的设计原型——各种卡通形象的版权，妨碍到原卡通作品版权人对他人创作演绎作品的授权。为保护原作者的演绎权，雷否定了原告衣服的原创性。雷的这一判决充分说明，当演绎作品的原创性被要求不能和原作者的版权相冲突时，对演绎作品的版权保护必须受到原作者演绎权的制约，只有在不影响到原作者演绎权的行使下，演绎作品才具有可版权保护的意义。

（二）"超过微小变化"标准："微小变化"不侵犯演绎权

"超过微小变化"标准是对演绎作品原创性的最低要求。

根据该标准，如果某一作品与原作品相比，虽然有所变化，但是这些变化是非常细小的，基本不反映制作者的任何个人努力，那么这一作品便不具备原创性，它只是原作的复制品而非演绎作品。由于"微小变化"作品不是演绎作品，所以擅自制作"微小变化"作品，就被认为是侵犯了原作者的复制权而不是演绎权。通过否定"微小变化"作品的原创性，"超过微小变化"标准将很多的"微小变化"行为排除在演绎权侵权之外。例如，那些只是标点、语法或拼写方面的变化，或者只是纯功能性的、实用性的或是机械性的变化等，就一般不会构成对原作者演绎权的侵犯。

版权制度确立之初，生产与原作品只有微小变化的作品并不为法律禁止。在当时，受印刷技术的影响，作者的复制权被认为只和机械复制有关，只要不是对作品的逐字翻印，就不构成侵权。"复制权产生的最初目的是阻止对作品的逐字复制，当一部作品被以同一形式复制，且随后被投放到与原作相同的市场，这种情况下侵犯的是复制权。"❶ 早期版权法对复制权的这一理解，显然过于苛刻。如果他人可以通过对作品的简单变化就逃过侵权指控的话，这很难说是给了作者足够的保护。一幅加了框的画，或者一首漏了两个字的诗，虽然看似与原作有所变化，不是对作品的逐字复制，但事实上，这些变化仅是表面的、微不足道的，或者说是没有任何意义的变化，它们并不足以使该幅画或该首诗就此变成与原作不同的演绎作品。在挤占原作品的市场份额、损害作者的财产利益方面，这样一些

---

❶ Paul Goldstein, Derivate Rights and Derivative Works in Copyright, 30 J. Copyright Soc'y U. S. A. 209（1983）.

与原作只有微小变化的作品与作品的复制品并无区别。这种微小变化行为本质上仍然是一种复制行为，复制者只是通过对原作品作一些必要的改变来规避对复制权的侵犯。针对这种损害作者原作品市场利益的"微小变化"行为，版权法可以通过复制权的扩张来解决这一问题，而不需要特别授予作者一种新的权利——演绎权。❶ 所以，对原作的微小改变，真正产生的是原作的复制品而非演绎作品。通过演绎作品原创性的"超过微小变化"标准，版权法避免了将非法生产此类作品的行为认定为侵犯作者演绎权。

第二节 演绎权与演绎作品的固定性

固定性（fixation），是指作品要被实际固定于有形物体之上。作品要受版权法保护，是否应该具备固定性呢？对此问题，《伯尔尼公约》未作明确规定，它允许各成员国通过国内立法，规定所有作品或任何特定种类的作品如果未以某种物质形式固定下来便不受保护。在《伯尔尼公约》的授权下，各国立法对作品固定性有两种态度：其一，以英国、美国及澳大利亚等国为代表，要求作品一定要有原创性和固定性，才能受到版权法保护。其二，以德、法等国为代表，认为作品只要具有原创性就可受到著作权法保护，无须另外满足固定性要求。版权体系和著作权体系对固定性的这一不同态度，也使得演绎权与演绎作品的关系甚为复杂。为认定侵权目的，非法演绎作品

---

❶ Michael Abramowicz, A Theory of Copyright's Derivative Right and Related Doctrines, 90 Minn. L. Rev. 317 (2005).

是否应具备固定性？对此问题，各国立法及司法都较为含糊，未给出明确答案。也正因为此，关于演绎作品固定性的认定，常常是法院在审理案件时不得不面对的难题。

一、作品的固定性要求

版权法对作品的保护，一直与作品的物质载体密不可分。在作品与作品载体尚未截然区分时，对作品的保护就等同于对作品载体的保护。那些不能用物质载体固定下来的作品，自然被排除在法律保护之外。而当作品与作品载体被逐渐区分开来后，对作品的保护虽然获得了独立意义，但却仍然无法与其载体完全分离。作品是无形的，它必须依赖于有形物（特殊时候也可以是人）的存在才能被感知、被传播。如果不借助于书籍、唱片等有形形式记录下来，那么再有原创性的作品也将转瞬即逝，既无法传播，也难以保护。如果一个复制品没有被保存下来，或者一个证人没有很好的记忆，那么我们将很难证明别人侵权。❶ 所以，在著作人身权时期，当版权法被认为保护的是作品本身而非作品的有形载体时，法律所主要保护的，还是那些可以以有形物记载下来的作品。那些没有被有形载体记载下来的作品，多数都只是名义上受到版权法保护，实际上仍处于无法律保护状态。因此，虽然从保护作者的人格利益出发，著作权体系不要求作品必须被固定于有形载体上，只要求作品能以有形形式复制即可。但事实上，由于没有被固定下来的作品很难被保护，著作权体系的这一无固定性要求意义并不

---

❶ Stephen M. McJohn, Copyright Examples and Explanations, Aspen Publishers, 2006，p. 67.

大。对于绝大多数作品而言，固定性是它们获得著作权保护的前提。

与著作权体系不同，版权体系从保护作者的财产利益出发，不仅要求作品应被记载于复制品或录音制品之上，而且将版权法的这一内在要求上升为法律规定。例如，英国版权法第3条第（2）款就规定："在以书写或其他方式记载（record）下来之前，任何文学、戏剧或音乐作品都不享有版权；凡本编中的作品创作时间均指该作品被记载下来的时间。"在美国，固定性不仅被认为是一项版权法要求，还被认为是一项宪法性要求，它渊源于美国联邦宪法：由于宪法使用的是"writings"而非"work"来指称作品，因此一部作品必须以某种物理形式存在才能受到法律保护，否则，宪法中"writings"一词的使用便没有任何意义。1976年的《美国版权法》首次规定了作品的固定性（fix）。该法第101条规定："作品'固定'在有形表现形式上，是指经作者授权，将作品体现在复制品或录音制品上，其长期性、稳定性足以使作品在不短的时间内被感知、复制或以其他方式传播。被播送的由声音或图像组成的或由两者所组成的作品，如果是在播送的同时进行录制，视为'固定'。"在第102条（a）款中，该法又进一步提出了固定性要求："依据本法，版权保护固定于任何有形表现形式上的作者的原创性作品。通过这种有形表现形式（包括目前已知的或以后出现的），作品可以被感知、复制或以其他方式传播，不论是直接或借助于机器或装置。"总体来看，在版权体系下，只有当作品记载于一定的有形物上以后，在可以被他人感知的条件下，才能获得版权保护。❶ 固定性和原创性是作品的两大构成要件，缺少任一条件，作品不能获得版权保护。英美国家不保护那些没有以有形载体固定的作品，如口头演讲和即兴表演等。

二、演绎作品固定性的双重标准

按照一般观点，演绎作品也是作品，必须既有原创性又有固定性。无论是为保护目的还是为认定侵权目的，演绎作品都应该具备这两个条件，缺一不可。然而，就现行各国版权法关于演绎作品的规定来看，对其的固定性要求似乎并不同于其他作品，显得颇为含糊。美国《版权法》即是这一立法态度的代表。首先，该法第101条对演绎作品的定义，就只提到了对已有作品的重作、转换或改编，并未使用复制件、唱片等词和其他与固定有关的词汇。其次，该法第106条第(2)款在界定演绎权时，"根据版权作品创作演绎作品"中的"创作"就使用的是"prepare"（准备）一词，而在其他条文中，凡涉及"创作"的地方都使用的是被界定为是固定的"creat"（创造）一词。《美国版权法》关于演绎作品的这两大特殊规定，被认为具有特别意义：它意味着，在演绎作品的固定性方面，版权法持双重标准：演绎作品如要受到版权保护，则须满足固定性要求；反之，如果是为认定侵犯演绎权，则不需要具备固定性。例如，在解释1976年版权法时，一份议会报告就指出：第106条第(2)款的演绎权，在某种程度上和复制权重叠，但它比复制权的范围广，而且在某种程度上，复制权要求侵权作品

---

❶ 李明德：《美国知识产权法》，法律出版社2003年版，第150页。

须被固定在复制品和唱片上，但演绎作品，如芭蕾、舞剧或其他即兴表演，即使没有固定在有形载体上，也构成侵权。另外，来自版权记录处的一份 1965 年的补充报告也显示：演绎作品只有在要求获得版权保护时才须固定，如果是为认定侵权目的则不必固定。❶

关于演绎作品固定性双重标准的立法解释，也进一步影响到法院判决，产生司法审判的双重标准。在 Galoob 案❷中，法院就一方面否定了非法演绎作品的固定性，另一方面又坚持认为演绎作品应以"有形而永久的形式"包含原作。在该案中，原告美国的任天堂公司 Nintendo 制作了一款家庭游戏机（NES），在该游戏平台上有很多格斗、赛车、棋牌等电子游戏。被告 Galoob 设计出一种名为 Game Genie 的装置，该装置允许玩家修改任天堂游戏人物的三个特征：增加游戏人物的命、加快游戏人物行动的速度、允许人物在障碍物上漂浮。在将 Game Genie 与原告游戏相连后，玩家只需要手动输入被告提供的作弊码（code），就可以激活 Game Genie，拦截由原告游戏发送给 NES 控制中心的数值，并用新的数值代替原数值，得到自己想要的视听显示。例如，如果一个玩家想要给他的游戏人物更多的命，那么他就可以激活 Game Genie，获得比原来游戏所允许的更多的命。但是，由 Game Genie 所带来的新视听画面只是暂时的，Game Genie 本身并不改变存储于原游戏内的

❶　Tyler T. Ochoa, Copyright, Derivative Works and Fixation：Is Galoob a Mirage, or does the Form（gen）of the Alleged Derivative Work Matter?, 20 Santa Clara Computer & High Tech. L. J. 991（2004）.

❷　Lewis Galoob Toys, Inc. v. Nintendo of America., Inc. 964 F. 2d 965（9th Cir. 1992）.

数值。因此，只要游戏一结束，这种新视听画面马上消失。当然，如果下一玩家又重新将 Game Genie 置入 NES，并选择输入同样的代码，那么这样的新视听显示还会重现。原告因此起诉被告，认为一个由 Game Genie 所产生的新视听显示是原游戏的演绎作品，侵犯了自己的演绎权。

第九巡回法院认为，被告是否侵犯原告的演绎权，主要取决于该新的视觉显示是否属于版权法第 106 条第（2）款中的演绎作品。为解决这一问题，法院考察了版权法第 101 条对演绎作品的规定，并指出，（1）第 101 条的演绎作品不需要满足第 102 条第（1）款所规定的固定性。固定只是一部新的作品作为演绎作品受版权保护的要求，而非认定该新作品侵犯他人演绎权的要求。如果是为认定侵权目的，则对演绎作品的认定不需要满足所有的可版权性条件。法律中使用的"copies"（复制件）一词和演绎作品是不同的。复制品是一定要求通过某种形式固定，但演绎作品则不必。那种认为演绎作品是作品，作品被创造时必须被首次固定的观点，错误地理解了法律的规定。事实上，法律关于演绎作品的定义并没有明确提及固定，并且使用的是"prepare"（准备）而非"creat"（创造）。（2）第 101 条中的演绎作品需要以某种"有形而永久的形式"包含原作。无论是从第 101 条所使用的"任何其他对作品的重作、转换或改编"措辞来看，还是从该条对演绎作品的举例来看，都涉及的是以有形形式包含原作的演绎作品。因此，尽管第 101 条适用于第 102 条第（1）款的规定，但是，该条本身仍说明：演绎作品应当以某种"有形而永久的形式"包含原作。以此分析为基础，法院进一步指出，第 106 条第（2）款中的演绎作品应以某种"有形而永久的形式"（concrete and permanent form）包含原作，否则不构成对原作者演绎权的侵犯。

对于 Game Genie 是否创作了一部演绎作品的问题，法院认为，只是简单地对比原视觉显示和新视觉显示是不充分的，更为重要的是要看该新视觉显示是怎么产生的。法院注意到，尽管二者的视觉效果非常相像，但 Game Genie 并未改变原游戏的数据，它只有和原游戏相结合才能产生这样的新视觉显示。如果玩家停止使用这一装置，则新视觉显示马上消失。因此，Game Genie 只是加强了原游戏的视觉效果，它不能独立产生这些新效果，不影响消费者对原游戏的需求。一旦脱离原游戏，它将什么都不是，成为一个几乎没有任何用处的装置。综合对1976 年版权法条文的考察以及对涉案游戏视听效果的分析，法院最后认为，作品包含视听作品，但是视听作品也必须依赖于某种有形形式存在。Game Genie 所产生的新视觉效果只是暂时的，既没有形成独立的作品，也没有以"有形而永久的形式"包含原视觉显示，所以不是演绎作品，被告不构成侵权。

三、演绎作品固定性的统一

（一）双重标准的否定

首先，关于演绎作品固定性的立法解释，不符合版权法的立法意图。

针对 1976 年《美国版权法》中关于演绎作品的用词，不少学者就认为，议会之所以没有在演绎作品上谈及固定，主要是 1976 年《美国版权法》想把公共表演纳入演绎作品范畴，并非故意地不要求演绎作品的固定。没有固定性，那么我们只是在脑海中想象一下演绎作品的创作，也将构成对原作者演绎权的侵犯。这样的一种非常荒谬的结果，尽管在实践中不太可能发生（因为除非你主动公开它，否则你不会被起诉），但即使是这样一种理论上被起诉的可能性，也将使得演绎权的正当性被怀疑。❶ 因此，认为版权法在保护演绎作品时，要求它要有固定性；而在认定侵权时，则不要求它有固定性的观点，可能导致演绎权的过度扩张，抑制演绎作品的创作，有违版权法的保护公益目的。另外，按照这一双重标准，一些演绎作品的创作，如芭蕾、舞剧等公开表演，即使无有形形式固定，也可能构成侵犯原作者的演绎权。显然，这加重了当事人的举证责任与诉讼成本，带来了司法资源的浪费，也和版权法的保护私权目的相悖。

其次，关于演绎作品固定性的司法解释，存在自相矛盾之处。

在 Galoob 案中，被告是否侵犯原告的演绎权，这取决于一个由 Game Genie 所引起的新游戏视听显示是否构成演绎作品。与原游戏的视听显示相比，新视听效果作了三处重要改变，明显具有原创性。因此，这一新视听显示是否是演绎作品，主要取决于它是否有固定性。在此，尽管法院也接受"为认定侵权目的，演绎作品不须固定"的观点，但是根据对版权法中演绎作品条文的理解，法院还是重点探讨了新视听显示与有形载体的关系，并以此作为了判案依据。按照法院的观点，新视听显示只是 Game Genie 误导原游戏卡片产生的，真正导致游戏图像变化的，仍然是原游戏卡片，Game Genie 并没有创作出独立的、有形的新作品。而且，新的视听效果也只是一种短暂现

---

❶ Patrick W. Ogil vy, Frozen in Time? New Technologies, Fixation, and the Derivative Work Right, 3 Vand. J. Ent. & Tech. L. 687（2006）.

象，Game Genie 并没有真正改变原游戏画面，当游戏终止时，原来的游戏画面仍可完整呈现。因此，新的视听效果虽然具有原创性，但没有"有形且永久"的形式，不是演绎作品。第九巡回法院的这一判决，明显自相矛盾。它反映出法院在演绎作品的认定方面，并不愿意接受演绎作品固定性的双重标准，它更倾向于认为，无论是为保护目的还是为侵权目的，演绎作品都须有固定性。其所提出的演绎作品应具有"有形而永久的形式"标准，与其说是否定了非法演绎作品的固定性，倒不如说是进一步解释了非法演绎作品的固定性要求：有形就意味着固定，固定才能永久。所谓的"有形而永久的形式"，不过是"将作品固定于有形载体上"的另一表述，二者并没有本质区别。

（二）单一标准的确立

非法演绎作品既依附于原作品，又独立于原作品的特性，使得版权法对它的保护一分为二❶，产生矛盾且不实用的演绎作品固定性的双重标准，并给法院的案件审理带来麻烦。为保护演绎作品创作，近年来法院逐渐发展出演绎作品固定性的单一标准，不仅肯定合法演绎作品的固定性，也肯定非法演绎作品的固定性。

例如，在 Micro Star 案❷中，第九法院就重新审视了演绎作品的固定性要求。原告 Formgen 拥有一款流行电子游戏"Duke Nukem 3D"（D/N-3D）的版权。在该游戏中，玩家将以游戏

---

❶ Naomi Abe Voegtli, Rethinking Derivative Rights, 63 Brooklyn L. Rev. 1213 (1997).

❷ Micro Star v. Formgen, Inc. 154 F. 3d 1107 (9th Cir. 1998).

中的身份去寻找秘密通道，摧毁邪恶力量，逃离各种危险，逐一过关斩将直至获得最后胜利。游戏主要包含三个部分：游戏引擎（game engine），作为游戏控制中心；源图库（the source art library），包括很多可以显示在屏幕上的图像；MAP 文件（the MAP files），一系列的通过游戏引擎告诉电脑做什么以及怎么做的指令。其中，游戏引擎是整款游戏软件的核心。它告诉电脑什么时候去读取数据、保存和引导游戏，播放声音以及在屏幕上显示图像。当需要创作出某一特别关卡（levels）的视听画面的时候，游戏引擎就会引发符合那一关卡的 MAP 文件，产生相应的画面效果。例如，MAP 文件可能说将水中呼吸装置放在屏幕的底端，这时游戏引擎就会到源图库区查找水中呼吸装置的图像，然后把它放在屏幕底端的适当位置。每个 MAP 文件都可以非常详细地描述出某一关卡的细节状况，但事实上，它本身并不包含任何受版权保护的艺术表达，所有最终显示在屏幕上的画面都来自于源图库。与 D/N - 3D 一同产生的还有一个"玩家构建"（Build Editor），这是 D/N - 3D 最具特色的地方，通过"玩家构建"，D/N - 3D 允许玩家自行设计新的关卡，并鼓励他们把这些新的关卡上传到网上供他人免费下载。显示在网站上的玩家创作的关卡只包含 MAP 文件，由一系列的计算机程序代码组成，主要使用的是原游戏的人物和图案。如果不和原告的游戏相连，这些文件便不可用，无法产生出新关卡的视听画面（audiovisual display）。随着 D/N - 3D 游戏的日益流行，大量的有关该游戏新关卡的 MAP 文件被放到网上。被告 Micro Star 认为这是一个很好的商机，于是将网上各类新关卡进行了搜集整理，选择了 300 个他认为最好最新的关卡，刻录成一张名为"Nuke It"（N/I）的光盘出售。

Formgen 向法院起诉，认为当 D/N – 3D 和 N/I 光盘相连时，产生的新视觉显示是原告作品的演绎作品，被告制造和销售 N/I 的行为侵犯原告演绎权。被告认为，N/I 不是演绎作品。因为正如 Galoob 案中的 Game Genie 一样，N/I 必须和原告游戏相连才能运转，且主要是依靠源图库来修改屏幕上的画面显示，N/I 只是 Game Genie 的另一更高级的版本，它没有复制任何 D/N – 3D 的受版权保护的表达，由 D/N – 3D 和 N/I 共同产生的视觉效果也不以任何"有形且永久的形式"包含原游戏画面。

　　法官科津斯基（Kozinski）认为，根据 Galoob 案，演绎作品应当以"有形和永久的形式"包含原作。本案很像 Galoob 案，但二者仍有重要区别。首先，一个明显的区别，Galoob 案中改变屏幕显示的指令来源于玩家，而本案中新的改变了的视听显示，确切地说是创作这一改变显示的指令，是以 MAP 文件形式被永远固定在光盘（CD – Rom）上的。通过 Game Genie 所产生的屏幕显示从未以任何形式记录，但由 N/I 与 D/N – 3D 所产生的屏幕显示却被包含在 MAP 文件中。在 Galoob 案中，屏幕上将产生什么样的视觉显示，这由原游戏卡片设定，不由 Game Genie 本身决定，没有人可以说是 Game Genie 的数据描述了这一视觉显示。可是在本案中，当 N/I 关卡开始运行时，显示在电脑屏幕上的声音和画面确实是由 N/I 的 MAP 文件来描述的，N/I 对屏幕显示的每一细节负责。换言之，Game Genie 只是根据原游戏卡片对屏幕显示作出具体改变，它不决定最后的屏幕显示。但 N/I 事实上决定着最终桌面上会显示什么，它只在图像来源方面依靠原来的游戏。这就产生一个有趣的问题，即这样一个确定且详细的对视觉显示的描述是否可满足 Galoob 案所要求的有形而永久的形式。我们认为这没什么不可以。举例来说，想象一个粉色过滤器，当你把它放在电视机前，它将使屏幕上的画面呈粉色。如果一个人通过拍摄的方式，将这一粉色过滤器所显示的画面全部记录下来了，那么这会产生演绎作品。但是人们通过粉色过滤器去看电视上的屏幕显示，这并不构成演绎作品，因为它不存在有形和永久的形式。Game Genie 就好像是这样的一个粉色过滤器，它可以改变玩家能感知到的游戏效果，但这些新的改变效果没有以"有形而永久的形式"存在。其次，二者还有另一区别，那就是，Game Genie 允许玩家修改在任天堂游戏系统中的任何游戏，但由 Micro Star 复制和发布的 MAP 文件只能和 D/N－3D 一起使用，这一点非常重要。"如果另一游戏可以使用 N/I 中的 MAP 文件来讲述一个关于胆小的小伙子穿越迷宫，杀死邪恶敌人的故事，那么该 MAP 文件将不包含受保护的 D/N－3D，因为他讲的不是 D/N－3D 的故事。"通过对比二案的不同，法院最后认为，由 N/I 的 MAP 文件与 D/N－3D 共同产生的新的视觉显示被以有形且永久的形式（MAP 文件自身）记录，且 N/I 使用了 D/N－3D 的故事，这是原告享有版权的。因此，N/I 以"有形而永久的形式"包含原作，是演绎作品，被告构成侵权。

在 1998 年 Micro Star 案中，双方争议的焦点主要是由被告 N/I 和原告 D/N－3D 所共同产生的视觉画面是否是演绎作品。与 Galoob 案中 Game Genie 只能和原游戏卡片相连才能产生新的视觉显示一样，本案中 N/I 的 MAP 文件也只能和 D/N－3D 一起使用，且所产生的视觉画面也只是暂时性的，只要玩家停止使用 N/I，新的视觉显示马上消失。但是，这样的一些相似，并没有使法院马上得出 N/I 不是演绎作品的结论。法院注意到，虽然由 N/I 和 D/N－3D 所带来的新的视觉画面是暂时的或无形的，但最终决定这一新视觉画面产生的 MAP 文件却被存储于光盘之上，具有"有形而永久的形式"。通过分析产生新视觉画面的 MAP 文件具有"有形而永久的形式"，法院最后认为 N/I 是演绎作品。第九巡回法院在 Micro Star 案中的这一推论，看似延续了 Galoob 案的"有形而永久的形式"标准，但实质上却是对这一标准的重大突破。按照 Galoob 案，新的视觉画面应以"有形而永久的形式"包含原作才是演绎作品。而在 Micro Star 案中，法院则将此扩大解释为，如果新视觉画面本身不具有物理形式，但决定它产生的 MAP 文件具有"有形而永久的形式"，那么这一新视觉画面也仍然是演绎作品。因此，根据 Micro Star 案，在认定他人演绎权是否受到侵犯时，确实需要演绎作品具有一定程度的固定性，但是这种固定性要求并不一定非要新作本身以"有形和永久的形式"包含原作不可，事实上，新作只要以"有形而永久的形式"涉及原作就可以了。❶ 法院在 Micro Star 案中的这一扩大解释，使由 Galoob 案发展而来的对演绎作品的物理要求不再限于演绎作品本身，它降低了演绎作品在认定侵权时的"有形而永久的形式"标准要求。甚至在一定程度上来说，它几乎是取消了这一标准。按照该解释，即使是 Game Genie，如果它能最终决定视觉画面的改变，则由于 Game Genie 是以计算机软件的有形形式存在，新的视觉画面也具有"有形而永久的形式"，是演绎作品，被

---

❶　Patrick W. Ogilvy, Frozen in Time? New Technologies, Fixation, and the Derivative Work Right, 3 Vand. J. Ent. & Tech. L. 687（2006）.

告构成侵权。

从 Galoob 案和 Micro Star 案中，我们可以看出，尽管从立法来看，演绎作品是否要有固定性仍有争议，但司法实践中，法院已很大程度上认可了非法演绎作品的固定性。通过要求非法演绎作品要以"有形而永久的形式"包含原作，Micro Star 案变相确立了演绎作品固定性的单一标准，使固定性成为所有演绎作品，无论是合法演绎作品，还是非法演绎作品的共同要求。当然，随着新技术的不断发展，人们对"有形而永久的形式"这一标准的理解也会发生变化。事实上，很多作品如软件改编，除非它们被终端用户使用，否则并不包含原作材料。因此，考虑到新兴作品的不断出现，未来的"有形而永久的形式"标准将趋于形式化，法院对演绎作品固定性的要求也将不断变化。

第三节　非法演绎作品的法律保护

演绎，是文学艺术领域内的一种重要的二次创作活动。任何类型的作品，无论是音乐、小说、电影、电视或话剧等，都存在不同程度的被改编现象，并产生出大量的演绎作品。由于版权法要求演绎作品的创作须获得原作者的合法授权，所以很多法院在考虑保护演绎作品前，先要判断该作品是否侵犯原作者演绎权，这就产生非法演绎作品的保护问题。一般而言，作品只要具有原创性或固定性，就可受到版权法保护。但是，演绎作品的创作须首先获得原作者的同意，否则将产生非法演绎作品。如擅自翻译出版的小说，擅自改编发行的电影等。与合法演绎作品相比，非法演绎作品欠缺授权要件，侵犯了原作者的演绎权。那么，原作者的授权是否是演绎作品受版权保护的另一条件？非法演绎作品还能受法律保护吗？

一、非法演绎作品的保护论与不保护论

非法演绎作品的法律地位如何？能否获得版权保护？对此问题，国际范围内存在保护论和不保护论两种态度。

（一）不保护论

不保护论对非法演绎作品的法律保护持否定态度。根据这一理论，原作者演绎权的授权，是演绎作品获得版权保护的前提条件。非法演绎作品因为侵犯了原作者的演绎权，所以不能受到版权保护。1976 年《美国版权法》是这一立法态度的代表。该法第 103 条(a)款规定："版权客体包括编辑作品和演绎作品，但是对于使用享有版权的原有材料创作的作品的保护，不得扩大到该作品中非法使用此类材料的任何部分。"这就意味着，在未获原作者合法授权的前提下，演绎作者对演绎作品或汇编作品的原创性部分不享有版权。不保护非法演绎作品的理由，一般认为主要有以下三点。

（1）"任何人不能从侵权行为获利"的基本原则。无论是在大陆法系还是在英美法系，"任何人不能从侵权行为获利"都是一项基本原则。按照这一原则，法律的最大意义在于"惩恶扬善"——保护合法权益，制止侵权行为。只要是因侵权行为所获得的利益，法律都不予保护，否则，就无异于鼓励侵权行为的发生，违背立法目的。非法演绎作品的产生，是侵犯原作者演绎权的结果，因此，从"任何人不能从侵权行为获利"这一基本原则出发，非法演绎作品不受版权法保护，演绎作者不能通过创作非法演绎作品获利。

（2）"不受版权法保护的作品"的应有之义。版权法并不保护所有作品。在各国版权法中，几乎都规定有"不受本法保护"的作品，如法律法规、通用数表以及违反公共利益创作的作品等。尽管多数国家在规定"不受版权法保护的作品"时，一般未提及侵权作品，但是，没有人会说侵犯他人复制权的剽窃作品也受版权法保护。因此，"不受版权法保护的作品"的规定显然包含侵权作品，无论是侵犯他人的版权还是其他在先权利的作品，都不在版权法的保护之列，即使这未为版权法明确规定，也是版权法的应有之义。与剽窃作品一样，非法演绎作品也是侵权作品，当然不受版权法保护。

（3）"保护原作者演绎作品市场"的优先考虑。按照版权法的规定，原作者享有演绎权，他有权创作演绎作品，决定是否开发作品的演绎作品市场以及在什么时候开发这一市场。但是，如果我们保护非法演绎作品，允许演绎作者享有这一作品的版权，那么导致的结果将是，他人为获得演绎作品上的经济利益，在未获原作者授权的前提下，就将创作出大量演绎作品，抢先开发和占领原作的演绎作品市场。当然，事后原作者可能可以通过演绎权的侵权救济获得一定的赔偿，但这仍不足以使他恢复对整个演绎作品市场的控制。因此，从这一点考虑，非法演绎作品不应受到版权法保护。保护非法演绎作品，相当于变相取消原作者的演绎权，必将带来对原作者演绎作品市场的损害。

（二）保护论

允许演绎作者自由创作演绎作品，但要求受版权保护的演绎作品必须获得原作者的合法授权，这容易产生以下两个问题：（1）两个作者的关系不清楚，因为演绎权和演绎作品的版权并不一致。（2）对演绎作品的保护过于苛刻，无论这一侵权是否会影响到演绎作品的版权，演绎作品都将被置于不利地位。❶ 基于此，保护论对非法演绎作品的法律保护持肯定态度。根据这一理论，演绎作品的创作是否获得原作者授权，并不影响法律对它的保护。非法演绎作品，虽然侵犯了原作者的演绎权，但只要具备作品的一般构成要件，就仍受版权法保护。非法演绎作品的保护论，又有消极保护论和积极保护论之分。其中，消极保护论认为，未经原作者许可创作的演绎作品受版权保护，但是演绎作者要行使这一版权，还须经过原作者同意。例如，《德国著作权法》第23条规定：只有取得被演绎作品或者被改编作品的作者同意，才可以将演绎后的或者改编后的作品予以发表或者利用。而积极保护论则认为，非法演绎作品不仅可获得版权保护，而且是作为独立作品受到保护，即演绎作者既可对该作品的原创部分享有版权，也有权将该作品出版或发行。"版权是传播之子"，只有在作品的传播过程中，版权才能得以实现。但是，消极保护论却明确否定了演绎作者对非法演绎作品的传播，因此，本质上来看，这一模式仍是非法演绎作品不保护论的反映。不同于消极保护论，积极保护论肯定了演绎作者传播非法演绎作品的权利，体现出对非法演绎作品的完全保护，是真正的非法演绎作品保护论。非法演绎作品应被积极保护，这主要是基于以下考虑。

第一，是制止他人擅自使用非法演绎作品的需要。与合法演绎作品一样，非法演绎作品也是原作者和演绎作者的共同创

---

❶ Natalie Heineman, Computer Software Derivative Works: The Calm before the Storm, 8 J. High Tech. L. 235（2008）.

作物，如果不保护非法演绎作品，那么产生的后果将是他人可以随意复制、使用这一作品，非法演绎作品将传播得更快，其效果适得其反，既不利于保护原作者利益，也造成了对演绎作者的不公，有违法律的公平正义理念。因此，虽然演绎作者侵犯了原作者的演绎权，但是我们不能"以暴制暴"，通过鼓励他人对非法演绎作品的剽窃来制裁演绎作者的侵权行为。对于非法演绎作品，仍应给予它法律保护。只有这样，原作者和演绎作者才能对它享有版权，才能阻止他人对该作品的擅自传播，维护自身合法权益，避免产生更大的不正义。

第二，是平衡原作者利益和演绎作者利益的需要。非法演绎作品虽然利用了原作品的受版权保护的材料，但本身也是演绎作者的智力成果，具有原创性或固定性。如果对非法演绎作品不予保护，则演绎作者将无法使用自己创作的作品。原作者将凭借演绎权，控制非法演绎作品的利用，独享该作品上的一切利益，这于演绎作者不公，未充分顾及对演绎作者利益的保护。事实上，即使我们承认对非法演绎作品的积极保护，演绎作者也只是对自己的演绎部分享有版权，并不会侵占原作者的合法利益。因此，相对而言，保护非法演绎作品，虽是一种看起来有罪的做法，但却真正体现了利益平衡精神，既鼓励了演绎作者的创作，同时原作者也将从这种政策中获益。

二、非法演绎作品应获得版权保护

版权法对于演绎作品的规定，有以下两方面的目的：其一，通过赋予原作者"基于版权作品创作演绎作品的专有权"，激励原作者加大对原作品的投入；其二，通过赋予演绎作者对有原创性的演绎作品的版权，激励被许可人及其他主体进行新的演绎创作。因此，版权法实际上是既鼓励演绎使用，又阻止演绎使用；既禁止擅自创作演绎作品，又保护演绎作品。❶ 那么，保护论和不保护论，究竟哪一个更有利于这两大目的的实现呢？

以 Sheldon 案❷为例，在该案中，原告 Sheldon 根据 1857 年发生于苏格兰的马德琳·史密斯谋杀情人案，创作了戏剧作品《丧失名誉的女士》。被告 Metro-Goldwyn 未经原告同意，在其改编自以马德琳·史密斯案为素材的同名小说的电影《莱蒂·林顿》中使用了原告戏剧《丧失名誉的女士》的部分内容。原告起诉被告侵权，请求法院禁止这一电影的放映，并要求获得来自于该电影放映的全部收益。被告辩称，虽然自己非法使用了原告的戏剧作品，但是电影的巨额利润主要是由演员、导演、制片人等贡献的，由侵权所获得的利润只占整个电影收入的极小部分。对于被告的这一辩解，联邦地区法院首先表示认同。法院认为："把电影的所有利润都判给原告是不公平的，这样的话，由电影明星的表演才能及导演等摄制人员的专业制作所产生的电影利润将都为原告所得。"在上诉审理中，联邦上诉法院也再次重申了地区法院这一观点，指出"仅有一小部分的电影利润归因于侵权行为，被告只需将电影收益的五分之一赔付给原告，这一数据在任何可能的合理误差下都有利于原告"。最后，虽然根据先例，联邦上诉法院判决禁止被告继续放映这一电影，但在侵权赔偿方面，法院还是充分考虑到被告

❶ Paul Goldstein, Derivate Rights and Derivative Works in Copyright, 30 J. Copyright Soc'y U. S. A. 209（1983）.

❷ Sheldon v. Metro-Goldwyn Pictures Corporation. 309U. S. 390（1940）.

在电影制作方面的独创性劳动，推翻了地区法院将电影的全部利润都赔偿给原告的判决。

Sheldon 案反映出，即使是在采不保护论的美国，非法演绎作品也不是完全不受保护。在该案中，法院就充分认识到侵权赔偿的补偿性质以及在非法演绎作品的侵权认定中保护演绎作者利益的重要性，拒绝采用把演绎作品上的所有利益都判决给原作者的做法来惩罚侵权人，体现出对演绎作者创造性劳动的尊重。与 Sheldon 案的观点相同，部分学者如尼莫尔（Nimmer）和本杰明·卡普兰（Benjamin Kaplan）也认为，演绎作品之所以能获得法律保护，主要是因为演绎作者的创造性劳动，而不是原作者的授权许可。未侵权的演绎作品的版权来自于法律的授予，而不是原作者的授权。❶ "认为没有原作者的许可，改编自小说的好莱坞影片都是非法复制的观点是完全错误的。"❷ 事实上，非法演绎作品的版权保护，只是一个在先权与在后权的权利冲突问题，并非法律中的新现象。未获他人授权创作演绎作品，其实就类似于偷拿别人一些砖头建造房屋，或者未经他人许可拍摄照片。民法是私法，它不以惩罚侵权人为目的，无论是物权人或是作品的作者，都只需承担相应的侵权责任，并不会因为在先的侵权行为而丧失对自己劳动成果的专有权。所以，一个偷拿他人砖头的人，只需返还同样的砖头或折价赔偿即可，他并不会因为这一侵权行为而丧失自己对房屋的所有权。同样，一个侵犯了他人肖像权的摄影者，也

❶ melville B. Nimmer & David Nimmer, Nimmer on Copyright, Matthew&Bender Company, Inc. 3. 06（2005）.

❷ Benjamin Kaplan, an Unhurried View of Copyright, LexisNexis Matthew Bender, 2005, p. 56.

只需承担相应的侵权责任，照片的版权仍然由他享有。或者，署他人真实姓名的小说，虽然侵犯了他人的姓名权，但是小说的版权还是由侵权人享有。因此，从民法中"对在先权的侵犯不影响在后权的获得"原则出发，我们应对非法演绎作品给予积极保护，在非法演绎人对自己的侵权行为承担侵权责任的前提下，赋予非法演绎人对该作品的版权，这既是保护演绎作者利益的需要，也是民法中公平正义观念的体现。进一步而言，这样的一种保护，也于公共利益有利。鼓励基于既有作品的演绎创新，乃至于创作出与原作完全有别的独立新作，是著作权制度促进版权作品市场持续繁荣的客观要求。❶ 非法演绎作品虽然侵犯了原作者的演绎权，但单纯从创作角度来看，这一行为增进了原作品的原创性表达，有利于公众接触、欣赏到更多的新作品，是促进版权法公益目的的必然要求。

三、非法演绎作品上的双重版权

保护非法演绎作品，也并不意味着该演绎作品上的版权全由演绎作者享有。根据各国版权法，演绎作者对原作的使用必须取得合法授权，且他对演绎作品的版权也只限于其原创部分，演绎作品中的原作部分仍由原作者享有版权。因此，与经合法授权创作的演绎作品一样，在非法演绎作品上面，也存在着原作者和演绎作者的双重版权。

（一）原作者的版权

非法演绎作品之所以是演绎作品，首要条件是它必须"基

---

❶ 黄汇："非法演绎作品保护模式论考"，载《法学论坛》2008 年第 1 期，第 133 页。

于"原作产生，即它使用了原作的具有原创性的表达。这一点也正是非法演绎作品和原创作品的最大区别。对于原创作品来说，它也会涉及对已有作品的利用，但它利用的是原作的思想、主题、创意或其他不受版权保护的因素。而非法演绎作品则利用的是原作中具有原创性的表达，是原作中受版权保护的部分。当然，原作中的这一部分本身是受版权保护的，也并不意味着它必须受版权保护。如果原作已进入公有领域，那么原作的该部分也自然不受版权保护，但这并不影响它是"基于"原作产生的。例如，如果一幅画只是模仿了原画的风格和技巧，那么该画不是原画的演绎作品，因为它使用的是原作的不受版权保护的部分，反之，如果它通过复制，或其他方式，将原画包含进它作品中，使之成为它新画中的一部分，则该画是原画的演绎作品。所以，演绎作品必须"基于"原作产生，这其实揭示的是在创作演绎作品过程中，演绎作者必须从原作中拿走什么。显然，演绎作品拿走的是原作的受版权保护的原创性部分，是原作者的劳动成果。如果允许演绎作者对该部分享有版权，则不仅会打击原作者的创作积极性，而且会妨碍他人对原作品的再次演绎。因此，从保护原作者利益出发，体现于演绎作品中的原作部分，应该由原作者而非演绎作者享有版权。通过将演绎作者的版权规定为只限于其原创性部分，版权法鼓励了原创作品的生产，这和版权法中压倒一切的"促进科学和艺术的进步"的公共利益目标一致。❶

---

❶ Christine Wallace, Overlapping Interests in Derivative Works and Compilations, 35 Case W. Res. 103（1985）.

（二）演绎作者的版权

除"基于"原作之外，非法演绎作品还须具有原创性，反映演绎作者的智力投入。这一点也正是非法演绎作品和剽窃作品的最大区别。剽窃作品是原作的复制品，没有原创性。而非法演绎作品尽管也利用了原作，但这一利用只是使演绎作者不需要从头打草稿，或者说，使作品的酝酿时间相对缩短，非法演绎作品仍是由演绎作者独立完成的，是演绎作者的劳动成果，具有原创性。一部非法演绎作品经常比原作更有创造性，即使看起来可能只是生搬硬套，也可能隐藏着大量的实质性创新。如将小说改编成电影或电视，就经常需要重新编辑，甚至创设全部新的场景、地点或人物。即使是翻译，也具有原创性。因为很多时候，译者不仅需要改变词语，还需要改变整个文化背景和主题（当新的读者完全不熟悉原作的背景和主题时）。❶ 因此，对于演绎作者来说，更为关键的是，在创作演绎作品过程中，他必须加入什么。由于法律要求演绎作品须有对原作的改变，所以，演绎作者加入的，是自己努力贡献的部分，是能与原作相区别的部分。对于这一新的演绎部分，当然应该由他享有版权，这与非法演绎作品中的原作部分由原作者享有版权是一样的。因此，承认演绎作者对非法演绎作品中的演绎部分享有版权，有利于鼓励演绎作者创作出更多的、有价值的演绎作品。

非法演绎作品既依附于原作品又独立于原作品的特性，使得版权法对它的保护应一分为二：非法演绎作品的版权归演绎

---

❶ Robert J. Morrison, Deriver's Licenses: An Argument for Establishing a Statutory License for Derivative Works, 6 Chi. -Kent J. Intell. Prop. 87 (2006).

作者享有，但演绎作者只能享有其演绎部分的版权，对于非法演绎作品中的原作部分，仍由原作者享有版权。非法演绎作品上既存在原作者版权，又存在演绎作者版权的现象，是平衡原作者利益和演绎作者利益的反映。当然，由于非法演绎作品并不总是可以区分的，原作者的版权和演绎作者的版权很难截然分开，所以，非法演绎作品上的这种双重版权现象，在实践操作中可能会遇到一些问题。例如，它易使原作者和演绎作者的权利互相牵制，破坏非法演绎作品的一体性及演绎作者版权的独立性。因此，从长远来看，非法演绎作品上的双重版权，宜采更为妥当的对策，以兼顾双方利益，避免产生二者权利都得不到法律保护的尴尬状态。

本章小结

演绎权与演绎作品是版权法中的两个不同概念，它们既相互独立、各具特点，又彼此依存，不可分割。

首先，演绎作品的构成要件影响演绎权的侵权认定。其一，演绎作品的原创性影响演绎权的侵权认定。原创性是演绎作品的核心构成要件，演绎作品只有具有原创性，才能受到版权法保护。对于演绎作品的原创性判断，司法实践中存在"超过微小变化"标准和"两分法"标准。尽管不同的法院在适用以上标准时较为混乱，甚至常出现相互冲突现象，但总体来看，对演绎作品的原创性要求还是高于一般的原创作品，演绎作者的版权受到原作者版权的制约。由于演绎权是作者创作演绎作品或授权他人创作演绎作品的权利，因此，演绎权的原创性标准，不可避免地会影响到对原作者演绎权的保护。司法实践中，法院常常要求非法演绎作品要具有原创性，才构成对作者演绎权的侵犯。这样的一种要求，一方面使演绎作者的版权依附于原作者的演绎权，另一方面又将"微小变化"作品的创作排除在演绎权侵权之外。其二，演绎作品的固定性影响演绎权的侵权认定。作品要有固定性，应被记载于有形载体之上，这多是英美国家版权法的明确要求。德法等国的著作权法一般未明确规定作品要有固定性，它们只要求作品能被（有形载体所）复制就可。但在实践中，多数作品仍只有被固定在复制件或唱片上才能被保护。因此，从这一点来看，这些国家的著作权法还是暗含了一定程度的作品固定性要求。对作品的固定性要求也增加了演绎权侵权认定的复杂性。一方面，从英美的版权立法历史来看，演绎作品被认为是只有在受版权保护时，才应具备固定性；如果是为认定侵权目的，无须具备固定性。另一方面，从英美的司法实践来看，多数法院还是坚持认为，即使是为认定侵权目的，演绎作品也应具有"有形而永久的形式"，即要求非法演绎作品应具有固定性。随着新技术的发展，越来越多的作品将不依赖于物质载体而存在，暂时复制、无固定演绎等是否应受版权法保护、是否构成侵权成为版权法中的棘手问题。

其次，演绎权影响演绎作品的版权。出于兼顾原作者和演绎作者利益的需要，版权法既规定了原作者演绎权，又规定了原作者和演绎作者对演绎作品的双重版权。版权法的这一折中态度，使得演绎作者的版权受到原作者演绎权的限制，引发非法演绎作品是否受版权法保护的问题。对此问题，一种观点认为，获得原作者演绎权的许可，这是演绎作品创作的前提，也是演绎作品获得版权保护的前提，未经原作者许可创作的非法演绎作品，即使有原创性和固定性，也不受版权法保护。此种观点即非法演绎作品不保护论，它强调原作者利益优先。另一种观点认为，演绎作品只要有原创性或固定性就可受到版权法保护，原作者的授权并不是演绎作品受版权保护的条件，非法演绎作品虽然侵犯了原作者的演绎权，需要承担侵权责任，但这并不影响演绎作者对该作品享有版权。此种观点即非法演绎作品保护论，它强调保护演绎作者利益。非法演绎作品是否受到法律保护，各国态度不一。从版权法的保护作者利益及激励创作目的来看，本书认为非法演绎作品应受到法律的积极保护。

对演绎权与演绎作品关系的研究，有助于我们从演绎作品的法律保护角度认识演绎权制度。然而，这仍只是一种对演绎权的侧面探讨。为获得对演绎权的全面认识，还须从演绎权的侵权认定角度，对演绎权制度展开进一步的正面探讨。

第四章　演绎权的侵权认定

演绎权的出现，使版权的侵权认定进一步成为难题。一方面，版权保护范围的不确定，使得要区分原作品的哪部分受到版权保护，哪部分不受版权保护非常困难。因为知识产权与信息和知识相关，又因为信息和知识是由许多人长期积累起来的，很难找出哪一个人究竟促成了哪些知识的产生。想法是由相关的人或事物引发的，而所有的想法之间的界限是模糊的。因此，很难界定知识产权所有权的范围。❶另一方面，改编、转换概念的模糊性，也使得要判断演绎作品是否包含原作的受版权保护部分非常困难。版权法要求演绎作品须是对原作品的一种改编、转换，但是，对于何为改编或转换，法律并未明确界定。而且，即使判断出演绎作品包含原作品的受版权保护部分，仍不一定能得出作者演绎权被侵犯的结论，因为还存在一个和复制权如何区分的问题。例如盗版，它虽然也包含了原作品，但侵犯的却是作者的复制权。因此，演绎权的侵权认定，既涉及侵权与不侵权的区分，又涉及演绎权与复制权、精神权利的区分，是版权侵权认定中的棘手问题。

---

❶ ［澳］彼得·达沃豪斯、约翰·布雷斯韦特著，刘雪涛译：《信息封建主义》，知识产权出版社 2005 年版，第 29 页。

第一节　实质性相似测试法

比较两部作品的相似性既是版权侵权认定的传统方法，也是演绎权侵权认定的主要方法。只是，由于演绎作品是原作品的不同版本，所以，相对于剽窃作品来说，演绎作品对原作品的利用较为隐蔽，无法通过逐字对比得出。然而，即便如此，对比原作品与演绎作品，人们总还是能从演绎作品中发现原作品的影子，找到原作品的"全部观念和感觉"（total concept and feel）。或者感觉到，"如果这被拿走了，原作的价值就减少了，原作的劳动就被他人的挪用行为实质性损害了"。❶ 演绎作品和原作品的这种实质性相似，是判断原作者演绎权是否受到侵犯的重要依据。

一、作品载体的变化：侵犯演绎权还是复制权？

由于演绎作品的创作以原作品为基础，所以很多时候，复制行为与演绎行为总是相伴而生。当作者的演绎权被侵犯时，作者的复制权也被侵犯。演绎作品的这一创作特点，使得法院在判断作品载体的变化是否构成侵权时，常根据实质性相似测试法，认定原作品和演绎作品相似，被告构成侵权，但却并不区分被侵犯的是作者的演绎权还是复制权。那么，是否要对此进行区分，又如何区分呢？

---

❶ Naomi Abe Voegtli, Rethinking Derivative Rights, 63 Brooklyn L. Rev. 1213 (1997).

（一）演绎权与复制权的区分

很多作品只是改变原作品的存在形式或载体，并不改变作品本身。如将一部小说从英文翻译成中文，小说本身并没有变化，变化的只是小说的文本。或者，将一幅画中的卡通形象制作成雕像，卡通形象本身也没有变，变化的只是这一形象的表现形式。更多的如一部忠于原著的电影、一个包含高度技巧性的对艺术作品的精确复制等，均属此类。对作品载体的改变，由于不涉及作品本身的改动，基本反映原作品全貌，所以较适合与原作品进行相似性比对，两部作品的相似与否常常一望便知。因此，在实质性相似测试法下，要认定一部只改变原作品载体的作品与原作品之间存在实质性相似，制作者构成侵权，这非常容易，但是要进而确认这侵犯的是作者的何种权利，是演绎权还是复制权？就比较困难。司法实践中，为减少麻烦，很多法院常常回避这一问题。它们认为，在已经认定为构成侵权的前提下，再去区分侵犯的是复制权还是演绎权是完全不必要的。诉讼当事人也不关心侵犯的是复制权还是演绎权，并且二者的存在理由也是一样的：最大限度地激励新作品的产生。在没有区分这两个权利的各自意义下，法院也没有区分它们的理论基础。❶ 出于对复制权与演绎权的这一认识，法院常常在采用实质性相似测试法对比两作品，并发现两作品除载体不同之外，其他几乎一模一样时，不再区分这一相同版本是演绎作品还是复制品，在最后的判决中也只是简单提及"侵权"，尽量不提侵犯的是演绎权还是复制权。

---

❶　Michael Abramowicz, A Theory of Copyright's Derivative Right and Related Doctrines, 90 Minn. L. Rev. 317 (2005).

　　某种意义上来说，演绎权确实是版权法中的一个多余概念。一部擅自创作的演绎作品，由于一般都是以复制方式包含原作品，所以经常被认为侵犯作者两方面的权利：既侵犯复制权，也侵犯演绎权。复制权和演绎权范围的这种重叠，使得很多法院在审理案件时，忽略演绎权的存在，它们只在一些不寻常的案件中（复制行为不存在时），才考虑作者的演绎权是否被侵犯，且演绎权也往往不是争议的焦点。因此，就司法实践来看，演绎权已很大程度上沦为复制权的附庸。只有在一些新奇的、无法寻求复制权保护的案件中，法院才会提及演绎权，考察作者的演绎权是否被侵犯。那么，某一与原作品几无差别，只是载体不同的作品，是否真等同于对原作品的机械复制（盗版），侵犯原作者的复制权呢？本书认为，演绎权与复制权毕竟是两种不同的权利，尽管发现在哪一点上复制权终止、演绎权开始非常困难，但这并不意味着我们就可以将二者混为一谈。事实上，演绎权在版权法中的增加，本身就解释了复制权和演绎权的一个重要历史差别：复制权是为了阻止对完整作品的不当逐字复制，该复制品与原作品处于同一形式并被投放到和原作品相同的市场。相反，演绎权是为了阻止对作品的擅自演绎，该演绎作品与原作品处于不同形式并被投放到和原作品不相同的市场。❶ 具体而言，演绎作品中对原作品的复制与复制品中对原作品的复制，虽然都是复制，但意义并不一样。前者是为生产新作品目的而复制，它不会妨碍作者对原作品的正常利用，而后者则是为复制而复制，妨碍作者对原作品的正

---

　　❶ Paul Goldstein, Derivate Rights and Derivative Works in Copyright, 30 J. Copyright Soc'y U. S. A. 209 (1983).

常利用。当对原作品的复制是为生产性目的时，这时侵犯的是作者的演绎权；当对原作品的复制是为非生产性目的时，这时侵犯的才是作者的复制权。例如，一部擅自改编某话剧的电影，尽管大量复制了话剧中的对话、情节及人物，但仍然构成对剧作家演绎权的侵犯而非复制权的侵犯，因为其复制的目的是为制作新电影。因此，演绎权与复制权是完全不同的两种权利，其功能不能互相代替。混淆演绎权与复制权，抹煞这二者的区别，不仅可能导致一些无复制的侵犯演绎权行为被认定为不侵权，而且也将影响到那些有复制的侵犯演绎权行为的赔偿责任，误将对原作者演绎作品市场的损害当成原作品市场的损害。所以，法院在进行版权侵权认定时，应尽量避免演绎权和复制权的重复。尽管对复制的理解已经从逐字复制扩张到非逐字复制，但演绎权和复制权仍相互独立、各司其职。对作品表达要素的不当使用，如果直接影响到原作品市场，则应认定为侵犯复制权。反之，如果只是间接影响到作者的潜在市场，则应认定为侵犯演绎权。❶

（二）作品载体的变化与原创性

作品载体的变化究竟侵犯的是作者的演绎权还是复制权？要回答这一问题，还要先从演绎作品的原创性谈起。

1. 由 Gracen 案所引发的思考

在 Gracen 案❷中，MGM 于 1939 年制作了一部电影 *The Wizard of OZ*。1976 年，MGM 授权 Bradford Exchange 利用该电

---

❶　Lateef Mtima, So Dark the Con（tu）of Man：The Quest for a Software Derivative Work Right in Section 117, 70 U. Pitt. L. Rev. 1（2008）.

❷　Gracen v. Bradford Exchange. 698 F. 2d 300（7th Cir. 1983）.

影中的人物和场景制作一套供收藏的盘子。Bradford Exchange
请了几个艺术家制作由朱迪·加兰（Judy Garland）扮演的多
萝西（Dorothy）画像，并表示谁画得最好，Bradford Exchange
就将和谁签整套盘子的制作合同。格雷森（Jorothy Gracen）制
作了这样一幅画像，并最终赢了其他参赛者，但他拒绝与
Bradford 签订合同。Bradford 很快找到另一个非参赛选手詹姆
斯·奥克兰（James Auckland），同他签订了整套盘子的制作合
同，并将格雷森的画给了他，以供参考。奥克兰最终完成了画
的制作，印有这些画作的盘子不久就被生产和出售。与此同
时，格雷森在就她的画进行了版权登记后，于 1978 年以自己
版权受到侵犯为由将 MGM、Bradford、奥克兰和盘子的制作商
告上法庭。地方法院作出了对原告格雷森不利的判决，认为格
雷森的画没有原创性，他不能对自己的画享有版权。格雷森上
诉，波斯纳（Posner）法官代表第七巡回法院就该案发表了判
决意见。他认为，艺术上的原创性与版权法中的原创性并不相
同，版权法中的原创性应是一种法律意义而非美学意义，以避
免重叠的侵权指控。如果艺术家 A 制作了名画"蒙娜丽莎"
的复制品，和原作只有微小不同。艺术家 B 也制作了"蒙娜丽
莎"的复制品。A 以自己的画是演绎作品，受版权保护为由起
诉 B 侵权，B 反驳说他复制的是原作，而不是 A 的复制品。如
果原作和 A 的复制品差别很小，那么 A 的复制品和 B 的复制
品差别也很小，因此如果 B 接触过 A 的复制品，那么事实上很
难判定 B 复制的是"蒙娜丽莎"原作还是 A 的复制品。通过
这一类比，波斯纳指出，格雷森的画和朱迪的多萝西剧照以及
奥克兰的画三者之间都太相似了，这使我们很难判断奥克兰的
画到底是复制了电影原作还是格雷森的画。为避免后来的艺术

家由于描述原作而被陷入版权法困境，对演绎作品的版权保护必须以该作品和原作之间有足够的不同为前提。在本案中，由于格雷森的画和原作实质性相似，所以无原创性，不受版权法保护。第七巡回法院最后支持了地方法院的判决。

　　波斯纳显然对基于有版权的原作而创作的演绎作品存有偏见。按照波斯纳的观点，一个画家画一个杯子，即使画得再粗劣，这幅画也有原创性，画家对它享有版权。而格雷森的画却不同。格雷森画的是受版权保护的多萝西剧照，因此，尽管该画展示了画家高超的绘画技巧，和电影剧照几乎一模一样，但恰恰在这一点上它的原创性被否定，因为承认一个和原作基本相同的作品是演绎作品将不可避免地妨碍到后来的艺术家对原作的再创作。以格雷森画和电影剧照的实质性相似为依据，波斯纳最后得出奥克兰不侵犯格雷森版权的结论，甚至，假设格雷森的画是未获授权创作的话，那么根据波斯纳的这一推论，格雷森也将侵犯的是 MGM 电影剧照的复制权而非演绎权，因为格雷森只是完成了一个该剧照的复制品而非演绎作品。通过格雷森案，波斯纳否定了演绎作品与原作的实质性相似，也否定了实质性相似是演绎权的侵权认定标准。按照他的观点，凡与原作实质性相似的"作品"都是原作的复制品，只可能会侵犯原作者的复制权，并不会侵犯原作者的演绎权。

　　格雷森模仿剧照画的画像，只是将电影中的角色从一种形式转换为另一种形式，并不涉及对角色本身的改动，因此，仅属对作品载体的一种变化。对于格雷森的这一行为，波斯纳从"演绎作品要受保护必须和原作实质性不同"要求出发，认为格雷森的画像只是原剧照的复制品，被告不构成侵权。波斯纳的这一观点有失妥当，它不仅明显提高了演绎作品的保护标准，而且也间接否定了作者的演绎权。首先，"实质性不同"的原创性标准过高。与演绎作品的"实质性不同"标准正好相反，任何演绎作品，无论是否包含作品载体的变化，都应与原作存在实质性相似。否则，演绎作品的创作也不需要取得原作者演绎权的授权。与原作有"实质性不同"的作品严格意义上已经是新的原创作品，不属演绎作品范畴。其次，承认与原作"实质性相似"的作品是演绎作品并不会损害到公共利益。根据版权法的规定，演绎作品上的版权由演绎作者享有，但是该版权只及于演绎作者的原创部分，并不影响到原作者的版权或公有领域。因此，保护与原作"实质性相似"的作品并不会妨碍到后续作者对原作的再利用。在这一点上，波斯纳的担忧是不必要的。再次，凡和原作"实质性相似"的作品都是复制品的观点并不准确。演绎作品和复制品都和原作实质性相似，这是它们的共同特点，也是它们与原创作品的最大区别。但是，二者的这一共同特点并不意味着演绎作品就等同于复制品，演绎作品和复制品仍有本质的区别，这也是版权法保护演绎作品而不保护复制品的原因所在。因此，简单将与原作"实质性相似"的作品都看作是原作的复制品，这其实是抹杀了复制品和演绎作品的区分界限，也混淆了演绎权和复制权。

Gracen案的判决受到来自各方面的很多批评。四年后，波斯纳在 Rumbleseat 案❶中，主动从"实质性不同"标准中退缩，采用了一个相对较低的原创性标准，认为基于有版权保护的原作产生的演绎作品只要有一点点增加的原创性，就可受到版权保护，但演绎作品的版权只及于该增加部分。

---

❶ Saturday Evening Post Co. v. Rumbleseat Press. 816 F. 2d 1191 (7th Cir. 1987).

2. 作品载体的变化具有原创性

作品载体的变化是否有原创性，这是司法实践中争论的焦点。在 Alfred 案和 Winninger 案中，油画的金属雕刻版本、雕像的缩小版本都被认为具有原创性。而在 Batlin 案、Durham 案和 ERG 案中，将铁铸储蓄罐改为微型的塑料储蓄罐，或将卡通形象制成三维衣服，又被认为仅是"微小变化"，没有原创性。从部分法院的判决中，我们可以看出，作品载体的变化之所以被认为没有原创性，主要在于它们常给人一种纯机械性操作的印象，被认为只是对原作品的机械性、功能性的"微小变化"，没有反映任何属于作者的东西。然而，并非"一切与已知创作形式很近似的创作都不是智力创造"。❶ 一座已有雕像的缩小版，尽管只是再现他人作品，不是制作者的原创，但仍然可以反映出制作者的天赋与能力，"按缩小比例精确地复制杰出的艺术作品，这本身就是一个极富技巧和极具创新的活动"。❷ 事实上，原作品与演绎作品的区别，很多时候仅在于表现形式的差异。缩小雕像的规格就好像是拍雕像的照片，如果我们认为照片是受保护的，那么雕像的这一缩小版也应该受版权保护。演绎作品是对不同语言的一种翻译，或是对不同载体的一种转换或者改编。演绎作品的原创性，也正体现于对作品载体的转换中。尤其是对于艺术作品而言，将它们从金属载体转为塑料载体，或从平面形式改为立体形式，这都需要特殊的技艺和大量的创造性劳动，对形式的改编并没有影响到原作

❶ ［德］乌尔里希·勒文海姆著，郑冲译："作品的概念"，载《著作权》1991 年第 3 期，第 48 页。

❷ Alva Studios, Inc. v. Winninger, 177 F. Supp. 265（S. D. N. Y1959）.

品的内容，它仅仅试图扩大原作品的利用可能性，如语言上的新文本、重新布局、翻译成另外一种语言、转化成另外一种作品类型（改写成剧本、拍摄成电影、转化作品）。这种形式的改编只有在它仅仅属于一种千篇一律、例行公事或者机械化工作的时候才会不受著作权保护。❶ 因此，对原作载体的改变（包含尺寸或材质的变化），只要是来源于作者的独立劳动，就应该具有原创性，是原作的演绎作品。与擅自制作文字作品的节选本、精装本构成对原作者演绎权的侵犯一样，未经授权制作艺术作品的缩小版、立体版或其他材质的版本，侵犯了原作者的演绎权。

　　正如 Gracen 案所反映的，对于作品载体的变化，法院经常是花大量时间去分析演绎作品的原创性，结果得出被告不侵权或只侵犯原告复制权的结论。❷ 事实上，如果一作品与原作品构成实质性相似，这确实存在侵犯演绎权或侵犯复制权两种可能。但是，这二者仍是有区别的：演绎作品与原作品的实质性相似通常不包括载体的相似，而复制品与原作的相似则包括载体相似。换言之，如果两作品相同，作品的载体（表现形式）也相同，这侵犯复制权；相反，如果两作品相同，但是作品的载体（表现形式）不同，这侵犯演绎权。以 Doran 案❸为例，

---

　　❶ ［德］M·雷炳德著，张恩民译：《著作权法》，法律出版社 2005 年版，第 159～160 页。

　　❷ 尽管画家格雷森的画不是电影剧照的复制件，并包含了电影中所没有的画家的个性与艺术描述，第七巡回法院仍然认为两部作品没有实质性差别，格雷森的作品无原创性，不是演绎作品。

　　❸ Doran v. Sunset House Distrib. 197 F. Supp. 940（S. D. Cal. 1961），aff'd, 304 F. 2d 251（9th Cir. 1962）.

在该案中，原告多兰（Doran）在一个红塑料袋中填满报纸，做成一个三维圣诞老人形象，作为圣诞装饰销售。两年后，被告珊萨特（Suset）开始销售和原告同样款式的圣诞老人形象。原告起诉被告侵权。诉讼中，被告说原告的产品只是激发了他，珊萨特认为，"既然圣诞老人处于公有领域，一个包含这一传统人物的艺术作品不能被认为是有效的版权作品。"然而，地方法院法官伯恩（Byrne）认为，"一个有版权的作品描述了一个公有领域的人物，主题或思想的事实，本身不会导致版权无效。多兰通过自己的劳动、技巧和判断创作的用塑料袋制成的三维形象圣诞老人，具有原创性。原创性就存在于三维形象和塑料载体上，这也是原告表达圣诞老人的一种独特方式。只要记录显示，原告是第一个用这样一种特别的形式和载体复制这一传统形象的人。"与 Gracen 案不同，伯恩法官认可了与圣诞老人形象实质性相似的多兰作品的原创性，被告珊萨特构成侵权。那么被告是侵犯原告的复制权还是演绎权呢？本书认为，被告珊萨特的产品不仅与多兰作品的三维形象一样，而且二者的表现形式也相同，都是塑料载体，因此，被告珊萨特的产品是多兰作品的复制品，侵犯的是多兰的复制权。相反，假设该案中的圣诞老人形象仍受版权保护，没有进入公有领域，而多兰在未获原作者授权前提下擅自制作这样一个特殊的圣诞装饰，则虽然两部作品的圣诞老人形象相同，但是作品的载体却改变了，多兰的圣诞老人是三维的和塑料的，而原作是平面的，多兰的产品是原作的演绎作品。因此，多兰构成对原作者演绎权的侵犯。

二、作品本身的变化：侵权还是不侵权？

对作品本身的变化不易与原作的复制品相混淆，但易与原创作品相混淆的特点，使得此类作品与原作品的相似性比较成为演绎权侵权认定的关键：如果两作品构成实质性相似，则原作者演绎权被侵犯，如果两作品不构成实质性相似，则原作者演绎权未被侵犯。那么，如何判断两作品是否构成实质性相似呢？

（一）侵权与不侵权的区分

不仅对作品载体的改变会产生演绎作品，而且对作品本身的改变也会产生演绎作品。对作品本身的改变以改变原作品为目的，它一般又可分为两类：其一，只改变原作品内容，不改变原作品载体。如在对小说进行改编时，增加具有原创性的故事、人物和场景的描写，产生与原小说不同的新小说。其二，既改变原作品内容，又改变原作品载体。如在将漫画改编成电影时，将原漫画的部分内容改成自制的打斗画面、配乐及台词，产生与原漫画不同的新电影。对原作品本身的改变是一种常见的演绎作品类型，采用实质性相似测试法来解决该类演绎作品的侵权问题，正好与对作品载体变化的侵权认定相反，呈现以下两大特点：其一，侵权与否很难认定。在实质性相似测试法下，侵权与否的关键是两作品是否构成实质性相似。就作品载体的变化来说，这极易认定。因为对作品载体的变化只是改变了原作品的载体，并没有改变原作品本身，因此，通常情况下，两作品的实质性相似显而易见，后一作品明显使用了原作的受版权保护的表达，构成侵权。然而，要认定一部内容与形式都与原作品有很大出入的作品与原作品构成实质性相似，这非常困难。对作品内容的改变，可能使新作品已经完全脱离了原作品，两作品的相似只剩情节、主题的相似；也可能是原作品的原创性特点仍反映在新作品中，两作品的相似是大量的对话、片断的相似。那么，是否这两种相似都构成与原作品的实质性相似呢？或者说，这种对作品本身的变化产生的是原作的演绎作品，还是另一完全独立的原创作品？在版权法的保护范围极不明确的情况下，对这一问题的回答，存在很大变数，较难把握。其二，不发生复制权与演绎权的混淆。对作品载体的变化由于很像是原作的复制品，因此在认定侵权时，易被认为是侵犯原作者的复制权而非演绎权。而对作品本身的变化，由于已经改动原作品内容，形成与原作品并不相同的新作品，因此它明显具有原创性，不会被误认为是原作的复制品。一旦认定构成侵权，则明显侵犯的是原作者的演绎权，一般不会与复制权发生混淆。

（二）实质性相似的判断方法

为判断作者的演绎权是否受到侵犯，司法实践中发展出三种不同的认定实质性相似的具体方法：抽象测试法（abstractions test）、整体观念和感觉测试法（total concept and fee testl）和"外部—内部"测试法（extrinsic-intrinsic test）。

1. 抽象测试法

抽象测试法最先为法官汉德（Hand）在1930年的Nichols案中提出，后成为美国法院判断实质性相似的重要方法。根据该测试法，在比较两部作品是否存在实质性相似时，应先对作品进行抽象概括，找出不受版权保护的普遍性思想。如果两部作品的相似之处只是普遍性思想上的相似，则不属实质性相似，反之则可能是受版权保护的表达上的相似，属于实质性相似。

在 Nichols 案❶中，原告尼科尔斯（Nichols）是戏剧 *Abie's Irish Rose* 的作者，享有该作品的版权。戏剧主要讲述了一个居住在纽约的富有的犹太人家的生活。这个家庭的儿子秘密和一个信奉天主教的爱尔兰女孩结了婚，但事后被揭露。双方的父亲都出于对自己宗教的敬意，强烈反对他们的结合，想设法拆散他们的婚姻。一年后的圣诞节，当这对年轻夫妇在生下双胞胎后再次与这两个父亲见面时，两个父亲终于和好。被告 Universal Pictures Corporation 公开发行了一部名为 *The Cohens and The Kellys* 的电影。电影主要讲述了居住在纽约贫民区的两个家庭的故事，一家是爱尔兰人，一家是犹太人。两家的父母、小儿子及两家的狗都一直处于敌对状态。后来，犹太人家的女儿和爱尔兰人家的儿子相爱并秘密结婚。在犹太人得知他将得到一笔巨额遗产并搬离贫民区后，这一秘密被公开，犹太人和爱尔兰人大吵，并阻挠对方看望孩子，两家矛盾升级。最后，当犹太人得知自己的遗产有一半是属于爱尔兰人时，他冒雨走进爱尔兰人家说出真相，两家和解。原告认为被告的电影改编自自己的剧本，起诉被告侵权。

汉德法官在运用抽象测试法分析这两部作品的相似性时，指出："对于任何作品尤其是戏剧作品来说，随着越来越多的具体情节被剥离，就会产生出越来越具有普遍性的模式。抽象到最后，可能就是该戏剧是什么的最一般表述，有时可能就是它的名称。当这一抽象概括达到某一点时，版权保护消失。否则，剧作家就可能阻止他人使用他作品中的思想，版权保护从

---

❶ Nichols v. Universal Pictures Corporation. 45 F. 2d 119 (2d Cir. 1930).

来就只保护思想的表达而不延及思想。"就本案而言，汉德认为，两部作品只是故事背景相似，两个故事相同之处在于：都发生在犹太教家庭和爱尔兰天主教家庭之间、双方父亲都不满意孩子的婚姻、孙子的出生以及最后的和解。除此之外，两个故事是完全不同的。"如果说被告从原告作品中挪用太多，那也只能说他成功地证实了这是一个永远流行的主题。就算原告的戏剧是完全原创的，对于这一故事背景原告也不能垄断。尽管原告发现了这种思维脉络，他也不能据为己有。因此，这一主题只是他剧本的一般性概括，属于思想范畴，不受版权保护，被告的挪用合法。"

抽象测试法是一种微观比较法，它注重对比作品的各具体要素，强调实质性相似仅指作品表达要素的相似，主题、情节和背景等思想要素的相似不构成实质性相似。所以，本质上来看，抽象测试法就是要区分作品的思想和表达，防止版权法不恰当地保护原作品思想。只是，如何区分思想与表达，这并没有统一的标准。汉德法官自己也承认对于思想与表达的界限，从来没有人确立过，也没有人能够确立这一界限。因此，抽象测试法只是要求区分思想和表达，但却无法明确这二者的区分界。有鉴于此，抽象测试法的适用，仍不能完全排除对作品思想的保护。当然，尽管思想和表达的区分一直是版权法中的难题，但毫无疑问，进行这样的区分还是可行的和必要的，这也正是抽象测试法的意义所在。抽象测试法多适用于文字作品。一些逐字复制或仅是主题相似的作品，非常适合采用抽象测试法去判断。例如，当一部小说逐字复制了另一部小说的部分内容时，采用抽象测试法就很容易判断出两作品构成实质性相似，因为逐字复制显然是复制原作品的表达而非思想。或者，如 Nichols 案一样，一部戏剧和一部电影除故事背景相同之外，其他因素全部不同。这时采用抽象测试法，也很容易判断出这只是思想上的相似，不构成侵权。

2. 整体观念和感觉测试法

在 1970 年的 Roth 案中，第九巡回法院在判断两套贺卡的实质性相似时，采用了整体观念和感觉测试法。按照该方法，两作品是否构成实质性相似，这应从作品的整体观念和感觉去把握。在把作品当作一个整体来感受的前提下，如果一般观察者的反应是二者的整体观念和感觉相似，那么就属于实质性相似，即使两作品的各要素间存在很大不同，也是如此。

在 Roth 案❶中，原告 Roth 生产了 7 种贺卡，这些贺卡一般都由一些画面和文字组成。例如，一张贺卡的封面是某可爱小孩的图案，贺卡内部有 "I love you" 字样。另一张贺卡的封面则是一个哭泣男孩的图案，贺卡内部有 "You haven't even Left" 字样。被告 United 也从事贺卡业务。其生产的七种贺卡均由画面和文字构成，并看起来和原告的卡片相似。例如，在其中一张贺卡上，封面是一个独自哭泣的男人，内部则是 "You haven't even Left" 字样。原告起诉被告侵权。被告认为自己没有侵犯原告的版权，理由是被仿效的只是原告贺卡上的文字，这些文字作为普通的英文单词和短语，并不受版权保护。法院在对比了这两组贺卡后，认可贺卡中所使用的文字都处于公有领域，也认为单从某一种贺卡的对比来看，两组贺卡的设计形式确实有所不同。但是，法院进一步指出，侵权的检验标准是该作品是否会被普通公众认为来源于原作品。将贺卡

---

❶ Roth Greating Card v. United Card Company. 429 F. 2d 1106 (9 th Cir. 1970).

作为一个整体考虑，被告的贺卡和原告的贺卡在描绘的画面、表达的意境、使用的文字以及文本的编排方面是相似的。对于普通公众而言，二者的"整体观念和感觉"的相似显而易见，被告构成侵权。

为避免抽象测试法在区分思想与表达上的麻烦，整体观念和感觉测试法另辟蹊径，采用宏观比较法，将作品各构成要素看成一个整体，以普通公众的眼光去判断两作品的观念和感觉是否相似。该方法认为，只要涉案作品可以被普通观察者在去除了原作来源的前提下认出原作品，那么被告就构成侵权。较之抽象测试法，整体观念和感觉测试法多适用于思想与表达难区分的作品，如视觉艺术作品。因此，某种意义上来说，整体观念和感觉测试法弥补了抽象测试法的不足。但是，将作品当作一个整体去比较，这也有保护作品思想之嫌，不利于版权公共领域的发展。事实上，在 Roth 案中，被告的贺卡，既没有复制原告贺卡的主题，也没有复制原告贺卡的艺术表达，但却被根据"整体观念和感觉"认定侵权。也就是说，法院认为作品的意境和整体编排也受版权保护。❶ 而且，所谓的"整体观念和感觉"，只是观察者的一种主观感受或直觉，以之作为侵权的判断标准，有过于模糊之嫌，不利于法院判决的统一。如果侵权与否的判断标准只是一个外行观察者对原作的"任何可辨认的东西"的感觉，则这一标准几乎无用。因为作品不同，普通观察者也就不同。陪审团可以假设自己是小孩，去评价两个恐龙作品是否相似，但在更复杂的情况下就不行了。例如，

---

❶　Naomi Abe Voegtli, Rethinking Derivative Rights, 63 Brooklyn L. Rev. 1213 (1997).

一个 19 世纪的拉丁诗专家。这时要他们穿上这一专家的鞋子，就需要对他们进行作品的全部教育，这已经接近专家的证词，也是不允许的。❶

3. "外部—内部"测试法

"外部—内部"测试法发展自第九巡回法院的 Krofft 案。按照该方法，法院先将作品区分为思想和表达两部分，然后请专家分析两部作品的思想是否一样，这被称为外部测试。在对比了思想的相似性之后，法院接下来再确定两作品的表达是否实质性相似，这被称为内部测试。内部测试主要是看普通观察者能否认出原作的"整体观念和感觉"。

在 Krofft 案❷中，原告 Krofft 的 Pufnstuf 是一个非常流行的少儿电视节目，该节目有很多奇异的角色和幻境，如会说话的书、会移动的树等。被告 McDonald 制作一则广告，该广告在很多地方和原告的 Pufnstuf 相似。原告起诉被告侵权。在诉讼中，法院先进行了外部测试，看两作品的思想是否相同。由于 McDonald 承认借用了 Pufnstuf 中的"奇异角色和幻境"的思想，因此，两作品的思想相同，法院进入内部测试，调查表达的实质性相似，最后认为被告大量挪用了 Pufnstuf 的独创元素，两作品的"整体观念和感觉"一样，被告侵权。

"外部—内部"测试法既强调表达的实质性相似，又强调

---

❶ Swatee L. Mehta, Berkeley Technology Law Journal Annual Review of Law and Technology：I. Intellectual Property：A. Copyright：3. Derivative Works：a）Substantial Similarity Test：Tiffany Design, Inc. v. Reno-Tahoe Specialty, Inc., 15 Berkeley Tech. L. J. 49（2000）.

❷ Sid Marty & Krofft Television Productions v. McDonald's Corp. 562 F. 2d 1157（9 thCir. 1977）.

整体观念和感觉的实质性相似，可看作是抽象测试法和整体观念和感觉测试法的结合，相当于在一案件中同时适用这两种方法。所以，适用"外部—内部"测试法通常比较烦琐。法院在进行实质性相似比对时，既要看一个明显的表达特点是否被认出，又要看在一个观察者眼中是否可发现原作的影子。虽然如此，"外部—内部"测试法的意义还是不容忽视。就目前的司法实践来看，由于缺乏明确的、客观的衡量标准，实质性相似的判断非常混乱。大量的令人吃惊的侵权判决结果漂浮在判例法上，"不同的法院用不同的短语解释、表达同样的概念结构，又根据不同的本质和复杂性进行个案连接或分裂。"❶ 因此，简单地适用抽象测试法或整体观念和感觉测试法，都可能给演绎权的侵权认定带来很大的不确定性。只有采用"外部—内部"测试法，才能相对中和这两种方法的缺陷，在保护作品的原创性表达时也能更好地保护公共领域。

第二节　市场测试法

在实质性相似测试法之外，一些法院又发展出市场测试法来判断演绎权侵权。所谓市场测试法，是指在分析涉嫌侵权作品时，考察每部作品的市场，确定涉嫌侵权作品中所复制的同原告作品相似的地方是否足以使涉嫌侵权作品"替代"原告作品或者"篡夺"原告作品适当的市场地位，果如此，被告构成版权侵权；反之，如果两个作品可以作为"独立产品"竞争

---

❶ Natalie Heineman, Computer Software Derivative Works: The Calm before the Storm, 8 J. High Tech. L. 235 (2008).

（即两作品之间不存在市场替代关系），那么，就不存在侵权。❶ 按照市场测试法，演绎权是法律授予作者开发作品外围市场的权利。某一未获授权创作的作品，只要影响到原作品的演绎作品市场，直接与原作者创作的或授权创作的演绎作品相竞争，就侵犯原作者的演绎权。市场测试法与英美法系的"版权是财产权"的传统观念一脉相承，采用市场因素去评价原作者和演绎作者的权利和利益，既体现出对以往版权侵权认定中的市场替代理论的因袭，也凸显了新技术背景下保护原作者经济利益的需要。将市场测试法引入演绎权侵权分析，虽然一定程度上避免了区分作品思想与表达的麻烦。但是，在如何区分复制权与演绎权、侵权与不侵权方面，该测试法也遇到新的问题。

一、演绎作品市场的界定

以市场测试法来认定演绎权侵权，首先要界定演绎权保护的作品市场范围。根据作品利用方式的不同，一般可将作品市场划分为三大类：复制品市场、公共演出市场和演绎作品市场。在这三大市场中，只有对演绎作品市场的损害，才构成对作者演绎权的侵犯。

（一）演绎权保护的是作者的演绎作品市场

不同于实质性相似测试法，市场测试法以作者的演绎作品市场是否会受到损害为侵权认定标准，在进行演绎权侵权认定时，先要界定作者的演绎作品市场范围，并进一步确定该市场利益是否被损害。

---

❶ 卢海君：《版权客体论》，知识产权出版社 2011 年版，第 50 页。

所谓演绎作品市场，是指基于原作产生的演绎作品的发行、复制与表演市场。该市场虽然与作者的原作品市场相关，但并不等同于作者的原作品市场，它是独立于原作品市场之外的新兴市场。对作者来说，版权的最明显价值，就是赋予他们开发新市场的能力。翻译可以使作品被售往不同国家，电影电视的改编可以俘虏那些已经看过小说的人以及那些根本不想看小说的人。❶ 作者的演绎作品市场有多种表现形式，不同的演绎方式对应着不同的演绎作品市场。例如，就一部小说而言，作者的原作品市场是小说的出版、发行市场。如果将该小说改编成电影，则电影的发行、销售是作者的演绎作品市场。如果再将该小说改编成话剧，则话剧的上映与播放又是作者的另一演绎作品市场。

从演绎作品市场角度去把握演绎权，也意味着，不是任何损害作者市场利益的行为都可根据市场测试法认定为侵犯作者的演绎权。在作品的三大市场中，唯有损害作者演绎作品市场的行为，才是真正的侵犯作者演绎权的行为。复制品市场和公共演出市场，一个是原作品的发行与复制市场，一个是原作品的公开表演与公共播放市场，都属于作者的原作品市场范畴，与作者的演绎作品市场无关。因此，损害作者在这两大市场上的合法利益的行为，如影响到作者对原作品的复制与发行的盗版，或导致不特定的公众消费原作品而没有向作者支付报酬的擅自表演，虽然挤占原作品的市场份额，构成原作品的市场替代，但并不会妨碍作者对演绎作品

---

❶　Robert J. Morrison, Deriver's Licenses: An Argument for Establishing a Statutory License for Derivative Works, 6 Chi. -Kent J. Intell. Prop. 87 (2006).

市场的开发，不会损害作者在演绎作品市场上的合法利益，因此只构成侵犯作者的复制权或表演权，而没有侵犯作者的演绎权。例如，未经许可将一部电影中的人物和场景制作成一套画像，由于该套画像并不影响制片人对电影的发行，所以作者的原作品市场未被损害，画像的制作不侵犯制片人的复制权。但是，如果制片人之前已经制作了一套类似的画像，那么该画像就构成制片人画像的市场替代，影响到制片人画像的市场销售。作者的演绎作品市场被损害，画像制作者侵犯了制片人的演绎权。当然，对作者演绎作品市场的损害并不以现实损害为前提，即使制片人尚未制作或授权他人制作这样的画像，画像制作者仍然构成侵权。法院不能将演绎权扩大到那些根本不可能和演绎作品相竞争的作品，也不能将复制权扩大到那些根本不和原作品相竞争的作品。❶

（二）不损害原作品市场的行为仍可能侵犯演绎权

演绎权是作者自己创作或授权他人创作演绎作品的权利，演绎作品市场是原作品市场之外的市场。因此，损害作者原作品市场的行为肯定不侵犯作者的演绎权，但反过来，不损害作者原作品市场的行为却不一定不侵犯作者的演绎权。

---

❶ Michael Abramowicz, A Theory of Copyright's Derivative Right and Related Doctrines, 90 Minn. L. Rev. 317（2005）.

例如，在 Huntsman 案❶中，Huntsman、ClearFlicks 等几家销售电影过滤版本的公司，由于复制并散发了一些好莱坞电影的过滤版本给公众，被 Soderbergh 等 16 家电影制片公司起诉侵权。ClearFlicks 等在对电影过滤时，一般先要购买电影的复制件，如录像带或 DVD，然后再把它们拷入电脑硬盘，进行编辑，剪掉消费者可能感到反感的画面，或使该画面在屏幕上变得模糊以及降低脏话的音量等。在这些电影的过滤版本被制作出来后，ClearFlicks 等再复制这些过滤版本拿去出租或销售。它们的销售方式很多，有时是连同原电影版本一起销售给消费者，有时又是用原版本掩盖过滤版本，有时还根据顾客需要定制特殊的过滤版本。然而，无论采用哪一种方式，它们都非常小心地奉行一对一交换原则，只销售或出租与合法购买的电影复制件同样多的过滤版本。因此，当被提起诉讼时，Huntsman 等认为自己是一对一的交换，买多少原电影版本才卖多少过滤版本，并没有损害电影制片公司的经济利益，不构成侵权。

Huntsman 等的理由明显不成立。首先，一对一的交换未损害作者的原作品市场，不侵犯制片公司的复制权。作者的经济利益首先是通过原作品市场来实现的。保护作者对原作品的发行与复制，这是版权法授予作者复制权的目的。因此，如果 Clear Flicks 等在未获合法律授权情况下，将所购得的电影复制

---

❶ Huntsman v. Soderbergh，（D. Colo. filed Dec. 13, 2002）（No. 2—1662）. 在该案中，先是 Clear Flicks、Huntsman 等起诉美国导演协会被告，要求法院确认它们的生意没有违反版权法或商标法的规定，不侵犯 16 部电影的导演的知识产权。被告然后反诉 Huntsman，ClearFlicks 和其他类似公司，认为它们在电影的过滤版本上使用这些导演的名字违反了商标法。由于拥有版权的是制片公司，而非导演。因此，Huntsman 等然后又起诉制片公司，制片公司再反诉其侵权。

件复制多份与过滤版本一同销售，这将直接威胁到电影制片公司对电影的发行与销售，损害制片公司的原作品市场，构成对复制权的侵犯。但是，一对一的交换方式保证了 ClearFlicks 等只是销售自己合法购买的复制品，并未擅自复制原作品。因此，在本案中，制片公司的原作品市场未被损害，ClearFlicks 等不侵犯它们的复制权。其次，一对一的交换损害了作者的演绎作品市场，侵犯制片公司的演绎权。尽管作品的原作品市场和演绎作品市场存在一定关联，但演绎作品市场毕竟不等同于原作品市场。若一行为不损害到作者在原作品市场上的利益，并不代表它也不损害到作者在演绎作品市场上的利益。在本案中，ClearFlicks 等虽然未复制和发行原作品，但是复制并发行了原作品的演绎作品——电影的过滤版本。其所谓的一对一交换，虽然不会影响到制片公司的录像带或 DVD 的销售，但仍然损害了制片公司在演绎作品市场上的利益，影响了制片公司对该新兴市场的开发。因此，ClearFlicks 等侵犯电影制片公司的演绎权。一个人不能仅仅因为他买了这本书的上万册就可以出版这本小说的修改版本的数万册。如果这样，作者将不会在图书出版阶段就授权。他会等到该书的修改版本先上市再授权出版，以避免所谓的一对一交换的产生。❶

二、侵权与否的判断

在界定了演绎作品市场的范围之后，以市场测试法来判断

---

❶ Tyler T. Ochoa, Copyright, Derivative Works and Fixation: Is Galoob a Mirage, or does the Form （gen） of the Alleged Derivative Work Matter? 20 Santa Clara Computer & High Tech. L. J. 991 （2004）.

演绎权侵权，显得较为直观和简单。与实质性相似测试法中抽象的实质性相似相比，某一行为是否会损害到作者的演绎作品市场较易把握。例如，某一翻译作者只是翻译了原作品但并不出版发行，这明显不会损害作者的演绎作品市场，不侵犯作者的演绎权。但是，如果这一译作又被出版发行了，则翻译作者的创作是出于商业目的，其行为损害作者的演绎作品市场，侵犯作者的演绎权。当然，在市场测试法下，侵权与否的认定也并非如此简单，新的市场需求与私人性质的使用，常常使演绎权侵权认定复杂化。

（一）Midway 案：加速器侵权吗？

在 Midway 案❶中，原告 Midway 拥有一款名为 Galaxian 的电子游戏的版权。被告 Artic 公司制造了该款电子游戏的添加设备——加速器（speed-up cards），并销售给原告授权的游戏经销商使用。被告的这一加速器其实就是一种印刷线路板，它可永久性替代原告电子游戏机中的原装芯片，其主要功能是增加速率。当操作时，原告游戏的声音和图像将改变。加速器的这一功能使得这一游戏对玩家来说更刺激和更有挑战性，玩家通常都愿意为这一附加设备付钱给游戏商。由于游戏的加速版本通常会很快结束，所以被告的加速器为游戏经销商增加了不少收入。原告因此起诉经销商和被告公司侵权。

基于版权的经济激励功能，第七巡回法院认为，演绎权是版权法授予作者在一切有市场需求的演绎作品市场上的垄断权。由于对游戏软件加速版的需求增加了原游戏的新价值，开

---

❶　Midway Manufacturing, Co. v. Artic International, Inc. 704 F. 2d 1009（7th Cir. 1983）.

创出新的演绎作品市场，所以被告生产加速器的行为侵犯了原告的演绎权，为了证明这一结论，法院区分了加速的电子游戏机和加速的唱机。和被告的加速器一样，我们也可以生产一个加速的唱机，加快唱片在播放时的速度。但生产加速唱机的行为不侵权。因为新的加速了的歌曲虽也可看作是对原歌曲的重新演绎，但却不存在这样的一个加速唱机市场，人们对加速唱机几乎没有需求，作者也没有任何动机要去生产这一几乎无需求的产品。然而，从经销商把加速器植入原告游戏而获利的事实来看，被加速器加速过的游戏和原游戏有重要不同，消费者愿意为这种加速游戏付费。因此，原告有生产加速器，开发原游戏的加速版本的动力，因为存在一个有广大需求的加速游戏市场——原游戏的演绎作品市场。既然原游戏的加速版本有市场，那就应该保护原告在这一市场的利益。因此，法院最后认为，被告的加速器产生了一个和原游戏不同的有市场需求的加速版本，被告侵犯原告的演绎权。

Midway 案主要涉及的是生产某特定游戏的加速器是否侵犯原游戏制造商的演绎权问题。在数字技术日益发展的今天，这一问题也多次为法院所讨论。在 Galoob 案和 Mirco Star 案中，我们看到，法院从演绎作品的固定性要求出发，提出"有形而永久的形式"标准，认为由添加软件所产生的新视觉显示要构成侵权，必须以某种"有形而永久的形式"包含原作。不同于 Galoob 案和 Mirco Star 案，在本案中，法院没有探讨由加速器所产生的新视听显示是否以"有形而永久的形式"包含原游戏，基于演绎权的财产权性质，法院从演绎权是保护作者市场利益的理解出发，分析原告的演绎作品市场是否受到损害。法院认为，由于加速器可以取代原游戏的芯片，所以这一设备可以自己在机器中永久复制原游戏，这也是消费者愿意另外付费使用由这一加速器产生的新游戏版本的重要原因。❶ 既然原游戏的演绎作品市场——加速版本市场存在，那么允许被告制作加速器，就将损害原告开发自己游戏的加速版本市场的能力。从这一点来看，被告的加速器虽然只是加快了原游戏，并没有取代原游戏，但是它却构成对原游戏制作商生产的加速器的市场替代，损害了原游戏制作商的演绎作品市场。构成对原告 Midway 演绎权的侵犯。因此，在 Midway 案中，法院认定被告侵权的主要理由是：原告游戏的加速版本有广大的市场需求，而被告制作和销售的加速器正好满足了市场对这一加速版本的需求。Midway 案是法院运用市场测试法判断演绎权侵权的典型。从该案中，我们不难发现，法院对演绎权的解释集中体现在对作者演绎作品市场的保护方面，认为只有是损害作者演绎作品市场的行为，才侵犯作者的演绎权。而具体在界定作者的演绎作品市场时，法院又主要参考了市场需求标准，认为只要一部新的演绎作品有市场需求，那么原作者的这一演绎作品市

---

❶ 在 Midway 案中，法院的结论是新的视听展示的市场利益为游戏商获得。就这一点来看，Galoob 案与 Midway 案有很大不同。在 Galoob 案中，被控侵权者并非游戏商，而是消费者。消费者的这种对 Game Genie 的私人使用既不产生出固定的改编复制件，也不是为公开作品获利。"游戏妖怪"只是一种消费者用来暂时修改游戏画面的工具，它可在市场上合法获得，任何的修改都是为了消费者在家里的私人娱乐。这一过程从目的上，如果不从技术上，可以类比为是为了跳过我们不想看的部分，我们跳跃性地看书，加快阅读速度或磁带的快进或为相反目的的慢进。没有任何一种操作会永久性地修改原作，也不产生一个独立的作品，也不代替原作，也不剥夺原作的利润。而且，在 Galoob 案中，玩家也只能短暂感知由 Game Genie 所产生的新的视听显示。如果不和原告的操作系统和游戏相连，该新的视听显示将转瞬即逝。所以，Game Genie 没有复制原告游戏。这也正是消费者不愿意为 Game Genie 这一游戏的添加设备付费的主要原因。

场就存在，无论原作者实际上有无开发这一新市场的行为，这一新的演绎作品市场都应受到原作者演绎权的控制。当然，如果一部新的演绎作品根本没有任何市场需求，那么也就自然无必要保护原作者的这一演绎作品市场，他人可自由创作这样的演绎作品，不侵权原作者的演绎权。

（二）ClearPlay 案：过滤软件侵权吗？

在 ClearPlay 案❶中，为帮助家长监管孩子看电影，一些公司推出新的过滤电影的软件。ClearPlay，盐湖城的一家公司，是这一电影过滤业的主要推动者和卖方。为制作过滤软件，ClearPlay 公司的雇员首先要观看市场上销售的电影 DVD，记录下电影中脏话、裸体、血淋淋的暴力等部分的起止时间，然后将这些时间段形成文件，再在此基础上参考美国电影协会的电影级别，按照重、轻、无等分类制作导航指令，控制播放器跳过相关暴力、色情内容或使之消音。例如，如果在 DVD 上脏话内容出现的时间段是从 00：10：50：00 到 00：10：59：10，那么过滤软件将确定这阶段的 1/2 被消音。如果 DVD 上斩首的画面是从 00：36：40：00 到 00：36：48：00，那么过滤软件将确定其中的 1/3 被跳过。消费者只要购买 ClearPlay 的这一过滤软件并将其安装在电脑上，就可根据自己的需要，选择自己想要看的过滤版本欣赏。过滤软件就像远程控制，它决定电影画面最终在屏幕上的显示结果，但它并不创造原电影过滤版本的复制件，电影 DVD 的原版仍保持完整，未被改变。这种技术的新的替代形式是由 Trilogy Studios 开发的电影面具（Movie Mask），电影面具很像过滤软件，它有很多功能，既可

---

❶ Huntsman v. Soderbergh.（D. Colo. filed Dec. 13，2002）（No. 2 ~ 1662）.

以帮助人们去掉不想看到的电影内容，也可以帮助人们给原电影安装新的图案或声音。例如，对电影《泰坦尼克号》中女演员凯特的裸体，电影面具可以让她穿上紧身衣，覆盖她的裸体却不影响原来的场景。另外，Trilogy Studios 也允许顾客自己创造面具。与 ClearPlay 一样，电影面具也不会对电影的 DVD 原版带来任何物理改变，消费者只需要下载这一电影面具，然后从很多的菜单中选择对某一电影最想要的过滤方式，就可欣赏到自己想看到的电影版本。2002 年，美国迪士尼、米高梅等多家电影公司起诉 ClearPlay 等过滤软件的制作公司，认为其过滤软件所产生的电影过滤版本是演绎作品，ClearPlay 等侵犯了电影制片商的演绎权。

ClearPlay 案和 Midway 案有很大相似之处。在 Midway 案中，由加速器所产生的游戏加速版本满足了市场需要。而在 ClearPlay 案中，社会对电影的过滤版本也有很大需求，由 ClearPlay 等的过滤软件所产生的电影过滤版本深受消费者欢迎。因此，按照 Midway 案的市场测试法，电影的过滤版本市场肯定存在。那么，这一市场需求的存在，是否就意味着迪士尼等制片公司有权开发或授权他人开发这一演绎作品市场，ClearPlay 等损害制片公司的这一演绎作品市场，侵犯它们的演绎权呢？

对比 Midway 案中的加速器和 ClearPlay 案中的过滤软件可以看出，二者的性质并不一样。在 Midway 案中，被告的加速器只是产生原告游戏的加速版本，加速器本身复制和改变原游戏。而 ClearPlay 案中的过滤软件则可产生任一电影的过滤版本，过滤软件本身不以任何形式触及、改变 DVD。换言之，Midway 案中的加速器，不仅加快了原游戏的进度，而且产生了原游戏加速版本的复制件。从这个意义上来说，加速器已经远不是一种修改游戏软件的指导，而是一种对游戏软件的直接修改，由此所产生的加速版本无疑会影响到原作者制作的游戏加速版本的发行、销售，损害原游戏制作者在这一演绎作品市场上的利益。而 ClearPlay 案中的过滤软件，则只是我们欣赏电影的一种工具。过滤软件虽然过滤掉了原电影中的部分内容，但是它并不产生该过滤版本的复制件，不会实质性影响到原电影的过滤版本市场。这就好像是一副耳机，通过调节耳机的音量，我们可以跳过不想听的部分。但是，对耳机的这种操作只是暂时性使原电影消音，原电影本身并不发生变化，也不会产生出原电影的无声版本的复制件，且耳机市场与原电影的演绎作品市场——无声版本，是完全不同的市场，二者并不相互构成市场替代。

因此，采用市场测试法，我们依然可得出 ClearPlay 等过滤软件生产商不侵犯各大电影制片公司演绎权的结论。❶ 因为制

---

❶ ClearPlay 公司不以任何形式复制原作。相反，它只销售和正版电影相连的软件，自动指引 DVD 播放器跳过电影部分或在某些时刻使其无声（在回放时）。欣赏者看到的将是一个电影的过滤版本。就固定性要求来看，ClearPlay 更接近于 Micro Star 案而不是 Galoob 案。在 Galoob 案中，被改编的新视觉显示没有被固定下来，它只有在播放时才改变原游戏。而在 Micro Star 案，描述新视觉显示的 MAP 文件被固定在 CD - ROM 中。在 ClearPlay 案中，被编辑的视觉作品部分被固定在 DVD 中，部分被固定在 CD - ROM 中。如果一个人总是用这一软件播放同一电影，所看到的总是同样的过滤版本，这一现象只是暂时的。它就好像我们看电影按快进或慢进，这不构成侵权，因为没有复制或公开表演等行为。另一与过滤电影相关的问题是它们是否符合演绎作品的基本要求——新作至少包含原作的可版权因素。虽然很多电影过滤的制作要基于原电影的结构和顺序，如果 DVD 里没有电影，那么这些过滤软件将毫无用处。但是，这些过滤软件仍只是一系列的时间代码指令，缺乏对原作可版权因素的实际使用。过滤是针对具体电影的，因为每一设计都是根据特殊电影代码顺序设计。可能有人会说电影的时间顺序也是原作的受保护因素。但是，这一观点过分地扩张了版权的原创性要求。

片公司的演绎作品市场（电影的过滤版本市场）没被损害，制片方的电影过滤版本的销售并未受到影响。在这一点上，ClearPlay 非常像 1976 年的索尼案❶。在该案中，迪士尼和环球电影两大制片公司试图阻止录像（VCRs）技术的发展，它们起诉索尼公司，认为索尼公司生产的录像机引诱消费者非法录制它们制作的电影，构成侵权。然而，正如法院最后判决所显示的，索尼公司并不构成侵权。录像机只是一种复制电影作品的技术工具，录像机的生产与销售本身并不和电影的发行相竞争。真正影响电影市场的是使用录像机录制电影并销售的行为。因此，利用录像机擅自制作录像带的行为才构成侵权，生产和销售录像机并不侵权。事实上，录像机的生产不仅没有影响两大制片公司的电影录制市场，反而为他们开辟了这一市场。在该案判决后，家庭录像带市场，包括录像带的出售和出租，成了电影公司的主要利润来源。因此，如果当时法院判决索尼公司侵权的话，这两大制片公司反而无法从销售电影的录像带、DVD 中获利。与录像机的最初出现一样，过滤软件的产生也引起了制片公司的不满，他们要求停止过滤软件的开发。然而，如果法院认定过滤软件开发者构成侵权，那么这种技术就不能发展。版权法因此阻碍了新技术的多样化发展，既和版权法中的公益目的相冲突，最后也不利于版权人。把软件的生产者告上法庭，制片方是自己害自己。第一，他们会发现他们是在打一场永远赢不了的仗。美国的《数字千年版权法》（DMCA）不能适用于过滤软件已经说明法律是怎样跟不上技术发展。不可避免地，新技术总是走在法律前面，法律只能追

---

❶　Sony Corp. of Am. v. Universal City Studios, Inc. 464 U.S. 417 (1984).

随技术的发展而发展。第二，如果他们成功干预了此项技术的发展，他们将发现，其所阻止的技术正是未来可能对电影业大有前途的技术。正如索尼案，电影公司如果成功阻止这一过滤技术发展，则带来的将是电影业的萧条与未来版税的削减。❶过滤软件就好像是一本教我们怎么过滤电影的书，这本书的销售并不影响制片公司的电影过滤版本的销售。但是假如他人依据该书制作了一部电影的过滤版本并销售，这就构成原制片商过滤版本的市场替代。过滤软件只是帮助制片公司打开了一个新的演绎作品市场，并不会实际影响到制片公司电影过滤版的销售，不侵犯制片公司的演绎权。真正侵犯制片公司演绎权的，是他人使用过滤软件擅自制作电影过滤版本的行为。正如美国 2005 年《家庭娱乐与版权法案》第 202 条所规定的：为家庭私人娱乐目的屏蔽部分正在播放的正版电影的部分声音或图像的行为，以及制作或提供用于进行这种屏蔽软件或其他技术的行为，只要没有导致新的电影屏蔽版本的复制件的产生，就不构成版权侵权。因此，虽然在 ClearPlay 案中，ClearPlay 等未获授权制作的电影过滤版本，具有巨大的市场需求，但我们并不能就此得出制片公司在该演绎作品市场上的利益被损害，ClearPlay 等软件公司侵犯它们演绎权的结论。

　　新技术产生的开发新市场的能力是法律中演绎权扩张的主要因素：一个作品的特色部分可能在不同市场有潜在价值。在 Midway 案中，第七巡回法院通过采用市场测试法，将演绎作

---

❶ Emilio B. Nicolas, Why the Ninth Circuit Added Too Much to Subtract Add-on Software from the Scope of Derivative Works Under 17 *U. S. C.* § 106（2）：A Textual Argument, 2004 Syracuse Sci. & Tech. L. Rep. 4（2004）.

品市场引入演绎权侵权认定，强调如果一利用作品行为会影响到作者的市场利益，则要加强对作者的保护。由第七巡回法院所发展出来的市场测试法，可广泛适用于各类作品。在激励创作、促进科技进步方面，该方法具有重要意义。从演绎权的侵权认定标准来说，市场利益的考虑比实质性相似更好。因为实质性相似非常不确定。它难以让人们对作品的版权保护产生合理的预期，使人们不愿意创作出那些易为公众使用的公共作品。另外，这种不确定性也使得人们因害怕侵权而不敢使用现有作品，不能很好地保护计算机软件作品。❶ 当然，把作品当做商品可能会减少侵权分析的困难，但是它也有过分依赖于市场去评价作品有效性的危险。例如，法院在考虑对作品的版权保护时，可能就会直接去看该作品的市场需求，而不会去考虑该作品的原创性或固定性。

第三节　精神利益测试法

演绎权虽然是作者的一项财产权利，但却经常被当作欧洲精神权利的替代，起到保护作者精神利益的作用。某种意义上来说，禁止他人擅自改编作品与禁止他人歪曲、篡改作品具有相同的含义。侵犯作者的演绎权，也必然侵犯到作者的修改权或保护作品完整权。和修改权、保护作品完整权一样，演绎权也具有保护作者的人格和声誉的功能。演绎权的这种既保护作者财产利益，又保护作者精神利益的特点，使我们还可以从作

---

❶ Michael Wurzer, Infringement of the Exclusive Right to Prepare Derivative Works: Reducing Uncertainty, 73 Minn. L. Rev. 1521 (1989).

者精神利益是否受损的角度，考察作者的演绎权是否被侵犯。

一、演绎权与精神权利

（一）精神权利的产生

精神权利又称为个人权利或人身权利，它发源于著作权体系。按照该体系的观点，作品不仅是作者的智力劳动成果，而且是作者思想感情的反映。任何对艺术作品的物理修改或摧毁，都会贬损艺术家的个性，损害到艺术家的声誉。因此，著作权法不仅要保护作者的财产利益，还要保护作者的精神利益。关于精神权利的法律性质，一般有两种观点：其一，依附说。认为精神权利依附于一般人格权，是一般人格权下的子权利。其二，分立说。认为精神权利独立于一般人格权，强调精神权利与一般人格权的分离及不同。而就各国立法来看，多体现为分立说。❶

在区分财产利益和精神利益的基础上，著作权体系认为，保护作者的精神利益是第一位的，著作权法最重要的是要保护作者通过作品所体现出来的思想感情。保护作者的精神利益，授予作者精神权利，这被认为是基于以下需要：第一，是尊重作者劳动的需要。作者（author）与写者（writer）是有区别的。写者只是作品的记录者，作者才是作品的创作者，是富有理想、才情的人。作品是作者的心血与智慧的结晶。因此，不能允许他人破坏作者通过作品所表达出的思想感情，他人对作品的解读与理解，应忠于作者的本意。第二，是激励作者创作的需

---

❶ Peter Ganea Christopher Heath, Japanese Copyright Law, Kluwer Law International, 2005, p. 42.

要。很多作者之所以创作作品，完全是为了抒发自己的理想与抱负，表达内心情感的需要，并不是为了追求名利、获得市场利益。因此，假如法律只保护作者的财产利益而不保护作者的精神利益，允许他人随意篡改作品内容，则这些作者将没有精神动力去创作作品，他们的创作积极性会受到抑制。

为维护作品的纯正血统，保护作者与作品之间的人身关系，德、法、日等国的著作权法专门规定了作者的精神权利。例如，《德国著作权法》第 4 条规定：作者有权禁止对作品进行歪曲或者其他会损害到作者在其作品上所享有的精神利益与人格利益的行为。而《法国知识产权法典》第 L. 121 - 1 条也规定：作者对自己的姓名、作者身份及作品享有受尊重的权利。不同于著作权体系，版权体系对作者精神权利的保护较晚。直到 1956 年，英国才在版权法中增加规定了作者的精神权利。美国也是直到 1989 年加入《伯尔尼公约》，才开始关注对作者精神利益的保护。1990 年，美国颁布《视觉艺术作品保护法》(VARA)，授予视觉艺术作品作者署名权和保护作品完整权。相较于著作权体系对作者精神权利的重视，英美法系还是不太愿意接受精神权利。即便是在后来不得不承认作者精神权利的情况下，这些国家对作者精神权利的保护仍非常有限。例如，《英国版权法》就规定，作者的精神权利可以放弃，侵犯作者的保护作品完整权必须要造成对作者名誉或声望的损害等。而美国的《视觉艺术作品保护法》也严格限定精神权利只能为视觉艺术作品(美术作品)作者享有，且仅限于复制件在 200 以下的作品。

(二) 演绎权对作者精神利益的保护

演绎权是作者的一项财产权利，表面上看，这一权利和作者的精神权利并无瓜葛，二者一个保护作者的演绎作品市场，一个保护作者的精神利益，各司其职，泾渭分明。然而，作者的财产利益和精神利益并非决然对立，演绎权在保护作者财产利益的同时，也承担起一定的保护作者精神利益的功能。

例如，在 Gilliam 案❶中，原告英国的一群作者写了一部名为 *Monty Python* 的电视系列剧脚本，他们授权英国广播公司（BBC）用用该脚本拍摄电视系列剧。按照作家们和 BBC 的协议，BBC 可以把该电视系列剧授权其他海外广播公司播放，但任何对原脚本的修改都需取得原作者们的同意，作者们保留原剧本的所有版权，并禁止任何对电视系列剧的改动。这一没有改编的电视节目在美国的播放没有违反协议。1973 年，被告美国广播公司（ABC）从 BBC 处获得了在美国播放这一电视系列剧的权利。根据 ABC 和 BBC 的协议，ABC 可以改动这一电视系列剧，以植入广告。1975 年，ABC 播放了这一电视系列剧，但是为插播广告，删除了原电视系列剧的约 1/4 的内容（原来的电视系列剧是 90 分钟，ABC 剪掉了 24 分钟用来做商业广告，也去掉了一些暴力和色情内容）。*Monty Python* 作者们没能成功阻止 ABC 的这一行为。最后，当他们得知 ABC 播放了如此修改后的电视系列剧后，他们起诉到法院，认为自己从未授权他人改编电视系列剧的权利，ABC 构成侵权。

第二巡回法院认为，该案涉及的是一个原作者是否有权控制其演绎作品的使用问题。根据版权法的规定，对原作品的版权保护并不受演绎作品版权的影响，如果演绎作者授予第三方的许可超过了原作者授予演绎作者的许可范围，则第三方构成

---

❶ Gilliam v. American Broadcasting Companies, Inc. 192 USPQ1（2d Cir. 1976）.

侵权。在本案中，电视系列剧是对原告脚本的改编，属于演绎作品，BBC 对该电视系列剧享有独立的版权。然而，根据 BBC 与原作者的协议，BBC 无权许可他人修改电视系列剧。因此，ABC 从 BBC 处获得的修改电视系列剧的行为无法律依据，是越权行为，损害了原作者的版权。原作者具有控制演绎作品如何使用的能力，这一点对保护原作者的利益非常重要。被告的未经授权修改演绎作品的行为，构成对原告版权的侵犯。显然，在此案中，演绎权作为保护作品完整权的替代，起到了重要的保护作者精神利益的作用。通过保护原作者的演绎权，法院间接保护了原作者的精神权利，实现了禁止他人未经授权演绎原作品，保护作品完整性的目的。

　　虽然著作财产权和著作人身权各有分工，但实际上对作者经济利益和精神利益的保护并不总是相互冲突。对演绎权的保护就是这样。很多时候，他人擅自对作品的改动行为，具有双重的破坏性质，不仅给作者带来市场利益的损害，而且会造成作者精神上的痛苦。在这时候无论作者是主张修改权受到侵犯还是演绎权受到侵犯，其实都可以实现制止他人擅自演绎的目的，既保护自己的经济利益，也保护自己的精神利益。❶ 例如，假设甲作了一幅画，画的内容是一个坐在海滩边的女孩。乙画家在该画的基础上，画了一幅海边女孩的漫画版，两幅画中的女孩风格和特征一模一样，唯一不同之处是后者画中女孩的脸被完全丑化了。显然，在这一例子中，乙的行为不仅明显损害了甲画的漫画版本市场，而且故意篡改了原画的风貌，因此同

---

　　❶　有时，从损害赔偿方面来看，主张演绎权受到侵犯可能还更为有利，因为在一些国家侵犯他人的保护作品完整权是不需要进行赔偿的。

时侵犯了甲的修改权和演绎权。甲只需以自己演绎权受到侵犯为由就可要求乙停止侵权、赔偿损失，维护自己的经济利益和精神利益。

二、"精神利益是否被损害"的判断

由于演绎权可用来保护作者的精神利益，因此，对演绎权的侵权认定，也就可从作者的精神利益是否受到损害的角度来判断。即，如果作者的精神利益被损害，则作者的演绎权被侵犯；如果作者的精神利益未被损害，则作者的演绎权不一定被侵犯。以精神利益测试法认定演绎权侵权，体现出对作者精神利益的保护。然而，要求版权法去保护作者的精神利益，这也存在以下问题：第一，作品所反映的思想感情难以捉摸。作者通过作品所反映出的思想感情，是作者的主观内在，外人很难去揣摩，以这样一种模糊标准去认定侵权，容易引发作者滥用权利的现象，对公众利益不利。第二，读者的诞生。作品公开之后，他人对作品的认识，作者无法控制。读者只能根据自己的理解去阅读作品，要求读者一定要按作者的理解去认识作品，否则构成篡改，这其实是保护了作者的心情、偏好，违反了版权法的思想表达二分法原则。因此，从强调保护作者的精神利益来看，精神利益测试法显然比实质性相似测试法或市场利益测试法能更好地保护作者的利益。但是，从另一方面来看，这样一种纯主观的判断标准也容易损害到公共利益，而且在实践中也很难把握。所以，出于平衡版权法中私人利益和公共利益的考虑，"精神利益是否被损害"标准的适用应非常慎重。一方面，不能过分夸大该标准的适用，以避免出现妨碍公众自由使用作品的现象。另一方面，也不能刻意回避该标准的适用，以避免产生损害作者精神利益的后果。

　　具体而言，有限制地适用精神利益测试法，要求我们只能在无法通过作品完整权或修改权来保护作者声誉和作品完整的情况下，才可以采用精神利益测试法来认定演绎权侵权，以弥补修改权或保护作品完整权在保护作者精神利益方面的不足。例如，在英美版权法中，那些不享有精神权利的作者，就只能通过演绎权来保护他们的精神利益。所以，在判断这些作者的演绎权是否被侵犯时，就可采用精神利益测试法，看其人格、声望是否被损害。或者直接从作品的修改、增删、歪曲角度，看他们作品的完整性是否被损害。如破坏作品的内容、情节和主题思想的完整性，或未经许可而援用原作的故事创作后续作品，也可能触犯版权人保护其作品完整性的权利。又如作品内容的增减、附加、缩略等。❶ 由于精神利益与经济利益的不同，各国在加强保护作者精神权利的同时，也对精神权利作了一些限制。例如，在大陆法系国家和地区，精神权利就只能为自然人享有，法人、非法人组织不能享有精神权利。而在英美国家，版权法一般也只保护部分作者的精神权利，并不保护所有作者的精神权利。例如，在美国，虽然议会颁布了《保护视觉艺术作品法》，但电影制片公司等法人仍没有精神权利，因为电影不被认为是视觉艺术作品，电影的制作是基于商业目的，制片公司被视作商人而非艺术家，它们只能享有财产权利，而不能享有精神权利。那么，在判断法人、非法人组织的演绎权是否被侵犯时，可以采用精神利益测试法吗？本书认为，虽然版权体系和著作权体系都不保护电影作品、计算机软件等作品

---

　　❶ 孟祥娟：《版权侵权认定》，法律出版社 2001 年版，第 118 页。

版权人的精神权利，但是，这些特殊作者的精神利益也还是存在的。与篡改、歪曲自然人作品会导致该自然人声誉受影响一样，篡改、歪曲法人或非法人组织制作的作品，同样会贬低该法人或非法人组织的声誉。只是，由于版权法对他们精神权利的否定，他们无法通过修改权或保护作品完整权来保护自己的声誉。不同于修改权或保护作品完整权，演绎权属著作财产权性质，无论是自然人还是法人，均享有这一权利，有权自己演绎或授权他人演绎作品。因此，侵犯演绎权的行为，包含了在作品数字化过程中或在作品变换过程中的歪曲、篡改行为。实践中，尽管电影作品、计算机软件等作品的版权人无法享有修改权或保护作品完整权，但是通过演绎权或商标权，他们也同样可以维护自己的声誉及作品的完整性，保护自己的精神利益。就这一点而言，在认定法人或非法人组织的演绎权是否被侵犯时，可以适当采用精神利益测试法。

本章小结

演绎权的侵权认定，既涉及侵权与不侵权的区分，又涉及演绎权与复制权、精神权利的区分，较为复杂。司法实践中，实质性相似测试法是运用最为广泛的演绎权侵权认定方法。该方法以"两作品是否构成实质性相似"作为侵权认定标准，并衍生出抽象测试法、整体观念和感觉法及"外部—内部"测试法等多种方法。其中，抽象测试法主要适用于文字作品，整体观念和感觉法则主要适用于视觉艺术作品，而"外在—内在"测试法则是综合采用前两种方法的产物。随着新技术的发展，一些法院也开始尝试用新的市场测试法替代传统的实质性相似测试法，从"保护作者的演绎作品市场"角度，分析作者的演绎权是否被侵犯。相较于实质性相似测试法，市场测试法较易操作，有利于激励技术作品的创作。但是，在一种极端的运用下，该测试法也可能使法院忽略作品的原创性，直接从一个作品的市场能力出发去考虑对它的法律保护。另外，鉴于演绎权与精神权利的交叉及其在保护作者人格、声誉方面的功能，精神利益测试法这种判断作品是否被歪曲、篡改的方法，也可作为演绎权侵权认定的辅助方法。

从实现私人利益和公共利益平衡的版权法目的出发，对作者演绎权的保护，应以不损害公共利益为限。因此，在分析演绎权的侵权认定之后，还须进一步考察该权利与版权公有领域的关系，研究版权限制制度对演绎权的适用。

第五章　演绎权与公有领域

演绎权的存在，引起很多艺术家的不满。他们认为，演绎权几乎剥夺了他们的创作自由。例如，贾弗里·孔斯（Jeffrey Koons）就说，为了制作一个有版权画像的雕塑，他必须花很多的时间和精力去与原作者交涉，这使他几乎无心创作。而萨拉·查尔斯·沃思（Sara Charles Worth），一个翻刻有版权照片的人，则抱怨说，几乎她创作收益的 1/5 被用来支付版权许可费，如果这样的授权费用再高下去，她将无力承担，只能放弃创作。不可否认，演绎权确实可能妨碍表达自由，抑制文化创新。演绎作品是在原作品基础上创作出来的新作品，它与原作的关系就像是同一棵树上开出的两朵不同的花，两作品虽然有血缘关系，但却各有自己的特点与原创性。因此，如果一切演绎作品都要获得原作者授权才能创作的话，则不仅演绎作品的创作将受控于原作者，而且版权的保护范围也会越来越模糊，这既不利于鼓励演绎作品的创作，也可能抑制原创作品的创作。演绎权对创作活动的这一不利影响，使我们有必要从版权公有领域视角，对演绎权作进一步研究。

第一节　演绎权与表达自由

授予作者演绎权，首先易与公民的表达自由权相冲突。民主社会中，每个人都有抒发自己情感、发表评论观点以及进行思想交流的需要。但是，演绎权却只关注对作者表达自由权的保护，忽略了对他人表达自由权的尊重。通过禁止公众擅自改编作品，演绎权加大了作者对作品的控制。任何违反作者旨意的修改、评论作品行为，都可能面临侵权之诉。

一、版权保护与表达自由

版权保护与表达自由，一个保护作者对作品的有限垄断，一个保护公民的言论、出版和信仰自由，二者虽属不同领域，却相互影响、相互制约。

（一）表达自由的含义

"人生而自由。"与生命权、平等权和财产权一样，自由权也是我们每个人享有的不可转让、不可剥夺的天赋权利。作为自由权的一种重要表现形式，表达自由（free expression），又称言论自由（Freedom of Speech），指的是在不损害他人正当或合法利益的前提下，任何人都可以不受妨碍地利用各种方式、媒介，表明自己的意见、感受，传递任何信息。❶ 表达自由是公民的基本人权，是现代民主的一个不可或缺的概念。在这一概念下，公民的表达自己思想和见解的要求被充分肯定。无论是政府，还是个人或团体，都不能凭借其自身力量强迫他人接受自己的观念、意见，或者限制他人接触和评论公共事务。表达自由有多重含义。首先，从表达自由的性质来看，表达自由权是公民的一项政治权利。表达自由是民主制度建设的关键。

❶ 宋慧献："版权保护与表达自由：冲突与协调"，载 http://www.china-lawedu.com/news/21604/5900/65/2008/3/li00941537488 2380021505 - 0.htm，2012年1月8日访问。

为对抗政府的思想控制政策，公民的自我表达需求最先以政治权利形式出现。在各国，表达自由都被作为人权的最重要内容之一由宪法加以规定。典型的如1791年美国宪法第一修正案的规定："国会不得制定有关下列事项的法律：确立一种宗教或禁止信教自由；剥夺言论自由或出版自由；或剥夺人民和平集会及向政府要求申冤的权利。"而在国际公约中，《世界人权宣言》和《公民权利和政治权利国际公约》也均将表达自由权列为首要的公民权，在《公民权利和政治权利国际公约》第19条，表达自由权被具体解释为：人人有自由发表意见的权利；此项权利包括寻求、接受和传递各种消息和思想的自由，而不论国界，也不论口头的、书写的、印刷的、采取艺术形式的或通过他所选择的任何其他媒介。其次，从表达自由的内涵来看，表达自由权是现代社会中容忍精神的体现。容忍，是现代社会存在与发展的基本价值理念。在一个多元化社会中，每一公民都有按照自己的意愿陈述观点或进行创作的自由。他们不会因为自己不同的想法或叛逆的著作而受到政府的打压或他人的干涉。某种意义上来说，一个错误的表达，或者是不受欢迎的言辞，它也是有价值的，应该为社会所包容、接纳。这不仅是鼓励文艺创作、促进文化繁荣的需要，也是提高科技水平、促进经济发展的需要。因此，表达自由不仅是公民的一项对抗政府出版审查的权利，也是公民其他权利产生的摇篮，是其他各项权利存在的不可缺少的前提。❶ 任何我们的专有权利，如所有权、版权及专利权等，都以尊重他人的财产、思想、人身为前提，是表达自由中容忍精神的体现。

---

❶　Palko v. Connecticut, 302 U. S. 319. 327（1937）.

（二）版权保护与表达自由的关系

版权保护与表达自由，就像是一枚硬币的正反两面，二者既相互依存，又相互对立。首先，从表达自由的狭义含义——限制政府对思想的政治审查来看，版权保护不是触犯了表达自由，而是保护了表达自由。不可否认，在版权制度诞生之初，也就是出版商特许权时期，版权确实是统治者控制言论著述、实施出版审查的重要工具。通过授予出版商特许权，政府使有利于自己统治的言论得到出版，那些煽动叛乱的言论以及异端学说等则被禁止出版。因此，出版商特许权时期的版权制度，是政府公权力干预新闻出版的反映，它以思想控制为目的，剥夺了公众的表达自由权。但是，随着各国版权法的颁布，版权性质发生了根本变化，从以前政府享有的公权转变为作者享有的私权。是否发表自己的言论，发表什么样的言论，成为作者的专有权利，政府再不能决定将什么样的作品带给读者。通过肯定作者对作品的这种专有权利，版权法保护了作者的表达自由，保障了作者的自由发表意见、感受的权利，版权的政治审查功能消失，版权成为表达自由的引擎。其次，从表达自由的广义含义——容忍不受欢迎的言论角度来看，版权保护不是扩张了表达自由，而是限制了表达自由。在版权已经丧失了政治审查功能之后，以私权形式存在的版权又使作者成为作品的主宰者，加强了作者对作品的控制。相对于政府对作品的控制，作者对作品的这种私人性质的控制也同样会对他人的言论自由构成威胁。在版权法对作者的保护下，公众不敢开发作者的作品，不敢使用和作品相同或类似的话语或其他表达。由于害怕遭到作者起诉，他们不得不小心翼翼地避开作者的专有权范围，尽量不发表与作品有关的言论或者干脆不评论。

二、演绎权与表达自由的冲突

某种意义上，演绎作品也可被看作是原作品的观后感或读后感。借助演绎作品这种特殊表达形式，演绎作者抒发出自己对原作品的感想、看法，赋予原作品新的意义。因此，换个角度看演绎权，我们会发现，它限制了人们对原作品的评论，加剧了版权保护与表达自由的对立。

（一）演绎权限制了人们对原作品的评论

一定意义上，"演绎作品"这个术语是多余的。从它们使用已经存在的东西来看，所有作品都可以被认为是演绎的。不用字母或词汇，我们便不可能写作。没有颜色和表格，我们便不能绘画。少了音符和节拍，我们便不能谱曲。甚至在我们的手和眼睛所及之处，雕刻家可能就已经利用了树的纹理，作曲家就已经利用了小溪的潺潺声。当然，对常见事物的挪用通常不会构成法律意义上的演绎作品。❶ 正如我们会对身边的花、猫、狗及其他熟悉事物抒发喜爱或讨厌之情一样，对于身边的很多版权作品，如电影、电视、书、录像、歌曲等，我们也经常会去评论它们，与他人交流看法，或者将它们包含进自己的创作活动中。例如，在看完一部小说之后，续写该小说的结尾，将自己关于小说的感想、知识、发现或情绪融入该演绎作品创作中并表达出来。版权作品经常在一个爱好者群体中被分享、被改编。"爱好者常认为商业出版物是粗劣作品，没有感情、奉献。一些认真的爱好者会创作出他们认为更好的该作品

---

❶ Michael Abramowicz, A Theory of Copyright's Derivative Right and Related Doctrines, 90 Minn. L. Rev. 317（2005）.

的演绎版本，结果是他们补充了而不是取代了原作品。"❶ 因此，允许观众或读者通过演绎作品的创作来表达自己的心情或感觉，是表达自由权的应有之义，作者对读者的这种思想表达的自由必须容忍。无论如何，作者都比其他人更了解作品的观点并不准确。而且，作者死后，仅他的继承人有权改编作品的做法也不合适，他们可能还不比粉丝们改编得更好。所以，允许他人自由创作关于哈利·波特的小说，这确实实现了一个原作者罗琳并不愿意看到也不能实现的公共目的，从中我们受益。而罗琳对这些必须忍受，因为要忍受言论自由和文化的多元化。❷ 然而，演绎权的产生，一定程度上剥夺了读者或观众的这种表达自由。按照演绎权的规定，只有原作者可以创作演绎作品，他人要想改编原作品，必须先获得原作者的授权，并支付相应的报酬。如果原作者不授权或要求很高的费用（想要获得授权一方无力承担），则人们不得擅自发表演绎作品，否则构成侵权。演绎权的这一规定，虽然有利于激励原作者创作，但却限制了人们评论原作品的自由。

以 Suntrust 案❸ 为例。在该案中，原告太阳信托银行（Suntrust Bank）是著名小说《飘》（*Gone with the Wind*）的版权人。被告米夫林集团（Houghton Mifflin）出版了黑人女

❶ Elisa Vitanza, I Intellectual Property：A. Copyright：2. Derivative Works：a) Popular culture derivatives：Castle Rock Entertainment, Inc. v. Carol Publishing Group, Inc, 14 Berkeley Tech. L. J. 43（1999）.

❷ Dennis S. Karjala, The Investiture of Professor Dennis S. Karjala as the Jack E. Brown Professor of Law：Harry Potter, Tanya Grotter, and the Copyright Derivative Work, 38 Ariz. St. L. J. 17（2006）.

❸ Suntrust Bank v. Houghton Mifflin Co. 268 F. 3d（11th Cir, 2001）.

作家艾丽斯·兰道尔写的《风已飘去》（*The Wind Does Gone*），一本日记体小说。小说《飘》是美国著名女作家玛格丽特·米歇尔创作的一部具有浪漫主义色彩、反映南北战争题材的小说。该小说以一个种植园为故事场景，描绘了内战前后美国南方人的生活。作品刻画了那个时代的许多南方人形象，如既充满叛逆，又艰苦创业、自强不息的女主人公郝思嘉，玩世不恭、桀骜不驯的男主人公白瑞德以及温柔善良、乐于助人的韩媚兰，爱要面子、儒雅软弱的卫希礼等等。被告出版的《风已飘去》大量借用原著《飘》中的人物、场景、对话及故事情节，讲述了《飘》中一个不存在的人物——女主人公郝思嘉同父异母的姐妹辛娜拉的成长故事。其中，在涉及原著中的人物、事件和地点时，该书也都作了新的转换处理。特别是《飘》中的几个主要人物，如郝思嘉、白瑞德、韩媚兰等，不仅被改了新的名字，而且其形象、性格、命运等也都被完全颠覆。例如，原著中的完美女人韩媚兰被描写为一个杀人凶手，而原著中的卫希礼绅士则被描写为一个同性恋，最后因为与情人的关系被发现而被韩媚兰鞭打致死。相反，原著中的傻里傻气的普莉西女奴则摇身一变成为聪明能干的"普莉斯小姐"。

原告认为被告出版的《风已飘去》大量抄袭和模仿了其版权作品《飘》，向亚特兰大地区法院起诉被告侵权。被告辩称，虽然作者拥有对作品、人物、续集的专有权利，但是根据宪法第一修正案的关于公民表达自由权的规定，公民享有言论、出版和信仰的自由。因此，一部作品，即使是已成名作品，公众也可以对其进行批评或嘲讽。戏仿作品是人们表达自己思想的重要方式。《风已飘去》正是这样一部戏仿作品，它是采取另一形式从另一与原作品不同的思维角度来认识当时美国的黑奴制度，批评、驳斥《飘》的美化种族主义的立场观点，让人们对那时的社会历史有新的了解。《风已飘去》只是以一个黑奴的角度来重述《飘》的一些情节，这无论是从政治还是道义上来看，都是无可非议的。亚特兰大地区法院否定了被告的这一诉求，判决原告胜诉，被告侵犯演绎权，停止出版《风已飘去》。被告向美国第十一巡回法院上诉。在二审过程中，法院认为，《风已飘去》大量复制了《飘》的具有独创性的表达，且其创作具有明显的商业性。因此，允许该书的出版，非常可能损害到原告米歇尔家族的创作《飘》续集的商业利益。然而，尽管如此，版权法也不可以被用来限制他人的有意义的言论，这是不公正的、不民主的。通过采用一种夸大和荒诞的手法，《风已飘去》以一个奴隶的眼光去看待美国的南北战争和黑奴制，批判了黑奴制，打破了《飘》的美化当年种族关系的文化神话，有利于读者了解真正的历史。法院最后认为，宪法第一修正案中的公民言论自由权优先于作者的演绎权受到法律保护，被告胜诉，不构成侵权。

Suntrust 案集中反映了演绎权与表达自由权的冲突。首先，根据演绎权的规定，原告作为《飘》的版权人，享有演绎权。被告未获原告授权，擅自出版大量使用《飘》中原创性要素的《风已飘去》一书，并主要面向《飘》的读者销售，损害了原告的市场利益，是侵犯原告演绎权的行为。其次，根据表达自由权的规定，没有谁能够决定历史应该如何被想象，没有谁能真正说明对于一个奴隶来说，奴隶制度到底意味着什么。作为一个公民，作家兰道尔有言论自由权，有权借用米歇尔小说中的人物和背景来讽刺和戏谑《飘》及其中对黑奴制度的错误描写。第一修正案保护的是"想象的自由",它包括"创造性地和交流性地探索未知世界,这是对艺术保护的解释,人们不能因为他的宗教信仰和政治言论被关押",所有值得的言论都应该被发表。❶ 透过 Suntrust 案,我们可以看出,仅从保护作者经济利益出发就授予作者演绎权,这将可能对公众的言论自由权构成严重威胁。正如人们在批评一审法院判决时所指出的,禁止兰道尔将《飘》中的人物改成同性恋,或颠覆他们的性格、命运,可能会产生一个类似出版审查的"间接审查力量",这是版权法绝不应提倡的。它违反了宪法第一修正案,在这样的版权保护名义下,事实上只能是一部分小说可以出版。❷ 一审法院的判决,也使人们认识到,除非我们都不希望看到《风已飘去》这样的作品出版,愿意看到作者利用版权控制言论,否则,我们就应承认,在演绎权与表达自由权相冲突的情况下,作者的演绎权须让位于公众的表达自由权,言论自由应被优先考虑。演绎权使控制舆论的力量越来越集中,公众对于原作品没有话语权。所以,如果未获授权的改编行为被允许,则公众将更多地参与到作品的创作活动中,而不是越来越疏远这一领域。❸ 版权法渊源于宪法,演绎权对作者经济因素的考虑至少应和宪法考虑相一致。出于此认识,第十一巡回法院推翻了一审法院的判决,认为在第一修正案的表达自由权的

---

❶ Kathryn Judge, Rethinking Copyright Misuse, 57 Stan. L. Rev. 901 (2004).

❷ Edmund W. Kitch, Comment on Dennis S. Karjala, Harry Potter, Tanya Grotter, and the Copyright Derivate Work, 38 Ariz, St. L. J. 41 (2006).

❸ Dennis S. Karjala, The Investiture of Professor Dennis S. Karjala as the Jack E. Brown Professor of Law: Harry Potter, Tanya Grotter, and the Copyright Derivative Work, 38 Ariz. St. L. J. 17 (2006).

保护下，这种所谓侵权是允许的，它保证了作品的多元化传播，增进了公共福利。允许被告出版《风已飘去》，这其实对原告也是公平的，因为原告也同样可自己从黑奴角度来重述这一故事。从演绎权违反第一修正案的角度，第十一巡回法院最后否定了作者对演绎作品的控制，强调了允许他人自由创作演绎作品的重要意义。

（二）演绎权加剧了版权保护与表达自由的对立

演绎权使版权保护和表达自由的对立加剧。在演绎权出现之前，作者虽然可以控制作品，禁止他人擅自使用作品，但相对来说，在合理使用和思想表达二分法的保护下，版权法还是为公众的自由表达留下了较大的发挥空间。作者并不能独占作品的思想或主题，也无法禁止他人对作品的注释或评论。思想表达二分法保护了公众的言论自由，只要是没有用别人的表达，他人都可自由想象，或者通过合理使用批评原作。例如，某人在看了一部小说后，将书中自己认为写得不好的段落全部挑选出来，并附上评注一起出版。这在当时是完全合法的，不存在侵犯作者版权问题。然而，在作者被授予演绎权后，作品的思想与表达越来越难区分，合理使用范围也在不断缩小。那些对作品的改编、注释或整理，虽然与盗版行为有本质区别，也都被纳入作者的垄断权范围。发表作品的节选版本、注释版本或其他版本，无论是否有利于作者，只要未获授权，就构成侵权。演绎权的出现，使作者成为版权作品的独裁者。他拥有强大的控制作品能力，不仅可以阻止他人使用其作品的原创性表达，而且可以阻止他人进一步评价其作品。例如，随着数字技术的发展，评价流行电影或电视的网站正在激增。尽管其中很多网站的创设完全是出于爱好者交流目的，并不具有营利性质，法院还是经常认为，这种网站中对原电影的使用不构成合理使用。

以 Twin Peaks 案❶为例，在该案中，被告出版了一本名为 *welcome to Twin Peaks* 的书，主要介绍原告的流行电视节目 Twin Peaks。该书共由 7 部分组成，详细介绍这一电视节目的相关情况，如这一节目的流行性、人物和演员、8 个主要情节及其评论、节目的创始人戴维·林奇（David Lynch）、出品人马克·弗罗斯特（Mark Frost），节目的拍摄地点及音乐等。原告以被告擅自使用其有版权的作品为由，将被告告上法庭。诉讼中，被告认为，*Welcome to Twin Peaks* 只是介绍、评论了 Twin Peaks，属于对原告作品的合理使用，自己并不构成侵权。第二巡回法院拒绝了被告的这一合理使用抗辩。法院认为，被告对原告节目主要情节的报道已远远超过了评论或批评的使用要求。Twin Peaks 是一部虚构作品，该电视节目的受欢迎程度不会使这一节目的全部内容变成可以报道、分析的事实。而且，被告使用的正是原告电视节目的实质性部分。虽然被告说这一使用对原告电视节目的发行有利，增加了原告的经济收益，但被告书籍的出版还是损害了原告在这一市场上的合法利益。法院最后判决被告侵犯了原告的版权。

与 Suntrust 案一样，Twin Peaks 案也反映出演绎权与表达自由权的冲突。在该案中，被告大量使用了原告电视节目的受版权保护部分，创作了一本介绍原告节目的指南书。由于未获原告授权，被起诉侵权。不同于第十一巡回法院对 Suntrust 案的判决，在本案中，第二巡回法院优先保护了作者的

---

❶ Twin Peaks Prods. , Inc. v. Publ'ns Int'l, Ltd. 996 F. 2d 1366（2d Cir. 1993）.

演绎权，否定了被告的表达自由权。通过拒绝合理使用之辩，判决被告侵权，法院实际上限缩了版权法的合理使用范围，只保护了那些不损害作者市场利益的言论。对于那些可能会损害作者市场利益的评论作品行为，法院认为这不在法律保护范围之内，是侵权行为。因此，虽然被告的 *Welcome to Twin Peaks* 只是一本关于什么是什么，谁是谁的指南性书籍，法院还是不允许它对原告 Twin Peaks 节目的擅自改编，尽管这种改编只是反映被告对该电视节目的一般认识与评价。从 Twin Peaks 案的判决中，我们可以看出，演绎权的存在，加剧了版权保护与表达自由的对立。在作者没被授予演绎权之前，版权法还是作品的一个较好的饲养人、管理者。通过打击盗版，版权法既激励了作者创作，又鼓励了他人对作品的节选、注释或改编，一定程度上实现了保护作者利益与保护言论自由的双赢。而在作者被授予演绎权之后，版权法开始变为一个狡猾的监视者，它不允许观众或读者以创作演绎作品的方式表达对作品的看法或观点，剥夺了公众运用思想表达二分法或合理使用自由批评、评论作品的自由。电视作品的版权人将他们的虚构世界和人物每周送到我们家庭并要求我们包围它，使它们变成我们生活的不可分离的部分。然而，版权体系对观众将怎么处理这些虚拟世界做了非常武断的限制。流行文化演绎提供了一个创造活动的繁荣，版权法应该欢迎这些创新。如果法院继续将传统侵权和合理使用分析应用于流行文化的演绎作品，一个创造表达将会在没有被合理考虑的情况下就被关闭，演绎艺术家将不会为他

们的表达找到出路。❶

第二节　演绎权与工具主义说

不同于德、法等国的颇具浪漫主义色彩的著作权自然权利说，英、美等国对版权制度的理解较为务实与功利。在它们看来，版权不过是国家促进文化和科技进步的一种工具，它并非作者天赋的、不可剥夺与限制的权利，版权法的终极目的应是最大限度地维护公共利益。按照英美法系对版权法的这一工具主义说，则版权法应鼓励公众接触和使用作品，而不是以演绎权去限制公众对作品的接触、使用。

一、工具主义说

工具主义说（instrumentalism），又称功利主义说。该学说认为，版权法是通过保护作者对作品的独占来激励他们创作和公开创作的作品，这样的一种交换，其目的是为维护公众利益而非精英利益。

（一）工具主义说的内涵

在对作品的认识上，工具主义说与自然权利说出现分歧。根据自然权利说，作品来源于作者，是作者的智力劳动成果。因此，它是作者的私人财产，作者对它享有专有权，这是他们与生俱来的自然权利。从这一点出发，自然权利说认为著作权

---

❶ Elisa Vitanza，I Intellectual Property：A. Copyright：2. Derivative Works：a) Popular culture derivatives：Castle Rock Entertainment，Inc. v. Carol Publishing Group，Inc，14 Berkeley Tech. L. J. 43 （1999）.

法的立法目的就是要保护作者的私人利益。与自然权利说不同，工具主义说认为，作品虽然是作者的智力成果，但在作者将它公开之后，它就已经不再是作者的独有之物了，而成为一种公共产品，任何人都可以接触它，以它作为自己创作活动的原始素材。从这一观点出发，工具主义说继续认为，每一部作品都是大众文化的重要组成部分，过度的版权保护只会阻碍文化的创新。首先，作品虽然来源于作者，但严格意义上而言，作品并不完全是作者原创的。在科学、文学和艺术领域，绝对意义上的完全的、新的原创是没有的。这些领域的每一部作品，都是挪用，也必须挪用很多众所周知或已经存在的东西。事实上，在过去，作者就一直被认为仅是工匠（手艺人）或神圣之灵的速记员，他们只是简单地抄写已经存在的东西。因此，所有的作品都不属于作者，它可以被他人自由使用或再使用。当然，今天我们已经推翻了对作者的这一认识，强调作者是作品的创作者而非抄袭者。但即便如此，一个最新的关于创新性写作的研究报告仍然显示：完全的独创作品几乎不可能。在美国，大量的专业背景下创作的作品都是合成的。被称为"creative"（创新的）的很多作品也同样是 collaborative（合作的），虽然它常被称为是单独版权。❶ 作品的生产具有连续性，任何作品都是作者借鉴前人成果的产物，都或多或少地包含了某些不属于作者原创的东西。那种认为作品全部来源于作者，作品是作者的私人财产的观点并不准确。作品是一种公共财产，应该为公众合理开发、使用。其次，作品是一种知识产

---

❶　Naomi Abe Voegtli, Rethinking Derivative Rights, 63 Brooklyn L. Rev. 1213 (1997).

品，具有非排他性和非消耗性。允许他人接触、挪用作品，有利于作品价值的最大化。与一般的有形物不同，作品是一种无形的信息、知识，它不仅可为多人一起使用，而且在丰富别人的同时，也不会给作者带来损失。他人对作品的使用并不会影响作者对该作品的使用，也不会导致该作品变少或消灭。我可以读报纸获取信息，但我并没有剥夺别人这样做的机会，而要是我开走别人的凯迪拉克，情形就不一样了。❶ 事实上，知识不仅可以共享，而且当其他人在使用和我们一样的知识时，该知识对于每个使用者来说，其价值都将增加。这特别体现在一些可交流产品上，如软件、文化产品等。❷ 因此，从促进知识传播的角度，版权法应打破作者对作品的绝对控制，使对社会有用的思想、知识能为公众所接触、利用。只有让越来越多的人了解、使用作品，作品的最大价值才能真正体现出来。一味地限制他人对作品的接触与利用，既损害了公共利益，也于作者无利。

与自然权利说强调保护作者的私人利益相反，工具主义说特别强调版权法在保护公共利益方面的重要性。当然，工具主义说并不是要否定版权法对作者的保护。在处理私人利益和公共利益关系时，工具主义说首先肯定了私人利益与公共利益的一致性，它认为保护作者的私人利益是实现公共目的的必要手段。只有授予作者对作品的垄断权利，才能最大限度地激励作者创作，促进文化产品的丰富。如果作者都不愿意创作，那么

---

❶ ［澳］彼得·达沃豪斯、约翰·布雷斯韦特著，刘雪涛译：《信息封建主义》，知识产权出版社 2005 年版，第 29 页。

❷ Lucie Guibault P. Bernt Hugenholtz, The Future of the Public Domain—Identifying the Commons in Information Law, Kluwer Law International, 2006, p.39.

公众就没有作品可以欣赏。就这一点而言，工具主义说并不排斥对作者私人利益的保护，它只是认为保护作者的私人利益应当与保护公共利益一致。在肯定私人利益与公共利益一致性的基础上，工具主义说特别关注了私人利益与公共利益的冲突问题。按照工具主义说，公共利益与私人利益也经常是版权法中的一组相互矛盾的概念。作者的利益常常与公众的利益发生冲突。例如，授予作者复制权就限制了公众复制作品的自由，允许公众复制作品又将损害作者的市场利益。很多时候，版权法对任何一方利益的保护都必须以牺牲另一方利益为代价。那么，在这二者相互冲突的情况下，版权法应如何取舍呢？工具主义说认为，对作者利益的保护既然是公共政策的产物，那就不允许这一保护损害到公共利益。当版权保护只是有利于作者而于公众没有任何益处时，则这一保护也就变得没有任何意义。无论如何，对作者私人利益的保护应以有利于公益目的的实现为前提，版权制度的发展不能以牺牲公共利益为代价。如果出现私人利益和公共利益相冲突的情况，版权法应优先保护公共利益，限制作者的私人权利。

（二）工具主义说的影响

工具主义说对版权体系的影响最大。首先，工具主义说推动了英美国家版权法的产生与发展，早期版权法处处被打上了工具主义说的烙印。版权法的诞生源于盗版现象的兴起。一直到1709年《安娜法》颁布之前，作者都不享有现代意义上的版权，不能禁止他人对作品的复制或修改。即使是在财产所有权概念产生之后，他们也只能享有对作品载体——原稿的所有权，无法主张自己对作品的专有权。所以，常常在原稿被转让后，他们就只有眼睁睁看着自己的作品被出版、修改，成为别人的财产。然而，这样的一种局面随着印刷技术的流行而发生历史性转变。当盗版现象的横行严重威胁到作者及其出版商的利益时，英美国家迅速颁布版权法，授予作者及其出版商对作品的复制权，保护他们的出版利益。例如，《安娜法》就详细说明了对首次出版作品的保护，但却没有提及任何对未出版的作者原稿的保护。《安娜法》对未出版原稿的忽略，反映出立法旨在保护图书贸易的事实：之所以不保护作者的未发表原稿，主要是因为它们和出版商利益无关。❶ 因此，从一开始，版权法对作者的保护，就体现出浓厚的工具主义说色彩，它不是建立在"作品来源于作者，作品是作者创作的"认识基础之上，而是建立在"打击盗版，促进图书贸易"的认识基础之上。版权法之所以要保护作者的复制权，允许他们控制作品复制件的商业销售，其目的是为了回报他们对文化产业所做出的贡献。这也是为什么在盗版现象产生之前，尽管也存在很多剽窃、抄袭作品现象，但是作者却无法得到版权法保护的重要原因。事实上，只有在盗版现象出现并威胁到出版产业这个新兴行业的发展与繁荣时，英美国家才开始从发展国家经济的角度，授予作者对作品的垄断权利，以激励作者创作，促进出版业的繁荣。早期版权法中的这一工具主义说倾向，也广泛体现于各国版权法关于版权保护期限、合理使用、法定许可、权利穷竭等限制作者版权的规定中。一直到现在，美国宪法还是坚持这一工具主义说，认为包括版权法、专利法等在内的知识产

---

❶ Ronan Deazley, On the Origin of the Right to Copy—Charting the Movement of Copyright Law in Eighteenth-Century Britain（1695～1775），Oxford and Portland Oregon, 2004, p. 73.

权法的立法目的就是"通过授予作者和发明者对自己作品及发明的一定期限的垄断权，以促进科学和艺术的进步"。其次，伴随着版权制度的逐渐扩张，工具主义说对版权体系的影响趋于减弱，英美国家的版权法越来越开始体现出自然权利说倾向。虽然工具主义说一直是英美国家对版权保护的基本态度，但由于私人利益和公共利益很难截然分开，而且公共利益本身也是一个非常模糊的概念，因此，相对于版权法对作者私人利益的保护，工具主义说所强调的对公共利益的保护总是特别容易被忽视。在经济利益的驱动下，代表作者一方的相关利益集团总是竭力推动议会强化版权保护。而与之相反，公众一般对公共利益的保护并不敏感，议会中也很少有代表公众利益的议员。所以，虽然议会在宪法中明确阐述了版权法的保护公共利益目标，也从来没有在版权法中明确表示采用自然权利说，并且议会也一直说要限制版权，保护公共利益，但事实上议会只听到了要求扩大、增强和永远保护版权的声音，而这也正是我们版权法的发展趋势。从保护主义者的势力来看，自然权利说看起来非常适合，因为这会带来对版权的无限保护。❶ 版权法的不断扩张，使我们忘记了有些人需要读书，需要音乐。当议会越来越倾向于保护作者的私人利益时，版权法的公共目的逐渐被置于私人目的之后，工具主义说在版权体系中的作用大为减弱，自然权利说对版权体系的影响日益增强。

二、演绎权与工具主义说的冲突

按照版权法的工具主义说，保护公共利益应是版权法中的

---

❶　Dennis S. Karjala, Judicial Review of Copyright Term Extension Legislation, 36 Loy. L. A. L. Rev. 199（2002）.

一项长期政策。版权法的立法目的是激励作者创作出更多的作品，以供公众使用并从中受益。然而，演绎权的存在，却限制了公众对作品的接触与使用，否定了挪用在艺术创作活动中的价值。因此，在抑制创作及损害公共利益方面，演绎权和工具主义说存在冲突。

（一）挪用在创作活动中的意义

在文学艺术领域，挪用与创作，并非是简单的相互对立关系。在很多时候，我们会发现，挪用可谓是创作活动中的重要组成部分。不仅人们经常需要从阅读、欣赏他人作品中获得灵感，找到创作的素材；而且就是直接挪用他人作品中的精华部分或全部内容，这也是作品创作中的普遍现象。很多大文豪，如 T. S. 埃利奥特（T. S. Eliot）、D. M. 托马斯（D. M. Thomas），就以从不同资源中拿走原创性表达而出名。而很多的艺术家，也故意通过复制已有作品（根本不做任何修改）来表达他们的创新，如谢丽·莱文（Sherrie Levine），就故意翻拍已有照片挑战作品的原创性。约翰·凯奇（John Cage），也故意在自己的音乐作品中混入他人作品的音乐元素。无处不在的挪用，正应了诺思罗普·弗赖伊（Northrop Frye）的话："诗只能出自于其他诗中，小说亦出自于其他小说。"❶ 挪用并不等同于抄袭，不等同于作品无原创性。在历史上，挪用是创造活动中不可缺少的部分。即使是让一个极富创造性的人在一个完全封闭的环境下创造一部完全原创性的作品，这也只是天方夜谭。以 Edward Young 的话来说，"原创的太少了，如果所有的

---

❶ ［美］兰德斯·波斯纳著，金海军译：《知识产权法的经济结构》，北京大学出版社 2005 年版，第 76 页。

书都被烧光了，这种文字世界将像是一个首都着火了，（极个别的完全原创作品），就像是城市中的那些不燃烧建筑——一个堡垒、一座寺庙、一座塔——在庄严而忧伤中举起他们的头来，而剩下被烧毁的，（全是挪用作品）"。❶ 事实上，通过挪用他人作品而产生的新作品，其原创性或艺术价值也丝毫不逊于那些完全原创作品。在文学领域，很多著名作品，包括 T. S. Elivl 的 *The Westland*（《荒原》）、艾兹拉·庞德（Ezra Pound）的 *The Cantos*（《诗章》）和詹姆斯·乔伊斯（James Joyce）的 *Ulysses*（《尤利西斯》）就几乎都是在已有作品基础上创作出来的。而杰弗里·乔叟（Geoffrey Chaucer），英国中世纪著名的"英国诗歌之父"，其《悼公爵夫人》，就主要是翻译并仿效法国诗人的作品。而有"人类最伟大的戏剧天才"之称的威廉·莎士比亚（William Shakespeare），其戏剧也大都取材于旧有剧本、小说、编年史或民间传说，只是在改写中注入了自己的新思想，给旧题材赋予更新颖、丰富、深刻的内容。在艺术领域，挪用所产生的艺术价值就更为明显。例如，安迪·沃霍尔（Andy Warhol），这个 20 世纪艺术界最有名的人物之一，就偏爱重复和复制。他的创作宗旨就是要用无数的复制品来取代原作的地位。对于他来说，没有"原作"可言，他的作品全是复制品。安迪·沃霍尔的成名作——1962 年展出的汤罐和布利洛肥皂盒"雕塑"，就是模仿坎贝尔（Campbell）的汤罐和布里洛（Brillo）的盒子而成。而另一位被誉为"现代艺术的守护神"的著名艺术家马塞尔·杜尚（Marcel

---

❶ Naomi Abe Voegtli, Rethinking Derivative Rights, 63 Brooklyn L. Rev. 1213 (1997).

Duchamp)，只是通过用铅笔给达·芬奇笔下的《蒙娜丽莎》加上了式样不同的小胡子，就改变了人们对西方现代艺术的看法，《带胡须的蒙娜丽莎》成了西方绘画史上的名作。

（二）演绎权抑制了创作

挪用虽然是文学艺术领域内的普遍行为，并得到公众认可。但是，在版权法看来，这仍然是剽窃行为，侵犯了作者的演绎权。演绎权对挪用行为的否定，抑制了文艺创作，不利于现代艺术和后现代艺术的发展。

1. 演绎权对挪用价值的否定

在挪用问题上，法律与公众的态度形成鲜明的对比。在公众看来，挪用是艺术，特别是后现代艺术表达的核心要素，是文艺创作的重要组成部分。直接包含现有作品已反映在现代和后现代小说家、艺术家和音乐家的很多重要作品中。在原来的肖像上面创作，或者重铸他人已经做好的雕像（几乎不做任何改变），这都是文学艺术领域内再普遍不过的现象。然而，在版权法看来，"从有文明开始，不能偷就是警告。"挪用他人作品创作新作品，虽然也反映挪用者的创造性且被广泛运用，但挪用仍然是偷窃，是法律所不能容忍的行为，应予以禁止。版权法只鼓励对作品的创作，而不鼓励对作品的挪用。

按照版权法的思想表达二分法，作品中的思想，如题材、主题或风格等，是不受版权保护的部分，他人可自由使用。而作品中的原创性表达，如对话、人物、描述等，则是受到版权保护的部分，他人不得任意挪用，除非该作品已进入公有领域或获得原作者授权。尽管法律不鼓励对作品的挪用，但是，一直在演绎权出现之前，为创作新作品目的而进行的挪用，还是相对自由的。早期版权法较为注重私人利益和公共利益的平衡。也特别注重探寻翻译、改编或节选的本质和一个新作品对于社会的意义，并不禁止在原作品基础上的二次创作。人们可以自由挪用他人作品，并不受作者控制。版权法真正开始禁止对作品的挪用，始于演绎权的出现。通过授予作者演绎权，版权法将挪用置于创作的对立面，加大了对挪用行为的控制，法院也经常将挪用艺术活动等同于剽窃。不仅那些大量的挪用作品原创性表达的行为被视为侵权，而且一些即使只是对作品表达的极少量挪用，也被视为侵权。例如，当只是一种艺术风格的挪用时，或者当一首 Rap 歌曲只是挪用了一首老的流行歌曲前奏中的某一非常短的打击节拍时，法院都会毫不犹豫地判决侵权。挪用艺术的日益流行使公众认可这一行为，但法律却认为它们侵权。

随着被认定侵权的案件逐渐增多，公众开始对法律不满，认为它不符合现实，阻碍了创作自由。当政府说我们不能使用迪士尼、福克斯等版权人的部分作品时，它限制了我们的创新交流和艺术。它告诉我们，不能从流行歌曲挪用，正如之前该流行歌曲从民歌中挪用那样；不能从电视剧挪用，正如之前该电视剧从戏剧中挪用那样。如果有些东西已经演变为我们文化的本质艺术，则我们应该可以提取它并改写它。❶ 而后现代艺术家莱文（Levine）也指出，"这个世界是令人窒息的，人们已经在任何一块石头上都做了记号，每一个作品，每一个想象都被出租和抵押。我们知道，除了空间的不同，每一幅画都不

---

❶　Erin E. Gallagher, On the Fair Use between Derivative Works and Allegedly Infringing Creations: A Proposal for a Middle Ground, 80 Notre Dame L. Rev. 759 (2005).

是原创的，都是混合的和冲突的。"❶ 法律与公众对挪用行为的这一认识分歧，不可避免地会损害到公众利益，阻碍文化创新。法官霍姆斯就警告道，"这将是一种非常危险的举措，让那些只学过法律的人来最后判断艺术世界。不考虑这种狭隘性和最明显的限制。一个极端是，一些有天才的作品将肯定不被欣赏。它们的新颖性将使它们被排斥，直到公众已经了解了这些作者所使用的新语言，这可能不仅是怀疑性的。例如，不论是戈雅（Goya）的蚀刻版画还是马奈（Manet）的油画，当它们被首次看到时，也不确定能否得到版权保护。另一方面，那些吸引（艺术品位不如法官）的公众的作品将被否定版权保护。法官会认为这些作品有商业价值却没有艺术价值，这将损害公众利益。事实上，公众的口味不能被蔑视。无论我们希望怎样改变，这样的作品有它们的价值，被告不考虑原告的版权就复制它们以及它们在商业上的成功足以显示这一价值。"❷ 威廉·费希尔（William Fisher）教授也认为，法律如果不能和大众的观点保持一致，将动摇我们猜测法律能力的信心，使我们要不在进行创新活动前学习法律，要不不从事这一创新活动。但法律是难学的，即使已经懂得了其字面含义，将它运用到具体案子中还需要了解很多的法院先例，这些先例有时甚至是相互冲突的。最后，很多人不得不放弃了创新，以避免卷入侵权。演绎权是站在作者这一边，但公众不会屈服，除非法律不断修改，达到他们的期望。当前的版权系统阻碍了那些挪用

---

❶ Naomi Abe Voegtli, Rethinking Derivative Rights, 63 Brooklyn L. Rev. 1213 (1997).

❷ Bleistein v. Donaldson Lithographing Co. 188 U. S. 239 (1903).

的艺术活动，这使得法院成了对艺术百般刁难的组织。❶

　　2. 演绎权阻碍了二次创作

　　虽然受到版权法的禁止，但挪用在作品创作活动中的意义不容忽视。法官斯托里认为："文学、科学、艺术领域内的每一本书，挪用或必须挪用很多大家之前知道或已经使用的东西。没有人可以为自己创造一种新的语言，至少如果他是一个聪明的人在写书。如果一本书，只要它不包含全新的原创性成分，就不能获得版权保护，那么在现代社会，就没有版权法存在的基础了。我们必须被强迫爬得很高。而可能只有在古代的遗物中，我们才能寻找到这样一个可以获得版权保护的完全意义上的原创作品。维吉尔（Virgil）、荷马（Homer）、培根（Bacon）都挪用了很多之前的和现在的想法，Coke穷其一生都在探索其专业领域的知识。即使是弥尔顿（Milton），我们认为最优秀的原创者，也被发现使用了很多现有的东西。"❷很大程度上，艺术家们对他人作品的挪用，其目的并不在于剽窃、占有他人创作成果，而在于改进原作品或创作新作品，即进行二次创作。因此，挪用的哲学依据在于，所有的艺术品在某种程度上都是演绎作品，都来源于作者的生活经历和周边环境。挪用既然是人们进行创作活动的一种必要方式，那么，从鼓励二次作品创作及促进文化繁荣的角度，版权法应为这一行为保留一定的自由空间，避免创作活动中可能产生的不必要摩擦。然而，演绎权的存在，却使得作者可以控制他人对作品的

---

　　❶ Naomi Abe Voegtli, Rethinking Derivative Rights, 63 Brooklyn L. Rev. 1213 (1997).

　　❷ Ibid.

挪用。没有作者的许可，任何人不得擅自挪用作者作品进行二次创作，无论这一创作会对原作品进行多大程度的改进或对社会产生多大的价值。著作权在表达性作品的市场上造成了它自身的扭曲。因为不鼓励复制，它也就不鼓励那种在历史上非常重要的艺术创作形式，即采纳已有作品并改进之。❶

　　例如，在 Rogers 案❷中，原告，一个摄影家，控告被告，一个商业上非常成功的雕刻家，侵犯他的摄影作品"puppies"。"puppies"是原告在 1980 年拍的一幅照片，照片中一对夫妻各自抱着四只黑白花色的德国牧羊犬。通过销售、展览和许可他人使用这一照片，原告获得了一定收入。被告在看过这一照片后，决定把"puppies"做成雕像，并邮寄了一张"puppies"的照片复制件给制作工匠，要求工匠制作四个和该照片一模一样的雕像。雕像最后制作出来了，是一对夫妻头顶雏菊坐在长凳上，抱着蓝色的长鼻子大狗。被告将雕像取名为"string of puppies"，并以 36.7 万美元价格卖了其中三个雕像，第四个放在索那班画廊展览。原告发现被告的行为之后，将被告起诉到法院。审理过程中，被告提出，其雕像只是模仿了原告照片的艺术风格，两作品明显不同。法院拒绝了被告的这一合理使用之辩，认为任何时候作品一旦销售，它就不会被合理使用保护，如果考虑艺术风格，则合理使用的适用将变得非常棘手。同样，法院也拒绝被告的这一挪用构成滑稽模仿。法院最后认为被告雕像损害了罗杰斯（Rogers）的销售自己照片复

---

❶　[美] 兰德斯·波斯纳著，金海军译：《知识产权法的经济结构》，北京大学出版社 2005 年版，第 73 页。

❷　Rogers v. Koons Rogers. 960 F. 2d 301（2d Cir.），cert. denied, 506 U. S. 934（1992）.

制品的能力及制作演绎作品的能力，判决被告构成侵权。

在 Rogers 案中，我们看到，被告的雕像虽然是对原告照片的挪用，但与原作品相比，它仍然是一个被用于不同市场的新作品，具有原创性，其商业价值和艺术价值都远远超过原照片。然而，由于法院的这一判决，原告获得了对其作品进行二次创作的专有权利。只要他不授权，则任何人对该照片做任何改进，包括被告将其制作成雕像，都将被阻止。而事实上，原告本身并未提供这一照片的雕像版本，没有满足公众对照片的改进需求。因此，法院虽然保护了原告的商业利益，但是却牺牲了公共利益，阻碍了对原告作品的再创作。其实，立于工具主义说角度，对原告的这一保护并非必要。首先，虽然法院认为由被告雕像所产生的巨额经济利益，是原告照片的附加价值，应归原告享有。但是，版权法并不是要最大化原作者利益。原告的照片本身也是大众文化的一部分，可以为所有人拥有，并为文化事业的发展做出贡献。如果给予原告演绎权保护，则相当于剥夺了其他艺术家以创作活动反映真实生活的权利，因为原告照片也是现代生活的重要组成部分。所以，从长远来看，授予作者演绎权，这并不一定不利于创作的革新与繁荣。其次，原告之所以提起诉讼，可能主要是担心自己的经济利益会被损害。然而，版权法只是要保护作者的合法的商业利益，并不是说来自于作品的一切收益都应归作者所有。事实上，挪用并不和原作品的正常利用相冲突。尽管被告的雕像作品已经被制作出来，但是该雕像的销售并不影响原告对照片的使用。通过销售、展览和许可他人使用这一照片，原告已经获得了足够的经济补偿。而法院再判决被告将销售雕像的全部收入给原告，这其实已经使原告的商业利益溢出来了，是对原告的过度保护。而如果否定原告的演绎权，则虽然原告会损失一小部分财产利益，但其实他也已经从照片的使用中获得很多。因此，并不会打击原告的创作积极性。

既然允许挪用不会损害原作者的商业利益，而否定它则有损公共利益、抑制二次创作，则版权法应鼓励公众自由挪用、改编。例如，很多年轻人对古典艺术不熟悉，他们只了解流行文化。如果允许他人以滑稽方式或其他形式去改编那些古典艺术作品，则年轻人将可以接触、了解到更多的古典艺术作品。不少人认为应当放宽对版权人的限制，允许诸如罗琳等作家基于其作品阻止他人创作演绎作品。但事实上，他们自己也是他人作品的读者或爱好者。我们经常讨论公共利益，但却吝于让听者、读者使用我们的作品。我们过于相信版权法的激励作者和发行者的作用，以至于认为只要有很多的版权就可实现科学和艺术的进步，而忽视了听者和读者在版权体系的核心地位，合理使用也不能很好地保护公众利益。特别是，当技术作品作者还享有演绎权时，版权法尤其需要努力平衡权利人可以控制的使用和不能控制的使用。因为技术进步要求发明人把现有技术当作垫脚石。关于技术内容的版权必须非常小心地平衡鼓励发明人创新产出的需要和新技术的利用需要。任何对技术作品的保护必须将这种对创新进步的潜在阻碍考虑进去。❶ 而且，随着数字技术的发展，版权作品越来越容易被当做原始素材。通过剪切、粘贴、修改、传播等，网络已经充满了使用原作品到自己表达活动中的个人。如果我们禁止挪用活动，则个人电

---

❶ Michael Wurzer, Infringement of the Exclusive Right to Prepare Derivative Works: Reducing Uncertainty, 73 Minn. L. Rev. 1521 (1989).

脑、扫描仪、网络都将被降低使用，这不仅导致资源浪费，而且不利于科技进步。因此，从工具主义说角度，否定作者的演绎权，允许公众自由进行二次创作，既有利于节约创作成本，最大化作品价值，又有利于增进公众对作品的接触与使用，促进科技和文化进步。

第三节　演绎权与其他理论

作品是作者的智力创作成果，从保护作者财产利益、精神利益方面，经济激励说、自然权利说为授予作者演绎权提供了正当性。然而，从另一方面来看，演绎作品也凝聚了演绎作者的心血与智慧，一味地保护原作者的演绎权将不可避免地会打压演绎作者的创作积极性，损害他们的财产利益、精神利益，不利于演绎作品的及早公开。因此，从经济激励说、自然权利说本身来看，演绎权也与公共利益相冲突，抑制了原作者和演绎作者的创作。

一、经济激励说

按照经济激励说，授予作者演绎权的目的是要保护作者的演绎作品市场，以激励作者创作。演绎权确实可能对作品的创作数量有一定的激励作用，但更可能的是，即使没有演绎权，大量的作品，尤其是大量的可能被改编的作品，仍会被创作出来。演绎权同样可以通过抑制演绎作品创作从而减少新作品的

数量。❶

　　首先，演绎权只是激励了部分流行作品的创作。理论上来说，将作者的市场范围从原作品市场扩大到演绎作品市场，这确实有利于调动作者创作的积极性，因为它可以使作者从作品上获得更多的经济利益。然而，实践中，由于一些作品总是会比另外一些作品更能获得演绎利益，所以演绎权的这种激励作用到底有多大，仍很难确定。作品存在于文学、艺术、科学等各领域。相对于文学、艺术作品而言，科学领域内的作品，如科技书籍、纪录片等，由于消费群体较为特定，消费者没有使用这类作品的演绎作品的需求，因此，演绎权对于这些作者来说，几乎不存在任何激励，因为一个巨大的演绎作品市场根本不存在。而即使是就文学作品和艺术作品而言，也并非所有的作品都有演绎收入。例如，一部成功的以年轻人为消费群体的动画电影将在很多方面产生演绎收益——书、玩具、电子游戏、音乐和电视等。而一部主要以老年人为消费群体的戏曲电影却不容易打开任何演绎作品市场。同样地，对于那些存在演绎作品市场的作品，其演绎作品市场的大小也是完全不同的。话剧、古典音乐、民族舞蹈等作品，其演绎作品市场就非常有限。相反，那些大众化的电影、电视、小说等，则存在巨大的演绎作品市场。所以，演绎权主要是用来激励那些流行的、优秀的或者说主要是以娱乐性为主的作品的作者创作，对于多数的普通作品来说，演绎权的激励作用并不明显。当演绎权只是极少数流行作品的作者扩大自己市场利益的工具时，多数作品

---

❶　Michael Abramowicz, A Theory of Copyright's Derivative Right and Related Doctrines, 90 Minn. L. Rev. 317（2005）.

的作者不仅无法利用这一权利，甚至反过来还要受制于这一权利的约束。为追求演绎作品市场的利益，很多作者将放弃或停止科普作品或古典文艺的创作，集中资源和精力创作流行作品。于是，大量的投资被用于可能有巨大演绎收入的作品（如有很多观众的电影作品）。正如伦尼（Lunney）教授所指出，演绎权鼓励了表达性作品的过度开发，牺牲了对社会有更大价值的非表达性作品的开发。在一个竞争市场，那些投资表达作品的可以获得丰厚回报，这会导致一种分配的非效率，使得很多应投资于非表达作品的现在转投向表达作品。[1] 因此，与演绎权鼓励了作品的创作相反，在破坏文化的多样性、打击非主流作品的创作方面，演绎权恰恰抑制了创作，它只是对优秀作品的一种特殊保护。

　　其次，即使没有演绎权，他人创作的演绎作品也不会损害流行作品作者的演绎作品市场。允许他人在原作品基础上自由创作演绎作品，将会损害到原作者演绎作品市场的观点，很大程度上只是一种假设。由于原作者掌握第一手的创作资源、经验、投入，且在原作品得到认可的同时，原作者的声誉也逐渐提高。因此，原作者的演绎作品总是处于先发优势，版权人有足够的领先时间创作演绎作品，他在创作原作品时就可同时创作演绎作品。而且，对于很多作品来说，他人创作的演绎作品并不能取代原作者的演绎作品。没有演绎权的保护，版权人同样可以从演绎作品市场获利，因为他人创作的演绎作品并不能与其相竞争，不会损害到他们的演绎作品市场。消费者总是更

---

[1] Naomi Abe Voegtli, Rethinking Derivative Rights, 63 Brooklyn L. Rev. 1213 (1997).

期待原作者的演绎作品，认为他们可以提供更好的演绎版本。人们经常抱怨，非作者授权制作的演绎作品是山寨版，质量差，贬低了原作品的艺术性。所以，即使允许公众自由改编作品，也不会打击原作者的创作积极性，他们的利益需求还是会被满足。一方面，如果原作者已经开发演绎作品市场，则由于消费者仍然愿意购买原作者的演绎作品，所以原作者的市场利益并未受到损害。而且，允许他人自由创作演绎作品，还可以使原作者"搭便车"，借助于他人对演绎作品的宣传或投资，拉动自己的原作品及演绎作品的市场销售。另一方面，如果原作者没有开发演绎作品市场，那么公众更应被允许自由创作演绎作品，以满足社会对演绎作品的需要。在作者没有开发、改进原作品意图的前提下，阻止他人创作原作的演绎版本，将使公众丧失接触原作改进版本的机会。如果社会不能从一个作品的改进中获益，仅仅是因为原作者不想扩大其专有权到一个已经存在的市场，那么，版权法的公共目的便不能实现。当然，开发演绎作品市场是有风险的（高成本、低收益），尤其是在这种演绎作品市场前景未明时，就需要先调查、分析。很多时候，也并不是原作者意识不到这种演绎改进的市场需求，而只是因为怕冒险，担心投资收不回来，所以他们迟迟不敢开发演绎作品市场。但是，如果是这样，那为何其他愿意承担这一风险的人要被惩罚呢？其实，通过允许他人自由创作演绎作品，原作者不仅可以避免市场调查的沉没成本，依据他人演绎作品的行情判断是否需要进入该市场；而且可以提供更好的且成本更低的演绎作品和他人的演绎作品相竞争。因此，允许他人自由创作演绎作品，并不必然会减少原作者的演绎收入。如果原作者不想进入演绎作品市场，则他们不能阻止他人进入该市场，否则会阻碍市场信息的多样化。

二、自然权利说

即使从自然权利说中的劳动财产权说、个性说和浪漫作者权说来看，授予作者演绎权也并非必要，因为它会损害到他人的财产利益、精神利益。

首先，劳动财产权说要求对原作者的劳动和演绎作者的劳动予以同等尊重，但演绎权只考虑了对原作者劳动的尊重。按照劳动财产权说，财产权的产生源于人类的劳动。对于自己的劳动成果，劳动者应当享有财产权。由于作品是作者的智力劳动成果，所以作者可以享有财产权，以禁止他人对作品的使用。劳动财产权说对财产权的这一解释，显然并未区分在先劳动与在后劳动。因此，根据这一理论，我们将得出的是原作者和演绎作者都享有演绎权的结论，而并非仅原作者享有演绎权的结论。即，无论是原作者的劳动，还是演绎作者的劳动，都可以使他们享有财产权。其中，原作者享有对原作品的演绎权，而演绎作者则享有对演绎作品的演绎权。然而，版权法明显只授予了原作者演绎权，要求演绎作者只有在取得原作者授权的许可下才能享有其演绎部分的版权，如若未获授权，则属于侵权行为，不受版权法保护，不能主张自己对演绎作品的财产权，尽管该演绎作品也是他的劳动成果。现行版权法的这一规定显然曲解了劳动财产权说的意思，它只关注了对原作者劳动成果的保护，而忽略了对演绎作者劳动的尊重。与原作品一样，演绎作品虽然是在原作者的劳动成果上产生的，但它本身也是演绎作者的劳动成果。我们并不能说原作者的劳动量更大，更值得版权保护。事实上，很难去比较原作者与演绎作者在劳动投入方面的优劣。很多演绎作品，其创作的劳动强度或劳动时间不仅不一定比原创作品更少，甚至还经常可能超过原作品。例如，将一部小说改编成电影，就需要大量的资金投入，需要很多人或者说是整个团体的共同努力和合作。因此，劳动财产权说和演绎权并没有太大关系。授予原作者演绎权，这其实是使原作者从演绎作者的劳动中获利，否定了演绎作者对演绎作品的劳动投入。在这一点上，演绎权其实违反了劳动财产权说，它不能解释为什么原作者就应该比演绎作者获得更多，为什么原作者可以基于其在先劳动而否定演绎作者的在后劳动。

其次，个性说和浪漫作者权说要求尊重原作者的人格和演绎作者的人格，但演绎权只考虑了对原作者人格的尊重。个性说和浪漫作者权说是著作权体系对版权制度的认识。从"人永远是目的而不是手段"角度，个性说和浪漫作者权说认为，作品的最大意义，在于满足作者的自我发展。作品是作者人身之外的客观存在，通过它，作者表现出他的个性、思想。因此，著作权法对作品的保护，其实就是要保护作者通过作品所反映出的人格、个性。个性说和浪漫作者权说要求著作权法体现对作者人性的关怀，无论是原作者还是演绎作者。但是，著作权法却只考虑了对原作者的人性关怀，仅授予了原作者演绎权。在以下两方面，演绎权的规定和个性说与浪漫作者权说相冲突：第一，著作权法授予了法人演绎权。按照个性说和浪漫作者权说，对于法人作品，其真正的创作者应是法人的雇员，而不是法人这一组织。法人作品也只反映雇员的个性、人格，并不反映法人的任何思想感情。因此，法人作品上的演绎权应由法人的雇员享有，而不是由法人享有。但是，在各国著作权法中，法人作品上的演绎权都是由法人享有而非由法人的雇员享有。著作权法的这种只授予法人演绎权而不授予法人雇员演绎权的做法，背离了个性说和浪漫作者权说对法人雇员的人格关怀。第二，著作权法未保护演绎作者的浪漫人格。不同于劳动财产权说的劳动回报论，个性说和浪漫作者权说强调对作者人格利益的保护。在这两大学说看来，著作权法就是要通过对作品的保护来实现保护作者人格的目的。无论是原作品还是演绎作品，只要它们是作者人格、个性的反映，就都应受到著作权法的保护。因此，个性说和浪漫作者权说，并不排斥对演绎作者人格的保护。它们认为，演绎作品也是作品，其不仅反映原作者的人格，也反映演绎作者的人格。对演绎作品的法律保护，不能忽视对演绎作者人格的保护。然而，演绎权的存在，显然只考虑了对原作者人格的保护，而忽视了对演绎作者人格的保护，它使原作者成为真正的浪漫作者，而将演绎作者看作抄袭者。出于保护原作者人格的考虑，一些几乎很难认出原作品的演绎作品，也常被认定为侵犯原作者的演绎权。就这一点而言，演绎权与个性说和浪漫作者权说形成冲突，它忽视了对演绎作者个性的保护，尽管在多数时候，这样的一种保护并不会影响到对原作者个性的保护。

本章小结

尽管对于作者来说，演绎权是保护他们利益的需要，体现了对作者创作活动的尊重。但是，从版权公有领域来看，授予作者演绎权，损害了公共利益。一方面，演绎权构成对公民言论自由权的威胁。在演绎权的保护下，合理使用、思想表达二分法对言论自由的保护功能大为减弱。作者成为版权作品的独裁者，对作品有强大的控制权，可以轻易阻止他人以演绎作品来发表自己观点、看法的行为。因此，通过要求演绎作品的创作必须取得作者授权，演绎权损害了读者或观众的表达自由，妨碍了思想、信息的自由流动。另一方面，演绎权抑制了二次创作，背离了版权工具主义说的"促进科学和文艺进步"目的。按照工具主义说，挪用是人们进行二次创作的前提。演绎作品尽管是在原作品基础上产生的，但它也是具有原创性的新作品，能够满足改进原作品及促进文化多样化发展的需要。然而，演绎权的出现，却使得这一对艺术创作具有重大意义的挪用活动被禁止。在没有作者的授权下，任何以原作品为基础的二次创作，无论对原作品有多大的改进或产生多好的社会效应，都构成对作者演绎权的侵犯。通过禁止作品的挪用行为，演绎权抑制了艺术家们的二次创作，有违版权法的激励创作、促进文化繁荣的公益目的。另外，根据经济激励说和自然权利说，演绎权也导致了流行作品被过度开发及作者人格利益被过度保护现象，妨碍了创作自由。

演绎权对版权公有领域的负面作用要求我们正视限制作者演绎权问题。在新的时代与技术背景下，如何平衡演绎作品创作过程中的利益冲突呢？本书下章将结合版权限制制度，探讨演绎权的修改与完善。

第六章 演绎权的限制

公共领域是我们的。它存在于版权法中的任一方面。没有公共领域，就没有版权法。❶作为版权法中的一项可能对公有领域构成最大威胁的财产权利，演绎权必须小心翼翼地维护私人利益与公共利益的平衡。然而，如何在创作过程中既鼓励公众接触作品，又不损害作者利益，这是一个难题。例如，当他人能否创作演绎作品，创作的演绎作品能否受到保护，都由作者来决定时，演绎作品的价值及其对公共利益的促进作用是否被破坏？如果是，应该如何纠正？伴随着演绎权的扩张，现行版权法已经暴露出一些过分保护作者演绎权的倾向，引起人们对版权公有领域的担心。为使版权法能够负责任地改变和发展，克服演绎权对艺术创作活动的不利影响，我们有必要从保护公共利益的角度，研究合理使用、权利穷竭、法定许可等对演绎权的限制。

第一节 合理使用

为防止作者滥用权利，保护公共利益，版权法创设了合理使用制度，允许公众在一定条件下自由使用版权作品，既不需要取得作者许可，也不需要向作者支付报酬。尽管议会和法院

---

❶ Lior Zemer, The Idea of Authorship in Copyright, Ashgate, 2007, p. 141.

从来没有明白地界定合理使用范围，❶ 但合理使用仍是版权法中的一项不可或缺的制度，它是区分私有领域和公共领域的界限，是限制作者垄断权的关键。

一、合理使用判断之转换性目的：与演绎权的对立

合理使用的产生，最早可追溯至《安娜法》的颁布。作为世界上第一部版权法，《安娜法》的保护范围非常狭窄，作者仅被授予印刷权、重印权，除逐字复制之外的一切使用作品行为都不在作者的控制之内。《安娜法》对作者的这种有限保护态度为合理使用的产生奠定了立法基础。根据《安娜法》，英国法院逐渐从作品的改编行为着手，发展出合理使用制度。1740 年，在 Gyles 案❷中，法院指出，被告节选原告作品部分内容的行为虽然未获原作者同意，也未向原作者支付报酬，但由于该行为产生的是与原作不同的新作品——节选本，因此不构成侵权。通过将合理节选解释为法律对新作品创作的鼓励，法院进一步推导出合理使用概念，认为凡是以创作新作品为目的使用原作品的行为，都不构成侵权。1872 年，在 Brodbury 案中，被告以原告《历史人物》一书的插图作为素材设计了具有创造个性的讽刺漫画角色。法官认为，新作是一个独立作品，不依存于原作，不附属于原作，不取代原作，应视为合理

---

❶ Paul Goldstein, Copyright's Highway—From Gutenberg to the Celestial Jukebox, Stanford University Press, 2003, p.91.

❷ Gyles v. Wilcox. 26 Eng. Rep. 489（Ch. 1740）.

使用。❶ 随着合理使用制度在司法实践中日渐成熟，各国议会开始考虑将其纳入版权法。1911 年，《英国版权法》完成修订，以立法形式正式认可了合理使用制度，规定"为研究或私人学习之目的面对文学、戏剧、音乐或艺术作品的合理使用不侵犯作品或版本版面安排之任何版权"，并详细列举了适用于合理使用的具体情形，如为批评或评论、时事报道目的使用原作品等。1976 年《美国版权法》也规定了合理使用制度，并特别总结了合理使用的判断标准。根据该法第 107 条的规定：虽有第 106 条及第 106 条之二的规定，为了批评、评论、新闻报道、教学（包括用于课堂的多件复制品）、学术或研究之目的而使用版权作品的，包括制作复制品、录音制品或以该条规定的其他方法使用作品，系合理使用，不视为侵犯版权的行为。任何特定案件中判断对作品的使用是否属于合理使用时，应予考虑的因素包括：（1）该使用的目的与特性，包括该使用是否具有商业性质，或是为了非营利的教学目的；（2）该版权作品的性质；（3）所使用的部分的质与量与版权作品作为一个整体的关系；（4）该使用对版权作品之潜在市场或价值所产生的影响。

合理使用概念渊源于合理节选。基于对节选等改编行为的认识，早期版权法注重考察使用作品的目的。对于那些为创作新作品目的而非盗版目的的使用作品的行为，版权法一般不予禁止。对此，法院的解释是，翻译、节选等演绎作品的创作之所

---

❶ 播磨良承、生驹正文："有关作品合理使用之研究"，载日本《判例日报》No. 342，1976 年 11 月 23 日。转引自吴汉东著：《著作权合理使用制度研究》，中国政法大学出版社 2005 年版，第 20 页。

以不构成侵权，并不是因为它们没有使用原作品，而是因为它们对原作品的使用具有转换性目的。所谓转换性目的，是指对原作品的使用是为创作出与原作品不同的新作品，而不是简单的为复制而复制，不是对原作品的逐字剽窃。用斯托里法官的话来说，是否新作品只是以取代原作品为目的，还是加了一些新的东西，伴随着一个更进一步的目的或不同的特点，或用新的表达，意思或信息改变原来的作品。换言之，是否新作品是转换性的。❶ 通过区分使用的转换性目的和非转换性目的，法院进而得出，不只是对作品的节选，那些为研究、批评、评论等目的使用原作品的行为，其目的也都是转换性的，是为创作出新作品。例如，在 1994 年的 Campbell 案❷中，法院就指出："当对作品的使用是转换性目的（transformative）时，市场替代至少是不太确定的，这可能不会导致对作者市场的损害。"对此，法官皮埃尔·N. 勒瓦尔（Pierre N. Leval）也认为，"我相信，《版权法》第 107 条第一个因素，其实是要求我们判断某一对作品的使用是否是转换性的。即它必须以一种不同的方式包含原作品，或者是用于不同的目的，如为了转换成新的美感、信息、观察和理解。通过加入新的价值到原作品中，或被引用的内容只是作为创作的原材料使用，对作品的转换性使用实现了公共利益的最大化，属于合理使用范畴。"❸

由自由改编思想所催生出的合理使用制度，以转换性目的作为其评判标准。新作品越多转换，就越容易被判断为是合理

---

❶ R. Anthony Reese, Transformativeness and the Derivative Work Right, 31 Colum. J. L. & Arts 467（2008）.

❷ Campbell v. Acuff-Rose Music, Inc. 510 U. S. 569（1994）.

❸ Pierre N. Leval, Toward a Fair Use Standard, 103 Harv. L. Rev. 1105（1990）.

使用。早期合理使用制度的这一转换性目的判断，侧重于激励新作品的创作。根据这一评判标准，演绎作品不是对原作品的全盘抄袭，它是与原作品完全不同的新作品，不是原作品的复制品。所以，演绎作品对原作品的使用，是为转换性目的，构成合理使用。例如，将一部小说改编成电影，就不侵犯作者的版权，因为它包含对原作品的转换，产生出与小说完全不同的新作品——电影。因此，在合理使用的转换性目的标准下，版权法为人们提供了一个宽松的创作环境，作者的演绎权变得没有任何意义，人们可自由创作演绎作品。

二、合理使用判断之非商业性目的：与演绎权的一致

随着版权制度的进一步扩张，有关合理使用的观念也在发生变化。受经济激励说的影响，版权法一直注重保护作者的经济利益，强调作品上的财产权利应由作者享有，这既是作者进行创作的动力，也是公众接触作品的前提。而传播技术的迅猛发展，文化产业的蓬勃兴起，也进一步凸显出保护作者经济利益的重要性。为保护作者在新兴传播市场的垄断利益，版权法越来越关注对作者经济利益的保护，传统的合理使用的评判标准，也越来越向市场利益靠拢。

（一）非商业性目的取代转换性目的

演绎权的出现，明显与合理使用的转换性目的相冲突。按照演绎权的规定，作者有权控制演绎作品的创作，他人以原作品为基础创作演绎作品的行为必须获得原作者授权并支付相应报酬。而按照合理使用的转换性目的标准，演绎作品对原作品的使用是为转换性目的，构成合理使用，并不侵犯作者的演绎权。为克服演绎权与合理使用的这一对立，避免合理使用的转

换性目的标准威胁演绎权的存在价值，部分法院开始调整合理使用的评判标准，以非商业性目的作为合理使用的新评判标准。例如，在 Harper 案❶中，最高法院就指出，对作品的市场影响"毫无疑问是合理使用判定中最重要的因素"。而在 Sony 案❷中，法院也指出："任何为商业目的的使用都是对作者享有版权的作品的不公正开发。"而对于《美国版权法》第 107 条的规定，法院也多认为，该条中的关于合理使用的"四因素"规定，其实都是在强调对作品的使用应具有非商业性目的，不得损害版权作品的潜在市场。这四大要素主要发源于印刷时代，在过去 25 年内，合理使用几乎都没有任何进展。法院一般只考虑使用的商业性和原作品是否被公开。❸ 其中，第一个因素明确指出对作品的使用应具有非商业性目的。第二个因素和第三个因素则从被使用作品的性质及使用的数量、部分角度，将那些可能会损害到原作者市场利益的情形排除在合理使用之外。而第四个因素则从客观的市场效果角度，要求对作品的使用不能构成作品的市场替代，不得与作品形成直接的市场竞争关系。基于对《美国版权法》第 107 条的这一新认识，使用的非商业性目的逐渐取代使用的转换性目的，成为合理使用的新评判标准。按照这一新标准，对合理使用的判断，应主要看使用作品行为是否具有非商业性目的：如果它是非商业性使用，不损害作者的潜在市场，则属于合理使用；如果它是商

---

❶ Harper & Row, Publishers, Inc. v. Nation Enterprises. 471 U. S. 539（1985）.

❷ Sony Corp. of America v. Universal City Studios, Inc. 464 U. S. 417（1984）.

❸ Jessica Litman, A Comment on Rebecca Tushnet's Payment in Credit：Copyright Law and Subcultural Creativity. http//www. law. duke. edu/journals/lcp, 2011 年 3 月 6 日访问。

业性使用，损害作者的潜在市场，则不是合理使用，构成侵权。毫无疑问，使用性质、目的、方式上的非商业性或非营利性，会加重说服法院适用合理使用制度处理案件的砝码。❶ 司法实践中对合理使用的这一非商业性目的的理解，体现出对作者市场利益的保护。这样的一个新的合理使用判断标准，也进一步得到 TRIPs 协议的肯定。根据 TRIPs 协议第 13 条的规定，任何对作品的使用或消费，除非满足以下三个条件：（1）相应的行为的确属于特殊情况；（2）相应的自由使用行为没有损害到作品的正常利用；（3）没有损害到作者的合法权益，否则不得对抗作者基于作品的产生而享有的各项权利，不得对版权权利内容作任何限制。由于 TRIPs 协议只保护作者的财产权利，不保护作者的精神权利，所以这样的一个限制合理使用范围的三步测试法，是保护作者市场利益的反映，与合理使用的非商业目的要求一致。

（二）合理使用难以限制作者的演绎权

通过以非商业性目的取代转换性目的，合理使用制度发生了重要变化。第一，批评、评论等行为被赋予了新的含义。在原来的转换性目的标准下，批评、评论等行为被认为是创作新作品的需要，受到合理使用的保护。而在非商业性目的的标准下，批评、评论等行为虽然仍被保留在合理使用范围之内，但却被赋予了新的含义，被认为是为私人目的的使用作品，不具有商业性质。因此，虽然在新的非商业性目的的标准下，批评、评论等仍受合理使用的保护，但其存在的意义却已完全不同。第

---

❶ 丁丽瑛："'规则主义'下使用作品的'合理性'判断"，载吴汉东主编《知识产权年刊》，北京大学出版社 2010 年版，第 62 页。

二，合理使用的保护范围被缩小。就多数演绎作品而言，其创作都是商业性目的，是为了出版或发行这一作品。演绎作品创作的这一商业性目的，使它有挤占作者的演绎作品市场之嫌，被认为是损害了作者的市场利益。因此，以非商业性目的标准替换转换性目的标准，导致的最明显变化是，演绎作品的创作活动难以再受到合理使用的保护：在原来的转换性目的标准下，演绎作品的创作受合理使用的保护；而在新的非商业性目的标准下，演绎作品的创作被剔出合理使用范围之外，成为侵犯作者演绎权的行为。所以，非商业性目的标准下的合理使用，其保护范围明显缩小。不仅那些影响到作者原作品市场的私人使用可能被认定为侵权，而且那些影响到作者演绎作品市场的演绎行为，也被纳入作者的版权范畴，受作者控制。非商业性目的标准对合理使用范围的限缩，缓和了作者的演绎权和合理使用制度的冲突，使二者在演绎权保护问题上基本取得了一致。

那么，在保护作者演绎权的前提下，现有的合理使用制度还能否用来限制这一权利呢？由于合理使用越来越倾向于采用非商业性目的标准，因此，如果某一演绎作品的创作不会损害到作者的市场利益，那么此时的使用原作品行为还是可以受到合理使用的保护。这特别适用于一些明显地可以认定为是为非商业性目的的使用作品的情形。例如，出于个人娱乐目的，制作一则广告的滑稽版本，这并不影响到作者的广告播放及收益，所以不需要获得作者演绎权许可，是合理使用。当然，随着版权法越来越重视对作者经济利益的保护，法院对商业性目的的认识也越来越泛化。很多时候，只要是使用作者的作品没有付费，就被认为是具有商业性目的，侵犯了作者的版权。对商业性使用的这样一种广泛界定，使得大多数的未获授权的使用都具有商业性目的，得不到合理使用的保护。演绎作品的创作尤其如此。演绎作品对原作品的使用，一般都具有商业性目的，是对原作品的大量使用或使用到了原作品的实质性部分，损害到了原作者的演绎作品市场。因此，在非商业性目的标准下，演绎作品的创作难以满足合理使用的四要素要求。以合理使用去限制作者的演绎权，很难发挥作用，或者说，在激励演绎作品的创作方面，合理使用常显得既笨拙又无用。它只能保护那些明显不具有商业性目的的演绎作品的创作，对于绝大多数的演绎作品而言，它无法使它们的创作者被免于起诉。例如，在Rogers案中，第二巡回法院就认为，被告对原告作品的使用是商业性质，对原作者的市场利益产生负面影响，不构成合理使用。所以，虽然合理使用制度的本来意义是鼓励作品创新，避免法院在一些情形下僵硬适用法律，造成窒息文化创造的不利局面。但是，受非商业性目的标准的限制，合理使用仍很难使对社会有重大价值的演绎作品的创作免责，这一定程度上打击了艺术家们创作的积极性。在感觉到自己的作品不能得到合理使用的保护下，他们只能减少演绎作品的创作，以避免被卷入法律诉讼。

第二节　权利穷竭

权利穷竭是版权法中的又一重要的版权限制制度。按照权利穷竭的规定，作者的权利应受到作品原件或复制件购买者所有权的限制。作为作品原件或复制件的所有权人，购买者虽然没有获得作品上的版权，但是却可以对自己所拥有的作品原件或复制件行使占有、使用、收益、处分权能，包括修改、转让、展览这些原件或复制件等。权利穷竭制度的实质是限制作者对已进入市场的作品原件或复制件的再发行权，保护贸易自由。随着演绎权的扩张，这一制度是否可突破原来的只适用于购买的作品原件或复制件的限制，扩大适用于购买者对该原件或复制件的改编呢？对此问题，各国立法未有明文规定，司法实践中，法院态度不一。

一、版权法中的权利穷竭

权利穷竭，一般又称为权利用尽或首次销售理论。在版权法中，它指的是作者对作品发行的控制，到其"首次同意"时止，权利穷竭、用尽。即当作品的原件或复制件在经作者同意被首次投放市场后，作者的发行权一次用尽，他不能再控制任何有关该作品原件或复制件的进一步传播。合法获得作品原件或复制件的所有权人有权自由转让、出借或修改自己拥有的作品原件或复制件，这是他们行使所有权的表现，并不受作者的干涉。如《美国版权法》第 109 条(a)款就规定：尽管有第 106 条第(3)项的规定，依据本法合法制成的特定复制件或录音制品的所有者，或者经该所有者授权的任何人，有权不经版权人许可，出售或以其他方式处置该复制件或录音制品。权利穷竭主要是对作者发行权的限制，并不是指作者的所有权利在其"首次同意"后均告用尽。倘若作品原件或复制件的购买人存在其他行为，如擅自复制作品原件，或未获授权公开播放作品的复制件等，则仍将构成对作者复制权或表演权的侵犯。在这些方面，作者的版权并未用尽。

权利穷竭制度渊源于司法实践。早在 19 世纪，法院就认识到，作者转让作品复制件的权利是无限的，有必要对作者的这种控制作品销售的权利进行限制。在 Henry 案❶中，法院认为，作者的版权和合法购买者的个人所有权是不同的。当作者把复制件的所有权转让时，再发行这一复制件的权利也就转移给买方了。只要买方拥有该作品的复制件，他就不能被剥夺这一权利。同样，在 Harrison 案❷中，法院也认为，当事人一方重新销售从一个失火商店中抢救出来的破损书籍，这并没有侵犯作者的版权。因为作者曾经授予了商店所有人这一权利。作者不能通过版权限制他人对其作品复制件的销售。当作者把自己的书销售出去，即使是已经达成了协议，限制买方转让这一复制件的权利也不再存在于作者手中。新的购买者虽不能复制这一复制件，不能出版该书的新版本，但是销售复制件的权利已经被绝对地授予给了他，他获得了该复制件的所有权。而在 1908 年的 Bobbs- Merrill 案❸中，最高院也再次阐明了权利穷竭理论，认为只要作者把作品的有形载体销售出去了，获得了这一有形载体所有权的买方就可以自由使用、处分这一载体，无须另外获得作者的授权。法院认为，版权法的主要目的是"保护作者复制作品的权利"，以低于作者要求的价格销售一个合法获得的作品复制件，可能在一些情况下会违反《合同法》的规定，但它本身不侵犯作者的发行权。

　　根据权利穷竭理论，在版权法中，版权和作品物质载体的所有权不同，版权不包含任何阻止、限制已合法获得的作品复

---

❶　Henry Bill Publishing Co. v. Snythe. 27 F. 914（C. C. S. D. Ohio 1886）.

❷　Harrison v. Maynard，Merrill& Co. 61 F. 689（2d Cir. 1894）.

❸　Bobbs-Merrill Company v. Straus. 210 U. S. 339（1908）.

制件的转让。无论采取何种形式，如销售，赠予或其他方式，作品物质载体所有权的转让都不意味着版权转让，而版权的转让也不意味着作品物质载体所有权的转让，二者是相互分离的。除非作者拥有作品的物质载体，否则他不能享有对该载体的所有权，不能基于版权法控制他人对这一作品物质载体的再销售。权利穷竭制度对作者发行权的限制，是贸易自由原则的体现，它保护了与作品有关的二手买卖。例如，将合法买到的图书再转卖给别人，或者把这一图书与自己拥有的其他图书装订在一起再销售，这都不构成对作者发行权的侵犯。但是，权利穷竭的适用，以作者的"首次同意"销售为前提。如果未获作者"首次同意"，就擅自销售作品的原件或复制件，则仍然构成对作者发行权的侵犯。即在作品被创作出来后，作者对它拥有控制权。任何人要发行该作品，必须获得作者的"同意"，这种"同意"一般是通过双方间的转让或许可合同，由被转让方或被许可方支付一定对价获得。而一旦被转让方或被许可方获得"同意"之后，他对该作品的再发行就是合法的。换言之，在作品被首次销售前，它还属作者的掌控范围，而在被首次销售之后，则不再是作者的控制范围。作者如再干涉作品的进一步流通，是版权滥用，侵犯了他人对作品原件或复制件的所有权。就权利穷竭须先获得作者"首次同意"而言，权利穷竭对作者版权的限制，也可看作是尊重作者意愿的一种表现。作为作品的权利人，作者当然可以合同形式自由处分自己的版权，将与该合同有关的权利一并转让给买受人。而只要不妨碍到作者版权的行使，买受人也自然可以在合同允许的范围内自由活动，将自己所买得的作品复制件再销售出去。

二、演绎权与权利穷竭的适用

演绎权和复制权，都与作者的发行权有关，以向公众提供作品的复制件为目的。其中，在复制权情形，作者是向公众提供作品的复制件；而在演绎权情形，作者是向公众提供演绎作品的复制件。由于都涉及有形的复制件的制作与发行，所以，演绎权和复制权一样，也须面对是否适用权利穷竭的问题。即当购买者买了作品复制件，并进行了修改之后，他可否再将这一演绎作品拿去市场销售？

（一）可以：受权利穷竭保护

在 Lee 案❶中，原告安妮・李（Annie Lee）把她的艺术作品卖给 Deck the Walls，一个艺术品销售商，后者则把前者的艺术作品再卖给被告 A. R. T. ，A. R. T. 员工然后把这些艺术图片贴上瓷砖，重新销售。原告起诉被告侵权。诉讼中，地方法院法官罗吉尔（Norgle）代表法院认为，被告将艺术图片裱上瓷砖的行为，和为一幅照片加个框或在一床地毯上嵌入浮雕图案没有两样。无论是给照片加框艺术还是用艺术品装裱瓷砖艺术，它们都共同使用了合法购买的原作品的复制件，且没有法律意义上的复制行为。为适应瓷砖或框架的尺寸，两道工序中也都包含对原始图片的部分修饰，如通过一些黏合剂或回形针，使艺术图片固定在瓷砖或架子上，再贴上一个树脂的或玻璃的透明封面。正如加框艺术只是一种新的展示照片方式一样，被告其实也只是简单地把艺术图片粘上瓷砖，并用一种新的背景将它展示出来。这样的一个过程，既不存在对原艺术作

---

❶　Lee v. A. R. T. Co. 125 F. 3d 580. 582（7th Cir. 1997）.

品的重铸或改编，也没有在最低程度上转换它，因为"它仍然是以该艺术作品离开 Lee 工作室时的样子去描述它"。所以被告的瓷砖没有反映出任何必须的智力劳动或创造性，不具有原创性，只是原告作品的复制品而非演绎作品。根据版权法中权利穷竭的规定，被告有权以不同的展示方式销售和原告作品一样的复制件（其合法购买的原告作品的复制件）。法院最后判决被告销售粘有艺术图片的瓷砖的行为不侵犯原告的演绎权。原告不服地方法院的这一判决，向第七巡回法院提起上诉。在二审过程中，第七巡回法院法官伊斯特布鲁克进一步补充了地方法院的观点，指出："由于艺术家可以从首次销售中获利，所以保护这种作为演绎改变的经济合理性不存在。被告的瓷砖即使构成演绎作品，也不侵权原告的演绎权。"法院继续指出，"第九巡回法院错误地假设了一般的装裱(mount)方式和展示艺术的方式是可逆的。在为作品加框的程序中，一幅画被钉在木头上面，这导致了一些小孔留在油画上，影响油画的表面。"伊斯特布鲁克法官认为，如果我们认为被告的瓷砖是演绎作品，侵犯原告的演绎权，那么任何对作品的修改，无论多细小，都将要取得作者演绎权的授权。例如，一个购买了书的人从书本上撕下一页，用作饮料托盘或印上他的收藏标记或将该书分成两半，如若未经作者许可，都将构成侵权。这样的一种结论是非常荒谬的，它使我们每个艺术收藏家都变成了罪犯。而事实上我们并不会因为这些行为而被起诉。

　　类似的案例还有 Fawcett Publications 案和 C. M. Paula 案。

在 Fawcett 案❶中，被告买了一些二手的原告漫画书，然后把它们和其他的漫画书合钉起来一起销售（没有把书一页一页撕下来，而是一本一本地合起来卖）。原告起诉被告侵权。法院认为，被告没有复制原告作品，他只是换了个不同封面销售这些复制件。根据权利穷竭原则，被告不构成侵权。在 C. M. Paula 案中❷，被告使用了一种工序，将买到的原告艺术作品粘上瓷砖，然后出售。法院认为被告的这一行为不包含复制，该瓷砖不是原告艺术作品的演绎作品。由于被告每一个瓷砖的销售都需要单个购买原告的艺术品，因此，原告葆拉（Paula）已经获得了经济补偿。法院也认为不构成演绎作品。一旦作者销售了作品复制件，作者的版权就应让位于贸易自由政策，他不能再控制合法购买人对这一复制件的继续转让，否则即是妨碍他人对包含这一版权作品的个人财产的控制和处置。

（二）不可以：侵犯作者演绎权

在 Mirage 案❸中，第九巡回法院又再次涉及瓷砖（tile）的案子，但却得出了不同的结论。该案的被告 A. R. T.，在被原告 Mirage 起诉侵权时辩称，自己的裱有原告艺术品（notecard）的瓷砖不是演绎作品，它只是一种展示艺术作品的方式，正如给艺术作品装一个框，所以不构成对原告演绎权的侵犯。但法院拒绝了被告的这一观点。法院认为，为印刷品或油画加个框架或用玻璃把它覆盖起来不是对原作品的重铸、改编，没有改

---

❶　Fawcett Publications, Inc. v. Elliot Publishing Co, 46 F. Supp. 717（S. D. N. Y. 1942）.

❷　C. M. Paula Co. v. Logan. 355 F. Supp. 189（N. D. Tex. 1973）.

❸　Mirage Editions, Inc. v. Albuquerque A. R. T. Co. 856 F. 2d 1341（9th Cir. 1988）.

变或转换原来的印刷品或油画。一般来说，这是一种展示作品的方式。而且，这是一种非常简单的几乎人人都会做的事情，通过移开这一印刷品或油画并且用一种所有权人选择的不同方式来展示它。但这些都不同于对瓷砖的艺术品装裱。事实上，瓷砖使这些艺术品又有了其他用途。因此，无论是在形式还是功能方面，将艺术品粘贴到瓷砖上都与给照片加个框不同。被告的瓷砖是原告艺术品的演绎作品，通过广泛地界定演绎作品，法院最后判定被告侵犯了原告的演绎权，拒绝适用权利穷竭理论。而在另一 National 案❶中，被告在购买了原告杂志后，将其内容一页页剪下，然后再重新编排，把相关内容合订在一起再捆绑销售。原告起诉被告侵权。马萨诸塞地方法院认为，被告的这一行为，虽然没有复制任何原告的文章，但重新销售了这些从原告杂志上剪下的页面。法院最后判定被告侵犯了原告的演绎权，拒绝适用权利穷竭理论。

从以上关于瓷砖等案件的讨论中，我们可以看出，在是否允许他人改编合法购得的作品原件或复制件并再销售这一改编后的原件或复制件问题上，法院主要有两种不同的态度。其中，在 Mirage 案和 National 案中，法院态度较为一致，认为权利穷竭只是保护买方转让作品原件或复制件的权利，而不是要授予买方创作演绎作品的权利。在这两个案件中，原告都只是卖书，并没有卖演绎权。所以作为买方的被告，只能享有再转让该书的权利而不享有演绎权。因此，两案中的被告擅自创作演绎作品（裱有艺术品的瓷砖和被重新合订过的书）并销售的

---

❶ National Geographic Society v. Classified Geographic, Inc. 27 F. Supp. 655（D. Mass. 1939）.

行为，侵犯了原告的演绎权。而在 Lee 案、Fawcett 案和 Paula 案中，法院又持另一种态度，认为在瓷砖上粘上艺术品，或将书与其他书合起来销售的行为，没有改变、复制、转换原来的作品，没有产生有原创性的演绎作品。被告还是在销售自己合法购买的原作品的复制件，只不过是换了一种不同的展示方式而已。这在版权法中是允许的，受权利穷竭的保护。所以被告并不构成侵权。法院对 Mirage 案、Lee 案等的不同判决，实际上反映的是一个关于钱的争论。即当一个已经被销售的作品被添加到另一物品并以更高的价格销售时，艺术家是否还能从中获利？在 Lee 案、Fawcett 案和 Paula 案中，法院认为不可以。作品新增加的价值只能给提供添加材料或劳动的一方，即增加这一价值的人，而非艺术家，因为他们已经从首次销售（授权他人复制）中获得了补偿。❶ 而在 Mirage 案、National 案中，法院则认为可以。版权法应保护作者的这一经济利益。如果购买方（添加者）可受到权利穷竭的保护，那么，作者将不得不在首次销售原作品过程中提高价格，以收获未来演绎作品的全部利益。结果是，原作品将由于价格过高而使很多人不愿意购买。通过增加第三方应付给原作者的报酬，演绎权减少了那些只想使用、修改原作品的购买者的支出，激励了演绎作品的创

---

❶ Tyler T. Ochoa, Copyright, Derivative Works and Fixation: Is Galoob a Mirage, or does the Form (gen) of the Alleged Derivative Work Matter? 20 Santa Clara Computer & High Tech. L. J. 991 (2004).

作，增进了社会福利。❶

那么，作者的演绎权与购买者的权利穷竭，究竟哪一个更值得版权法保护呢？本书认为，对于自己合法购买的作品原件或复制件，无论是原封不动将它们转让出去，还是先改动它再销售出去，都不会损害到作者的经济利益，应受权利穷竭保护。

首先，购买者对于自己买得的作品原件或复制件，有权修改。权利穷竭的意义，就在于给予消费者一些对版权作品的个人自主权利，使他们在合法购买了作品的原件或复制件后，可以不经原作者同意，销售或处理这些原件或复制件，无论是以何种价格或方式。例如，一个买了电影 DVD 的人，可以把它带回家欣赏，可以把它借给别人，也可以以某种方式修改它。不管这些方式是否和电影制片人的意图一致，制片人都已经获得了它想要的经济利益，不能再控制消费者对电影 DVD 的私人处分。因此，作者虽然是作品的权利人，但是，对于自己拥有所有权的作品原件或复制件，消费者仍有一定的自由和自主权，可以选择在任意时间、以任何方式处分它。版权法不能允许作者阻止"任何他们不同意的对作品的修改"。其次，允许购买者销售被其修改过的作品原件或复制件，不侵犯作者的演绎权。按照权利穷竭的规定，购买者要受到权利穷竭的保护，必须只能是再发行其购买的作品原件或复制件，而不能复制原作品。以瓷砖案为例，假设被告只是将自己买到的艺术书再转

---

❶ Harvard Law Review, Recent Case: Copyright Law-Derivative Works-Seventh Circuit Holds That Mounting Copyrighted Notecards on Ceramic Tiles Does Not Constitute Preparation of Derivative Works in Violation of the Copyright Act. Lee v. A. R. T. Co. , 125 F. 3d 580（7th Cir. 1997）, 111 Harv. L. Rev. 1365.（1998）.

让，这显然不构成侵权，属于权利穷竭范畴，因为被告并没有复制该艺术书，不会影响到原告艺术书的销售。相反，如果被告买了该书后再复印了很多本，然后拿去市场销售，则侵犯了作者的复制权，不受权利穷竭保护，因为它挤占了作者图书的市场份额，损害了作者的原作品市场。与将买到的艺术书再转让一样，将贴上艺术图片的瓷砖再销售出去，同样不存在复制行为，不会危害到原作者的演绎作品市场，所以不构成对作者演绎权的侵犯。当然，如果被告不是单纯地将自己有所有权的艺术图片贴上瓷砖，而是复制很多份原告的艺术图片，再将它们分别贴上瓷砖对外销售，则构成侵权。因为它复制了原作品，损害了作者在演绎作品市场上的利益。很难说只简单将作品粘上瓷砖是否会构成演绎作品。但是，这种对原艺术作品的改变旨在开发不同市场。路边摊的消费者可能不会买一本艺术书的精装本，但他们可能会喜欢这个特别的有艺术作品的瓷砖，这是他们经济上能承受得起的。[1] 再次，购买者对原作品的修改，即使有原创性，也仍然可适用权利穷竭制度。很多法院在适用权利穷竭制度时，都要求购买者对原作品的改变没有原创性，不构成演绎作品。例如，在 Lee 案中，法院就认为，被告的瓷砖不是对原作品的重铸、转换或改编，它只是一种新的展示作品。所以瓷砖没有原创性，不符是演绎作品，被告不构成侵权。法院明显不相信改编行为的发生。作品的载体（艺术书）现在被永远的和一个三维物品（瓷砖）相连，从这一

---

[1] Timothy Everett Nielander, The Mighty Morphin Ninja Mallard: The Standard for Analysis of Derivative Work Infringement in the Digital Age, 4 Tex. Wesleyan L. Rev. 1 (1997).

意义上来看它被改变了。但无形的作品一点也没改变。在它被粘上瓷砖之前，它还是原来的它。❶ 通过否定瓷砖的原创性，法院认可了权利穷竭的适用。然而，正如法院最后所指出的，即使该瓷砖是演绎作品，被告也可基于权利穷竭原则，主张自己不侵权。事实上，演绎作品的原创性要求并不是很高。所谓的重铸、改变和改编，也可以指作品物质载体的变化。例如"重铸"的字面意思是，通过在模子里浇注融化的金属，复制或修理雕像或其他物品。因此，某种意义上来说，"重铸"也意味着以新的不同方式重新展示原作品。❷ 所以，一个贴有艺术图片的瓷砖，由于它是对原作品的一种新的展示方式，或者由于它导致原作品载体的变化，也可能被认为是有原创性，是演绎作品。然而，即便如此，被告的这一销售瓷砖行为，也仍然不构成侵权。因为原作者的演绎权是否被侵犯，不仅要看被告的行为是否有原创性，而且要看被告是否有复制行为。如果某一行为只是对作品复制件本身作了修改，而并没有复制它，则虽然有原创性，是演绎作品，也不构成侵权。因为在作品的首次销售中，作者已经获得了回报。保护购买者的这种演绎作品创作，于作者的经济利益无害。

第三节　版权转移终止条款的演绎作品例外

根据《美国版权法》的规定，作者可以在转让或许可版权之

---

❶ Tyler T. Ochoa, Copyright, Derivative Works and Fixation: Is Galoob a Mirage, or does the Form (gen) of the Alleged Derivative Work Matter? 20 Santa Clara Computer & High Tech. L. J. 991 (2004).

❷ 同上。

后，在一定的时间内，再终止有关的转让或许可，收回自己的权利。但是，演绎作品例外。即使演绎权的授权合同终止，演绎作者依然可以享有演绎作品上的版权，并继续利用该演绎作品。《美国版权法》中的这一特殊制度，既体现出对作者演绎权的保护，又体现出对作者演绎权的限制，是完善演绎权制度的有益尝试，值得我们探讨、借鉴。

一、演绎作品保护的两难：原作者与演绎作者的利益冲突

演绎作品与原作品的关系颇为复杂。一方面，演绎作品是在原作品基础上产生的，它实质性复制了原作品，抄袭了部分原作；另一方面，演绎作品又是在原作品基础上创作出来的新作品，与原作品有实质不同，并非对原作的全盘照抄。演绎作品与原作品的这一特殊关系，使得版权法对演绎作品的保护面临两难：是保护原作者利益，还是保护演绎作者利益？

（一）立法的选择

面对演绎作品上的利益重叠与冲突，不同时期的版权立法做出了不同选择。首先，就早期版权法来看，它更倾向于保护演绎作者对演绎作品的精力、技巧、劳动或金钱的投入，认为它们是值得版权法鼓励的创作活动，对社会更具价值。例如，1709 年的《安娜法》和 1790 年的美国《联邦版权法》，就都只授予了作者和出版商对图书的专有印刷、重印权，而未授予作者对作品的节选、改编或翻译的专有权利。因此，根据《安娜法》或《联邦版权法》，任何人均可自由节选、改编或翻译作者享有版权的作品，既不要经过他们同意，也无须向他们付费。显然，在保护原作者利益还是保护演绎作者利益问题上，

以《安娜法》为代表的早期版权法优先考虑保护演绎作者利益，承认他们是演绎作品上的版权人。毫无疑问，早期版权法的这一态度，有利于激励演绎创作、促进文化创新及增进社会福利。但是，从另一角度而言，它又损害了原作者利益，有鼓励抄袭之嫌。其次，就现代版权法来看，它更倾向于保护原作者对原作品的精力、技巧、劳动或金钱的投入，认为限制他人对原作品的接触于社会更有利。我们看到，随着版权制度的扩张，今天的各国版权立法，几乎都否定了演绎作者对原作品的自由改编、转换，要求演绎作品的创作必须获得原作者授权。例如，我国《著作权法》第 10 条关于作者改编权、翻译权、汇编权的规定，其实质就是授予作者演绎权，以禁止他人擅自改编作品。与早期版权法优先考虑保护演绎作者利益不同，现代版权法优先考虑保护原作者利益，使翻译作品、音乐改编或艺术再现等的创作者要么将他们的作品建于公有领域作品的基础之上，要么获得版权作品作者的许可并付费。现代版权法的这一 360 度大转变，有利于激励原创、打击盗版，这也是原作者乐于看到的。但是，如此一来，演绎创作又将被抑制，这既否定了演绎作者对演绎作品的付出与努力，也有碍于公众对原作品的接触、利用。

（二）司法的困惑

立法在演绎作品保护方面的两难选择，也使得法院不得不试图用一种既激励原作者又促进演绎创作的方式去解释法律，以平衡双方利益。然而，即便是在司法实践中，这仍然是一大难题。不论做出何种回答，法院都犹如在刀尖上行走，难以给出令人满意的答案。

以 Abend 案❶为例。在该案中，1942 年，*Dime Detective* 杂志刊登了一篇由康奈尔·伍里奇（Cornell Woolrich）写的名为 *It Had to Be Murder* 的小说。小说的全部版权最初是由 Dime Detective 的出版商 Popular Publications 享有。后来，Popular Publications 把小说的版权转让给了 Cornell Woolrich。1945 年，Cornell Woolrich 把该小说的电影改编权及续展权授予给 B. G. De Sylva Productions 而 B. G. De Sylva Productions 又将以上权利转让给了 MCA，Inc.。1954 年，Alfred Hitchcock 与 Paramount Pictures 合作拍摄了改编自该小说的电影 *Rear Window*。1968 年，Cornell Woolrich 去世，其财产由受托人 Chase Manhattan Bank 继承。1969 年，受托人根据 1909 年版权法获得了 *It Had to Be Murder* 的版权，然后将该小说的版权授予原告 Sheldon Abend。1972 年，ABC 电视广播公司从 MCA，Inc. 处获得许可，播放了 *Rear Window*。Sheldon Abend 得知后，认为 MCA，Inc. 侵犯了自己对小说的版权，要求 MCA，Inc. 停止授权他人播放这一电影。1974 年，Sheldon Abend 起诉 MCA，Inc. 侵权，双方后来和解。后来，MCA，Inc. 又授权 Universal Pictures 再发行电影 *Rear Window*，包括出租、出售录像带、DVD 及在影院和电视上播出等。电影的再发行，产生了约 1200 万美元的收入。为此，Sheldon Abend 再向法院起诉，认为 MCA，Inc. 侵犯其小说的版权。

针对本案，地方法院首先认为，不能仅仅因为继承人对原作的版权就剥夺演绎作者使用演绎作品的权利。本案中 MCA，Inc. 授权他人播放电影只是对其合法拍摄电影的继续利用。鉴

---

❶　Abend v. MCA，Inc. 863 F. 2d 1465（9th Cir. 1988）.

于制片人对电影制作所做出的巨大贡献,版权法应注意保护它们的利益。法院最后判决 MCA, Inc. 胜诉。地方法院的这一保护演绎作者观点,很快受到第九巡回法院的批评。在案件的二审过程中,第九巡回法院指出,从 1909 年版权法来看,议会并没有特别关注对演绎作者的权利保护。虽然本案中的电影制片人对电影的制作做出了很大贡献,但并不能就此认为所有演绎作者都应受到版权法的保护。事实上,仍然有很多的演绎作者,对演绎作品的投入或贡献极其微小。另外,不保护演绎作者的继续使用演绎作品的权利,也不会产生所谓的公众将接触不到演绎作品或演绎作者将不再创作演绎作品的现象。因为演绎作者可以通过再与原作者或其法定继承人协商,重新获得演绎权的授权。基于以上理由,第九巡回法院推翻了原地方法院的判决,判决根据 1909 年版权法,小说的版权由作者的法定继承人(后转移给原告)享有,电影制片商 MCA, Inc. 构成侵权,不能继续播放电影 *Rear Window*。

在 Abend 案中,法院面对两个利益的冲突:版权转让协议终止后,作者收回版权的利益和演绎作者继续利用演绎作品的利益。通过适用版权法的版权转移终止条款,法院认为作者的再转让及许可他人使用作品的"第二次机会"更为重要,优先保护了艺术家们的未来经济利益。与地方法院的判决不能令人满意一样,第九巡回法院的这一判决,也同样引起了人们的质疑。他们认为,像 *Rear Window* 这样的经典电影,不能因为原小说的作者不授权制片方播放就不能播放。虽然法院认为演绎作者可以和原作者再重新达成使用演绎作品的协议,但事实上,已经有很多作品由于未能达成协议而不能向公众发行了。法院对 1909 年版权法的这一理解,只会导致公众越来越难以接触到优秀的电影作品。考察 1909 年版权法的该规定，可以看出，该条款其实主要是针对文字作品而言的。然而，对文字作品的演绎，如翻译作品，即使被作者或其法定继承人重新收回版权，公众尚可基于公共借阅权，继续使用这一作品。但是电影则不一样，只要原作者不授权，演绎作者播放电影的行为就构成侵权。通过给予作者收回版权的第二次机会，Abend 案的判决牺牲了公共利益，保护了作者利益。法院对作者的这种过分同情，忽视了作者的授权谈判能力，反而限制了有远见的作者的行为自由。❶

二、版权转移的终止及例外：原作者与演绎作者的利益平衡

于 1790 年首次颁布的《美国版权法》，在历经了 1831 年、1870 年、1909 年和 1976 年等数次修订后，最终形成现在的《美国版权法》。在这其中，1909 年和 1976 年的两次修订，最为重大。也正是在这两次修订过程中，版权转移的终止及其例外制度得以最终形成。

（一）版权转移的终止

按照 1909 年《美国版权法》，作品的保护期限为 28 年，并且在期限到来之前，作者还可以再续展 28 年。1909 年《美国版权法》中的这一续展条款的目的是"为了保护艺术作品的经济价值，因为它可能在其价值还没有被意识到的很久之前就

---

❶ Peter J. Settle, Underlying Copyright Renewal and Derivative Works: Abend v. MCA, Inc., 863 F. 2d 1465 (9th Cir. 1988), 58 U. Cin. L. Rev. 1069 (1990).

被作者通过合同牺牲掉了"。❶ 续展条款给了作者重新获得版权的第二次机会，使作者可以在第一个 28 年结束之时，也就是作品已经被公之于众的情况下，根据对作品市场价值的新认识，重新谈判版权的转让与许可，收回其原来在不利条件下（作品尚未公开，市场价值还不确定）就被授予出去的版权。正如议会报告中所指出的：这是经常发生的，作者常以一个很小的数额就把他作品上所有的权利卖给了出版商。如果这一作品被证明非常成功，作者也活过 28 年的保护期，那议会认为应该是作者有权续展这一期限，这样他就不会被剥夺这一权利。❷ 1909 年《美国版权法》的续展条款给了作者再获得版权的机会。但实践中，由于作者经常会把这一续展权转让给演绎作者，所以，这一续展条款也常不能保护作者。因为如果作者在续展时还活着，他会将这一续展利益转让给那些精明的商人。例如，在 Fred Fisher 案❸中，法院就判决在作者将这一续展权转让之后，不能再重新获得版权。

自 1909 年被修订后，多年来《美国版权法》都没有很大变化。一直到 1955 年美国积极促成并加入《世界版权公

---

❶ Jill I. Prater, When Museums Act Like Gift Shops: The Discordant Derivative Works Exception to the Termination Clause, 17 Loy. L. A. Ent. L. J. 97 (1996).

❷ H. R. Rep. No. 60 – 2222, at 14 (1909).

❸ Fred Fisher Music Company v. M. Witmark & Sons 318 U. S. 643 (1943). 在该案中，歌曲 When Irish Eyes Are Smiling 的作者将他的版权和续展权都卖给了出版商。法院认为，1909 年的《美国版权法》续展条款反映了法律的一种家长式做法。应允许作者转让续展权。虽然作者可能基于多种考虑，有转让权利的倾向，但他们仍然有独立的精神，这使他们讨厌那种家长式的把它们当小孩对待的法律。最高法院的这一判决破坏了 1909 年版权法续展条款的主要目的（给予作者特别保护），因为它允许他们在不利地位时放弃自己的经济利益。

约》之际，议会才开始考虑实质性修改《美国版权法》，以进一步反映技术的发展。经过长达十几年的调研、听证，议会最终在 1976 年通过了《美国版权法》的修正案。与 1909 年的《美国版权法》相比，1976 年的《美国版权法》发生了较大变化。其中，在版权转移的终止方面，鉴于 1909 年《美国版权法》的续展条款可能导致该续展权被作者转让出去，违背该条款的立法目的，1976 年《美国版权法》废除了版权保护期的续展，规定一般作品的保护期是作者有生之年加死后 50 年，法人作品的保护期则为发表之后的 75 年或完成之后的 100 年，二者取其长者。❶尽管废除了版权保护期的续展，但《美国版权法》对作者重新收回版权的保护并没有变。按照该法第 203 条、第 304 条的规定❷，作者及其继承人可以在一定的时间内再收回曾经转移出去的版权，只要他们书面通知到受让人或被许可人。终止权的有效期为 5 年，一般自转让或许可合同完成后的第 35 年的年底开始计算。终止权不可转让、放弃，只能由作者或其法定继承人享有。❸而一旦他们行使了终止权，则已经转让或许可出去的权利，全部回归作者或其法定继承人，他们可以将这一收回的版权再重新转让或许可给他人。对于《美国版权法》第 203 条和

---

❶　1999 年，美国议会又通过《版权期限延长法》，将一般作品的保护期改为作者有生之年加死后 70 年，法人作品的保护期则为发表之后的 95 年或完成之后的 120 年，二者取其长者。

❷　其中，第 203 条适用于 1978 年 1 月 1 日之后创作的作品，而第 304 条适用于 1978 年 1 月 1 日之前创作的作品。

❸　通过表明这一权利不能放弃，议会终止了 Fisher 案的不合理判决，限制了作者在不利条件下将作品的未来利益放弃的权利。

第 304 条的这一规定，美国版权局前负责人，版权终止与例外条款的拟定者芭芭拉·林格（Barbara Ringer）解释说：议会决定摒弃原来的续展条款，主要是因为该条款在实践操作中令人很不满意。在一些案例中，这样的一个续展条款使得作者或他的法定继承人是否能重新获得版权变得非常不确定。当然，以一个更长的保护期限（有生之年加死后 50 年）来代替保护期限续展，版权法律也必须面对同样的一个问题，如果作者的版权可以受到超过 100 年的保护，那么一个最初对作者不公平的授权合同，作者和他的家庭还能否从中获利？对此问题，议会最后达成以下妥协：（1）允许作者享有终止权，但只能在某一固定时间之后；（2）这一固定时间必须足够让投资者收回成本，但也不能过分剥夺作者利益，最终确定为 35 年。❶ 而在一份论证报告中，议会也进一步解释了第 304 条授予作者继承人终止权的规定：在 1909 年版权法的续展条款下，任何的作者及其法定继承人都可以转让或许可这一续展权。所以，很多人就通过捆绑销售的方式，从寡妇、鳏夫、小孩或作者的其他至亲手中获得作品上的版权及续展权，使该条款的立法目的落空。而根据新的第 304 条的规定，作者的法定继承人将可以重新夺回这一权利。❷

通过第 203 条和第 304 条的终止条款，1976 年《美国版权法》强调了对作者经济利益的保护，使诸多艺术家们可以在作品的商业价值已被开发的前提下，终止一个对他没有任

---

❶ Virginia E. Lohmann, The Errant Evolution of Termination of Transfer Rights and the Derivative Works Exception, 48 Ohio St. L. J. 897（1987）.

❷ Jill I. Prater, When Museums Act like Gift Shops: The Discordant Derivative Works Exception to the Termination Clause, 17 Loy. L. A. Ent. L. J. 97（1996）.

何利益的早期授权合同，重新获得作品上的版权。例如，某作家甲在将自己小说的出版权卖给出版商乙后的第 35 ~ 40 年，就可以再收回乙对该书的出版权，重新许可他人出版该书。

（二）演绎作品的例外

《美国版权法》第 203 条和第 304 条对作者的特殊保护，自然也引起了很多作品使用者的不满，如某些电影制作公司。我们知道，将小说、剧本等改编成电影，这是电影创作中的常见现象。为拍摄电影，电影制作公司经常需要与小说家或编剧签订演绎权许可合同，以获得他们的授权。因此，作为版权转让或许可合同的被授权方，版权转移终止条款的出现显然对它们不利。一旦作者获得版权转移合同的终止权，则它们将不仅不能再依据原合同改编作者作品，而且其已经改编拍摄而成的电影也将由于丧失作者的合法授权而处于非法状态，面临被禁播的风险。事实上，就《美国版权法》第 203 条和第 304 条的规定，美国电影协会曾与美国作曲家联盟、作者和出版者、美国作家联盟、美国音乐出版协会及美国图书出版机构等发生过激烈的争吵。它们认为，授予作者及其法定继承人终止原版权转让或许可合同的权利，将给电影业带来重大打击，影响电影公司继续利用那些改编自小说的电影。芭芭拉·林格代表议会认可了电影业的这一观点，认为，"为了对演绎作者公平，也为了避免剥夺公众在这种情况下对演绎作品的接触，一个演绎作品的例外应该被写入第 304 条和第 203 条，以保护对演绎作品的正常使用和不剥夺演绎作者的版权，而该例外的唯一受益者是那些想要继续使用它的演绎作者。"❶ 出于保护演绎作者利益及公共利益的需要，议会在《美国版权法》第 203 条和第 304 条各增加了 203（b）（1）款和 304（c）（6）（A）款，补充规定了演绎作品的例外条款：根据终止前的授权而创作的演绎作品在该授权终止后，演绎作者仍可按原授权条件继续利用这一演绎作品，但这种特权不能推广适用于版权终止后根据版权作品创作的其他演绎作品。

与版权转移终止条款重在保护作者（授权方）利益不同，议会补充规定的演绎作品例外条款，显然是为了保护作品使用者（被授权方）利益，限制作者的终止权。根据该条款，如果作者甲在其授权电影公司乙将其小说改编成电影 A 后的第 36 年，行使版权转移终止条款规定的终止权收回了之前曾授予给乙的演绎权，那么，他也只能禁止乙在版权转移合同终止后的再演绎行为（如将小说再改编拍摄成电影 B），而不能禁止乙继续使用（如放映）原演绎作品 A。当然，这里所说的作品使用者，仅限对原作品做出了实质性贡献及努力的演绎作者。演绎作品例外条款并不保护所有的作品使用者。例如，作品的出版商、表演者等就不能援引该条主张自己可以在合约被终止后继续出版、表演原作品。换言之，立法者只认为允许演绎作者在版权终止后继续使用演绎作品是公平的。在他们看来，演绎作品不同于原作品，它是演绎作者带给我们的。对原作者的保护不能以牺牲演绎作者的利益为代价。为激励演绎作者创作，

---

❶ Rob Sanders, The Second Circuit Denies Music Publishers the Benefits of the Derivative Work Exception: Fred Ahlert Music Corp. v. Warner/Chappell Music, Inc., 29 Sw. U. L. Rev. 655（2000）.

必须保护他们在版权转移合同终止后对演绎作品的继续使用，以帮助其收回投资。因此，演绎作品例外条款的通过，就作品使用者而言，它是以电影业为代表的演绎作者所取得的胜利；就议会而言，则是为了获得电影业对版权转移终止条款的支持而做出的让步。那么，这种所谓的胜利或让步，对作品的使用究竟有多大影响呢？我们看到，议会在一份报告中说道：电影可被认为是包含原作的演绎作品，不管原作品是独立存在还是为电影而特别创作。由剧本改编的电影在电影合同终止后，电影公司有权继续表演。但合同中的任何重新复制的权利电影公司是不享有的。其中，无论是203（b）（1）款中的演绎作者，还是304（c）（6）（A）款的演绎作者，都不可能在合同终止后对演绎作品作新的进一步开发和使用。但是，议会并没有明确界定这一例外的确切范围，这好像是要获得电影业对原作者终止权的支持而做出的让步。由于演绎作者对原作品作出了实质性贡献并付出了一定的努力。如将小说拍成电影。所以，议会认为允许演绎作者在版权终止后继续使用演绎作品是公平的。❶ 考察议会对演绎作品例外条款的这一解释，不难看出，该条款对演绎作者的保护，受"原授权条件"限制。即，对于一部已被行使终止权的演绎作品，演绎作者只有在原授权条件下继续使用才是合法的，如若超越"原授权条件"，则被认定为非法，原作者有权禁止。

三、演绎作品保护的双赢：分阶段保护

考虑到作者可能在不知道作品价值的时候就把版权转让或

---

❶ Virginia E. Lohmann, The Errant Evolution of Termination of Transfer Rights and the Derivative Works Exception, 48 Ohio St. L. J. 897 (1987).

许可出去,《美国版权法》规定了版权转移的终止条款,允许作者在一定期限后终止原来的授权协议,收回已转让或许可出去的版权。版权转移的终止条款体现出对作者利益的维护。但是,使原被授予的权利在到期后回归作者,这也可能会妨碍到人们对演绎作品的开发与利用。例如,在演绎作品被创作出来后,原作者又收回版权的情况下,演绎作者该怎么办?他还能否继续使用自己创作的演绎作品?为避免版权转移的终止条款对演绎作品的创作产生不利影响,保护演绎作者的利益,《美国版权法》又对版权转移的终止条款作出限制,规定演绎作品例外,使在版权终止前依据授权产生的演绎作品,在版权终止后仍可在原授权范围内继续使用。在演绎作品例外的保护下,演绎作者不用另外再获得作者的授权,只需将原约定的许可费交付作者,就可继续使用版权终止前自己合法创作的演绎作品。通过版权转移的终止及例外条款,议会想要完成《宪法》的使命。一方面,使作者和他的继承人从延长的版权保护期限中受益;另一方面,也给予演绎作者一个固定的可以收回投资的期限,鼓励他们对演绎作品的投资及促进公众对作品的接触。❶ 因此,面对原作者和演绎作者的利益冲突,《美国版权法》采取的是分阶段保护法。即在版权保护期限的前 35 年,侧重于保护演绎作者利益,使他们能够大量收回投资;而在版权保护期限的后 35 年,则侧重于保护原作者利益,使他们可以根据新的有利条件重新授权,但不能禁止演绎作者继续利用

---

❶ Rob Sanders, The Second Circuit Denies Music Publishers the Benefits of the Derivative Work Exception: Fred Ahlert Music Corp. V. Warner/Chappell Music, Inc. , 29 Sw. U. L. Rev. 655 (2000).

他的演绎作品。

《美国版权法》在平衡私人利益和公共利益方面的这一做法，也为限制作者的演绎权提供了有益的启发。对于演绎作品的创作问题，现行版权法的态度是：演绎作品的创作须取得原作者演绎权的授权。经合法授权创作的演绎作品，受到版权法保护；但演绎作者的版权只及于其增加部分，演绎作品中的原作品部分还是由原作者享有版权。现行版权法的这种区分原作者版权和演绎作者版权的做法，看似既保护了原作者利益，又保护了演绎作者利益，非常公正。但事实上，无论是原作品部分，还是新增的演绎部分，都是演绎作品的不可分割部分。人为将这两部分区分开来，既不现实，也无意义。对于演绎作者来说，只保护它对演绎作品中新增部分的版权，这其实是相当于什么都没保护。❶ 严格区分演绎作品的原作部分与演绎部分，反而使得两作者的版权相互制约，抑制了演绎作品的开发与利用。例如，对非法演绎作品的保护就反映出这样一种尴尬。由于未获原作者演绎权的授权，演绎作品得不到法律保护，原作者和演绎作者都不能享有该作品的版权。某种意义上来说，原作者和演绎作者利益冲突的根源，并不是演绎作品不值得法律保护，而是法律对演绎权的保护过强。按照版权法关于演绎权的规定，只要原作品还在版权保护期限内，演绎作品的创作与利用就要永远受制于原作者。演绎权的这一规定，破坏了演绎作品的一体性及演绎作者版权的独立性。一个演绎作品经常包含了演绎作者的重要原创。如果阻止所有进一步对这些作品的

---

❶　Peter J. Settle, Underlying Copyright Renewal and Derivative Works: Abend v. MCA, Inc., 863 F. 2d 1465 (9th Cir. 1988), 58 U. Cin. L. Rev. 1069 (1990).

使用，或把这些演绎作品创作者交给要价过高的原作者，这是不公平的。从演绎作品中，公众可能失去的比原作品更多。❶

本质上，原作者与演绎作者的利益冲突，属在先权利与在后权利的冲突。对于这一冲突，采取《美国版权法》中的这种分阶段保护法去解决，可能效果更好。这一点其实早在我国《商标法》中就已有所体现。例如，当某一商标是擅自使用他人的画作注册获得时，就侵犯了作者的复制权。那么，商标权人是否会因为这一侵权行为而丧失自己的商标权呢？由于商标的价值并不一定就是该幅画的价值，它还可能包含商标权人的努力与贡献。所以，从兼顾作者利益及商标权人利益出发，我国《商标法》规定，在该商标获得注册之日起 5 年内，作者可以以自己的版权受到侵犯为由申请宣告该商标无效。超过 5 年，商标权人的商标合法有效，不能被宣告无效。通过设定 5 年这一固定期限，法律既保护了作者的利益，肯定了他的要求侵权赔偿及申请宣告商标无效的权利；又保护了商标权人的利益，使他对商标的大量投入不会因为作者的申请宣告商标无效行为而白白流失。有鉴于此，从平衡原作者利益和演绎作者利益出发，我国《著作权法》有必要打破传统的演绎作品区分理论，采用分阶段保护法来保护演绎作品。即规定，在某一固定期限前，演绎作品上的全部版权由原作者享有；而在某一期限后，演绎作品上的全部版权由演绎作者享有，原作者不再是演绎作品上的权利人。

---

❶ Curtis, Caveat Emptor in Copyright: A Practical Guide to the Termination of Transfer Provisions of the New Copyright Code, 25 Bull. Copyright Soc'y 19 (1977).

第四节 法定许可

在合理使用、权利穷竭等版权限制制度之外，版权法又规定了法定许可制度，以促进作品的传播及公众对作品的接触。不同于其他的版权限制制度，法定许可制度只是否定了作者的许可权，并未剥夺作者的获得报酬请求权。因此，法定许可制度的产生，本身就是版权法利益平衡精神的体现。以法定许可制度限制作者的演绎权，是实现作者利益与公共利益双赢互动的有效途径。

一、法定许可下的利益平衡

所谓法定许可，是指根据法律的直接规定，以特定的方式使用他人已经发表的作品可以不经版权人的许可，但应当向版权人支付使用费，并尊重版权人的其他各项人身权利和财产权利的制度。[1] 根据法定许可制度，某些作品的传播者可以不经作者同意，就使用作者的作品。如广播电台、电视台，可以不经唱片公司许可，就播放它们已经出版的唱片；或报纸、期刊，可以不经作者同意，就相互转载版权作品；等等。作为一种非自愿许可，法定许可限制了作者对作品的控制与支配，使不特定的多数人可以不问作者意志即单方面使用作品。通过限制作者的同意权，法定许可增进了公众对作品的接触，避免了版权滥用现象的产生。

---

[1] 刘春田：《知识产权法》，高等教育出版社、北京大学出版社2000年版，第121页。

　　法定许可不仅是保护公共利益的需要，也是保护作者利益的需要。由于作品利用的非排他性，作者要实现经济利益的最大化，必须使作品广泛传播，推动公众对作品的消费。但是，随着传媒技术特别是网络技术的发展，人们经常将文学、艺术作品合成或转换成新的表现形式，或者通过邮箱、网站、聊天室等交流它们。❶ 在这样的环境下，如果每一使用作品行为，作者都需要一一与他们协商、交涉，这对双方来说都是一个巨大的负担。一方面，取得授权的前提是弄清作品的版权状态及版权人的授权条件。由于版权公示制度的不完善，版权调查的任务自然就由作品使用者自己承担起来，如果使用者要取得授权的作品数量过大，就会超过自身的处理能力，并带来诸多授权难题。❷ 另一方面，如果未获作者授权，则自愿授权模式下的公众要么放弃使用作品，要么擅自使用作品，这既影响到作品的正常利用，也增加了作者的诉讼成本。面对一个庞大的消费群体，传统的以双方合意为基础的自愿授权模式阻碍了版权交易，给作者利益及公共利益带来不利影响。网络的出现不可避免地会破坏版权机制。传统版权法不再能实现它的排他性目的。对创新和信息因素的保护需要寻找新的替代方案。❸ 为克服自愿授权模式的这一弊端，版权法有必要限制作者的同意权，允许公众在未获授权的前提下使用作品，只要它们将相关

---

❶ Michael A. Einhorn, Media, Technology and Copyright—Integrating Law and Economics, Edward Elgar, 2004, p. 36.

❷ 崔波：“网络作品的法律地位与版权授权机制存在的问题研究”，载《现代情报》2004 年第 7 期。

❸ Fiona Macmillan, New Directions in Copyright Law, Volume 1, Edward Elgar, 2005, p. 53.

的许可费用交给作者。因此，设立法定许可制度不仅是对作者授权意志的限制，也是尊重作者真实意思的体现。某种意义上来说，法定许可也可理解为是"法律推定版权人可能同意并应该同意将作品交由他人使用，因而由法律直接规定许可"。❶通过法定许可，消费者无须和作者进行授权交涉，只需交纳一定费用即可实现对作品的利用。这不仅节约了交易成本，减少了社会资源的浪费，而且也保障了作者的经济利益，回报和激励了作者的创作。

二、法定许可对演绎权的适用

创作活动必须被鼓励和回报。但是，对作者的私人激励，又以为促进公众更广泛地获得文学、音乐和其他艺术作品为目的。❷ 由于演绎作品并不和原作品相竞争，而且可以增进公众福利，所以版权法对演绎权的态度，必须非常谨慎。一方面，授权成本的存在，使得对演绎权的过度保护，将阻碍演绎作品的创作，导致原作者获得太多作品上的价值，造成对作者的过度补偿，带来社会成本。另一方面，如果完全否定作者的演绎权，剥夺原作者对演绎作品的控制，允许演绎作者在不购买原作者版权的前提下就可创作演绎作品，并由此而获利，这对原作者也不公平，不利于激励原作者创作。那么，如何平衡原作者利益和演绎作者利益呢？显然，版权法应该在保护演绎权和不保护演绎权之间作出妥协，既不允许他人免费自由创作演绎

---

❶　吴汉东：《著作权合理使用制度研究》，中国政法大学出版社 2005 年版，第153 页。

❷　Twentieth Century Music Corp v. Aiken Twentieth Century Music Corp. 422 U. S. 151（1975）.

作品，以免损害到原作者的经济利益；也要肯定演绎作者对演绎作品的权利，使他在法律中的境遇并不比他选择不创作演绎作品更差。就现行版权法关于演绎权的规定来看，法律过分注重于对作者利益的保护，而忽略了对公共利益的保护。科学的进步是演进性地（evolutionarily）而非革命性地（revolutionarily），这和艺术文化一样。演绎是艺术进步的引擎，但这个点燃艺术创作之火的钥匙却并未给演绎作者带来多少利益。演绎权赋予了原作者太大的垄断权。这种对作者的过分激励，牺牲了文化发展的连续性，割断了艺术创作的联系。❶ 例如，在现行演绎权制度下，如果甲想要续写一部小说，则它必须先要取得原作者乙的同意并支付报酬。假设甲按照正常的市场条件和乙协商，而乙出于担心该续作会招致他人对自己作品的批评而拒绝许可，则甲便无法创作这一演绎作品，即使他愿意给钱也不行。因此，从保护公共利益、限制作者权利考虑，版权法应以法定许可制度限制作者的演绎权，取消作者的许可权，仅保留其获利权利。从合理使用开始，很多法院就经常认为对已有作品的二次使用（如果是创新性使用），结果是促进了文化的演进而不仅是对原作品的单纯利用。一部原作品的翻译作品，给了人们接触新信息的机会；而一部原作品的戏仿作品，则通过滑稽模仿形式赋予了原作品新的意义。版权法并不是要禁止复制，而是要激励出作者创作出更多的新作品以满足公众需要。因此，演绎作品本身对原作品的复制，并不违反版权法，

---

❶ Robert J. Morrison, Deriver's Licenses: An Argument for Establishing a Statutory License for Derivative Works, 6 Chi.-Kent J. Intell. Prop. 87 (2006).

尽管这种对原作品的利用可能确实会损害到原作者的经济利益。❶ 为激励演绎作品的创作，避免这一行为可能给原作者创作所带来的副作用，版权法有必要在否定原作者同意权时，允许原作者从演绎作品的发行中分享利益，实现既鼓励创新，又兼顾利益平衡的目的。

　　以法定许可制度限制作者的演绎权，这虽然看似有些不公平，强迫了作者必须授权，但实际上它并没有损害作者的经济利益，仍反映出对作者的保护。当然，这样的一种利益分配机制，在实际操作中，也还是会产生不少问题。例如，法定许可虽然规定演绎作者只需要支付相关费用而无须获得许可，但这仍可能不利于演绎作者。因为这一费用要求会增加演绎作者的创作成本，尤其是对于那些挪用很多作品来创作某一演绎作品的作者来说，作者的创作成本可能会很高。或者，对于一些非商业性使用版权作品的作者而言，如一些仅供个人交流的网站，这样的一笔许可费用也将使它们难以负担。而且，法定许可的费用应如何收取，这也是一个很大的问题。对于信息数据来说，可以按字节收费。但对于艺术作品来说，就很难去设计一个统一的标准合理收费。又如，演绎作者是否要对所有的相似作品都付费？另外，可能也很少有人愿意遵从法定许可。因为即使他们不付费，可能也很难被抓到，除非这个侵权者非常有名。❷ 为解决这样一些问题，我们有必要进一步完善法定许可的相关配套制度，以实现版权法在保护作品演绎权方面的双赢。

---

❶　Robert J. Morrison, Deriver's Licenses: An Argument for Establishing a Statutory License for Derivative Works, 6 Chi. -Kent J. Intell. Prop. 87 (2006).

❷　Naomi Abe Voegtli, Rethinking Derivative Rights, 63 Brooklyn L. Rev. 1213 (1997).

本章小结

　　演绎权的扩张，可能使很多演绎作品的创作活动处于法律黑暗中，这既不利于技术的进步，也不利于公众对作品的接触。为实现私人利益和公共利益的平衡，版权法有必要对作者的演绎权进行适当限制，以防止其损害公益目的。限制作者演绎权的方法有很多，如合理使用、权利穷竭、法定许可及版权转移终止的演绎作品例外等等。其中，合理使用发源于自由节选，在保护公众对作品的自由改编、翻译等方面，合理使用曾发挥了重要作用，是限制作者演绎权的主要制度。但是，随着合理使用的判断标准逐渐由转换性目的转向非商业性目的，合理使用越来越复杂和不确定，对演绎权的限制作用日益减弱。相较于合理使用，权利穷竭主要是通过保护作品原件或复制件的购买者的再发行权来限制作者的演绎权。只是，由于这种对购买者的保护，仅限于其再发行购买的作品原件或复制件，而不包含对原作品的复制。因此，这一制度对演绎权的限制作用，也非常有限。不同于合理使用和权利穷竭，法定许可和版权转移终止的演绎作品例外对作者演绎权的限制，体现出一种折中精神。在法定许可制度下，作者被剥夺了演绎权中的许可权，但仍保留了演绎权中的利益分享权。而在版权转移终止的演绎作品例外中，对作者演绎权的限制采取的是分阶段保护法。即在某一段时间内，承认作者的演绎权，而在另一段时间内，则否定作者的演绎权。由于法定许可和版权转移终止的演绎作品例外较好地兼顾了各方利益，且实践操作起来也相对灵活、简便。因此，这两项制度的可适用范围较广，是限制或完善演绎权的首要选择。

结　　论

　　根据我国《著作权法》第 14、15 和 16 条的规定，作者享有改编权、翻译权和汇编权。《著作权法》的这一规定，反映出我国在演绎权立法方面，采用的是具体列举式的立法模式。尽管演绎权的存在可能会影响到二次创作，但毫无疑问，保护作者的演绎权，在我国确实意义重大。通过保护作者在演绎作品市场上的经济利益，演绎权激励了原作者创作，并保护了作者的精神利益，体现出对作者人格、个性的尊重。另外，它也节约了交易成本、有利于作品的及早公开并克服了公地悲剧现象的产生，避免了资源浪费。然而，我国《著作权法》关于演绎权的这一规定，还是过于简单和含糊。它仅规定作者享有演绎权，且承认经合法授权创作的演绎作品受法律保护。换言之，它既肯定了原作者的演绎权，也肯定了演绎作者对演绎作品的版权。但是，对于这二者的权利冲突，我国《著作权法》却没有作出明确而直接的规定。随着演绎权的扩张，原作者与演绎作者的权利冲突日益加剧。为平衡原作者和演绎作者的利益，消除演绎权对演绎创作的不利影响，我国《著作权法》有必要对作者的演绎权进行适当限制，将演绎权纳入法定许可范围，允许演绎作者可以不经过原作者同意创作和利用原作品，但必须向原作者支付一定的报酬。而司法实践中，为解决演绎权侵权纠纷，法官一方面应注意区分演绎权与演绎作品的版权，在认定演绎权侵权时，要求非法演绎作品须具有原创性或固定性；另一方面，也应注意区分演绎权与复制权、修改权及保护作品完整权，综合运用实质性相似测试法、市场测试法及精神利益测试法，以判断作者的演绎权是否被侵犯。

参考文献

一、中文著作和译著

[1]［美］莱斯格著.思想的未来——网络时代公共知识领域的警世喻言.李旭译.北京：中信出版社，2004

[2]［美］塞尔著.私权、公法——知识产权的全球化.董刚，周超译.北京：中国人民大学出版社，2008

[3]［美］波斯纳著.论剽窃.沈明译.北京：北京大学出版社，2010

[4]［美］兰德斯·波斯纳著.知识产权法的经济结构.金海军译.北京：北京大学出版社，2005

[5]［美］安守廉著.窃书为雅罪：中华文华中的知识产权法.李琛译.北京：法律出版社，2010

[6]［美］墨杰斯等著.新技术时代的知识产权法——美国法律文库.齐筠等译.北京：中国政法大学出版社，2003

[7]［美］贝蒂格著.版权文化——知识产权的政治经济学（新概念出版论丛）.沈国麟，韩绍伟译.北京：清华大学出版社，2009

[8]［美］约翰·冈茨等著.数字时代，盗版无罪：著作权之道.周晓琪译.北京：法律出版社，2008

[9]［美］斯蒂文著.科斯经济学——法与经济学和新制度经济学.罗君丽等译.上海：上海三联书店，2007

［10］［美］萨缪尔森等著.经济学.萧琛译.北京：人民邮电出版社，2008

［11］［美］R.科斯 A.阿尔钦 D.诺斯等著.财产权利与制度变迁——产权学派与新制度学派译文集.上海：上海三联书店、上海人民出版社，2004

［12］［美］理查德·A·波斯纳著.法律的经济分析.蒋兆康，林毅夫译.北京：中国大百科全书出版社，2003

［13］［英］爱德华·扬格著.试论独创性作品.袁可嘉译.北京：人民文学出版社，1998

［14］［英］帕斯卡尔著.欧盟电影版权.籍之伟等译.北京：中国电影出版社，2006

［15］［奥］谢尔曼，［英］本特利著.现代知识产权法的演进：1760～1911 英国的历程.金海军译.北京：北京大学出版社，2006

［16］［英］洛克著.政府论.叶启芳，瞿菊农译.北京：商务印书馆，1964

［17］［澳］彼得·达沃豪斯，约翰·布雷斯韦特著.信息封建主义.刘雪涛译.北京：知识产权出版社，2005

［18］［澳］彭道敦，李雪莆著.普通法视角下的知识产权.谢琳译.北京：法律出版社，2010

［19］［意］米盖拉著.中国和欧洲印刷史与书籍史.韩琦编.北京：商务印书馆，2008

［20］［德］M·雷炳德著.著作权法.张恩民译.北京：法律出版社，2005

［21］［德］康德著.法的形而上学原理——权利的科学.沈叔平译.北京：商务印书馆，1991

[22] ［德］黑格尔著.法哲学原理.范扬，张企泰译.北京：商务印书馆，1961

[23] ［匈］菲彻尔著.版权法与因特网.郭寿康译.北京：中国大百科全书出版社，2009

[24] ［日］富田彻男著.市场竞争中的知识产权.廖正衡等译.北京：商务印书馆，2004

[25] ［日］田村善之著.日本知识产权法.周超等译.北京：知识产权出版社，2011

[26] ［日］中山信弘著.多媒体与著作权.张玉瑞译.北京：专利文献出版社，1997

[27] 陈樱琴，叶枚好.智慧财产权法.台北：五南图书出版公司，2007

[28] 曾胜珍.论网路著作权之侵害.台北：元照出版公司，2008

[29] ［美］希瓦·维迪亚那桑著.著作权保护了谁.陈宜君译.台北：商周出版，2003

[30] 萧雄淋.新著作权法逐条释义.台北：五南图书出版公司，1996

[31] 郑成思.版权法.北京：中国人民大学出版社，1997

[32] 郑成思主编.知识产权文丛.北京：中国方正出版社，2001

[33] 吴汉东.知识产权多维度解读.北京：北京大学出版社，2008

[34] 吴汉东.著作权合理使用制度研究.北京：中国政法大学出版社，2004

[35] 吴汉东等.知识产权基本问题研究.北京：中国人民大学

出版社，2005

[36] 吴汉东主编.知识产权年刊（2009年号）.北京：北京大学出版社，2010

[37] 刘春田主编.中国知识产权评论（第五卷）.北京：商务印书馆，2011

[38] 李明德.美国知识产权法.北京：法律出版社，2003

[39] 冯晓青.知识产权法哲学.北京：中国人民公安大学出版社，2003

[40] 冯晓青.知识产权法利益平衡理论.北京：中国政法大学出版社，2006

[41] 曹新明，梅术文.知识产权保护战略研究.北京：知识产权出版社，2010

[42] 曹新明，张建华.知识产权制度法典化问题研究.北京：北京大学出版社，2010

[43] 胡开忠，陈娜，相婧.广播组织权保护研究.武汉：华中科技大学出版社，2011

[44] 张今.版权法中私人复制问题研究—从印刷机到互联网.北京：中国政法大学出版社，2009

[45] 易健雄.技术发展与版权扩张.北京：法律出版社，2009

[46] 朱理.著作权的边界——信息社会著作权的限制与例外研究.北京：北京大学出版社，2011

[47] 宋慧献.版权保护与表达自由.北京：知识产权出版社，2011

[48] 侯健.表达自由的法理.上海：上海三联书店，2008

[49] 王太平.知识产权客体的理论范畴.北京：知识产权出版社，2008

［50］ 卢海君.版权客体论.北京：知识产权出版社，2011

［51］ 李扬主编.知识产权的合理性、危机及其未来模式.北京：法律出版社，2003

［52］ 杨延超.作品精神权利论.北京：法律出版社，2007

［53］ 费安玲.著作权权利体系研究——以原始性利益为主线的理论探讨.武汉：华中科技大学出版社，2011

［54］ 陈昌柏.知识产权经济学.北京：北京大学出版社，2006

［55］ 李响.美国版权法：原则、案例及材料.北京：中国政法大学出版社，2004

［56］ 孟祥娟.版权侵权认定.北京：法律出版社，2001

二、中文论文和译文

［1］ 卢海君.从美国的演绎作品版权保护看我国著作权法相关内容的修订.政治与法律，2009（12）：134～136

［2］ 黄汇.非法演绎作品保护模式论考.法学论坛，2008（1）：133

［3］ 梁志文.作品不是禁忌——评《一个馒头引发的血案》引发的著作权纠纷.比较法研究，2007（1）：118～121

［4］ 丁丽瑛."规则主义"下使用作品的"合理性"判断.见吴汉东主编.知识产权年刊.北京：北京大学出版社，2010，53～65

［5］ 马秀荣.非法演绎作品之著作权辨.见郑成思主编.知识产权文丛（第六卷）.北京：中国方正出版社，2001，331～342

［6］ 冯晓青.演绎权之沿革及其理论思考.山西师大学报（社会科学版），2007（5）：40～43

[7] 郭碧娥.论多重著作权的产生机理及行驶规则——以演绎作品为视角.法制与经济, 2007 (10): 44~46

[8] 徐伟. "米老鼠"作品的演绎战略及对我国版权产业的启示.中国出版, 2006 (2): 46~48

[9] 王迁. "电影作品"的重新定义及其著作权归属与行使规则的完善.法学, 2008 (4): 85~89

[10] 祝建军.角色商品化的著作权法保护——以"米老鼠"卡通形象著作权侵权纠纷案为例.知识产权, 2008 (3): 45~49

[11] 吴汉东.形象的商品化与商品化的形象权.法学, 2004 (10): 77~85

[12] 吴汉东.利弊之间: 知识产权制度的政策科学分析.法商研究, 2006 (5): 6~14

[13] [日]萩原有里.日本法律对商业形象权的保护.知识产权, 2003 (5): 62~64

[14] 陈锦川.演绎作品著作权的司法保护.人民司法, 2009 (19): 44~48

[15] 王太平, 杨峰.知识产权法中的公共领域.法学研究, 2008 (1): 17~28

[16] 王太平.美国对创意的法律保护方法.知识产权, 2006 (2): 34~40

[17] 曹新明.论知识产权冲突协调原则.法学研究, 1999 (3): 70~79

[18] 曹新明.知识产权法哲学理论反思——以重构知识产权制度为视角.法制与社会发展, 2004 (6): 60~70

[19] 李雨峰.版权法上公共领域的概念.知识产权, 2007

（5）：3~8

［20］李雨峰.从写者到读者——对著作权制度的一种功能主义的解释.政法论坛，2006（6）：89~98

［21］郑成思.临摹、独创性与版权保护.法学研究，1996（2）：77~82

［22］李永明，张振杰.知识产权权利竞合研究.法学研究，2001（2）：89~102

［23］彭学龙.知识产权：自然权利亦或法定之权.电子知识产权，2007（8）：14~17

［24］［美］保罗·爱德华·盖勒.李祖明译.版权的历史与未来：文化与版权的关系见郑成思主编.知识产权文丛第六卷.北京：中国方正出版社，2001，237~309

［25］袁泳.论新技术与版权扩张.著作权，1998（4）：10~12

［26］孙玉芸.论非法演绎作品的法律保护.南昌大学学报（人文社科版），2012（5）：80~83

三、英文著作

［1］Ronan Deazley, *Rethinking Copyright—History, Theory, Language*, Edward Elgar, 2006.

［2］Melville B. Nimmer, *Nimmer on Copyright*, LexisNexis Matthew Bender, 1981.

［3］Fiona Macmillan, *New Directions in Copyright Law*, Volume 1, Edward Elgar, 2005.

［4］Robert S. Lynd, *Know for What? The Place of Social Science in American Culture*, Grove Press, Inc, 1964.

［5］Stephen M. McJohn, *Copyright Examples and Explanations*,

Aspen Publishers，2006.

[6] Lior Zemer，*The Idea of Authorship in Copyright*，Ashgate，2007.

[7] Lisa N Takeyama，*Developments in the Economics of Copyright*，Edward Elgar，2005.

[8] Charlotte Wealed，*Intellectual Property—the many faces of the public domain*，Edward Elgar，2007.

[9] Michael A. Einhorn，*Media，Technology and Copyright—Integrating Law and Econ-omics*，Edward Elgar，2004.

[10] Lucie Guibault，P. Bernt Hugenholtz，*The Future of the Public Domain—Identifying the Commons in Information Law*，Kluwer Law International，2006.

[11] Meir Perez Pugatch，*The Intellectual Property Debate—Perspectives from Law，Economics and Political Economy*，Edward Elgar，2006.

[12] Ronan Deazley，*On the Origin of the Right to Copy—Charting the Movement of Copyright Law in Eighteenth-Century Britain*（1695 ~ 1775），Oxford and Portland Oregon，2004.

[13] Lior Zemer，*The Idea of Authorship in Copyright*，Ashgate，2007.

[14] Paul Goldstein，*Copyright's Highway—From Gutenberg to the Celestial Jukebox*，Stanford University Press，2003.

[15] Michael A. Gollin，*Driving Innovation Intellectual Property Strategies for a Dyna-mic World*，Cambridge University Press，2008.

［16］ melville B. Nimmer & David Nimmer, *Nimmer on Copyright*, Matthew&Bender Company, Inc, 2005.

［17］ Peter Ganea Christopher Heath, *Japanese Copyright Law*, Kluwer Law International, 2005.

［18］ Marshall A. Leaffer, *Understanding Copyright Law*, Matthew Bender Company, Inc, 1999.

四、英文论文

［1］ Edmund W. Kitch, Comment on Dennis S. Karjala, Harry Potter, Tanya Grotter, and the Copyright Derivate Work, 38 *Ariz*, *St. L. J.* 41 (2006).

［2］ Michael K. Erickson, Emphasizing the Copy in Copyright: Why Noncopying Alterations Do not Prepare Infringing Derivative Works, 2005 *B. Y. U. L. Rev.* 1261 (2005).

［3］ Paul Goldstein, Derivate Rights and Derivative Works in Copyright, 30 *J. Copyright Soc'y U. S. A.* 209 (1983).

［4］ Patrick W. Ogilvy, Frozen in Time? New Technologies, Fixation, and the Derivative Work Right, 3 *Vand. J. Ent. & Tech. L.* 687 (2006).

［5］ Timothy Everett Nielander, The Mighty Morphin Ninja Mallard: The Standard for Analysis of Derivative Work Infringement in the Digital Age, 4 *Tex. Wesleyan L. Rev.* 1 (1997).

［6］ Emilio B. Nicolas, Why the Ninth Circuit Added Too Much to Subtract Add-on Software from the Scope of Derivative Works Under 17 *U. S. C.* § 106 (2): A Textual Argument, 2004 *Syracuse Sci. & Tech. L. Rep.* 4 (2004).

[7] Rob Sanders, The Second Circuit Denies Music Publishers the Benefits of the Derivative Work Exception: Fred Ahlert Music Corp. v. Warner/Chappell Music, Inc, 29 *Sw. U. L. Rev.* 655 (2000).

[8] Steven S. Boyd, Deriving Originality in Derivative Works: Considering the Quantum of Originality Needed to Attain Copyright Protection in a Derivative Work, 40 *Santa Clara L. Rev.* 325 (2000).

[9] Tyler T. Ochoa, Copyright, Derivative Works and Fixation: Is Galoob a Mirage, or does the Form (gen) of the Alleged Derivative Work Matter? 20 *Santa Clara Computer & High Tech. L. J.* 991 (2004).

[10] Aaron Clark, Not all Edits are Created Equal: The Edited Movie Industry's Impact on Moral Rights and Derivative Works Doctrine, 22 *Santa Clara Computer & High Tech. L. J.* 51 (2005).

[11] Lateef Mtima, So Dark the Con (tu) of Man: The Ques for a Software Derivative Work Right in Section 117, 70 *U. Pitt. L. Rev.* 1 (2008).

[12] Virginia E. Lohmann, The Errant Evolution of Termination of Transfer Rights and the Derivative Works Exception, 48 *Ohio St. L. J.* 897 (1987).

[13] Erin E. Gallagher, On the Fair Use between Derivative Works and Allegedly Infringing Creations: A Proposal for a Middle Ground, 80 *Notre Dame L. Rev.* 759 (2005).

[14] Donald R. Robertson, An Open Definition: Derivative

Works of Software and the Free and Open Source Movement, 42 *New Eng. L. Rev.* 339 (2008).

[15] Michael Wurzer, Infringement of the Exclusive Right to Prepare Derivative Works: Reducing Uncertainty, 73 *Minn. L. Rev.* 1521 (1989).

[16] Gerald O. SweeneyJr. & John T. Williams, Mortal Kombat: The Impact of Digital Technology on the Rights of Studios and Actors to Images and Derivative Works, 3 *Minn. Intell. Prop. Rev.* 95 (2002).

[17] Jill I. Prater, When Museums Act like Gift Shops: The Discordant Derivative Works Exception to the Termination Clause, 17 *Loy. L. A. Ent. L. J.* 97 (1996).

[18] Lydia Pallas Loren, The Changing Nature of Derivative Works in the Face of New Technologies, 4 *J. Small & Emerging Bus. L.* 57 (2000).

[19] Natalie Heineman, Computer Software Derivative Works: The Calm before the Storm, 8 *J. High Tech. L.* 235 (2008).

[20] Christine M. Huggins, The Judge's Order and the Rising Phoenix: The Role Public Interests Should Play in Limiting Author Copyrights in Derivative-Work Markets, 95 *Iowa L. Rev.* 695 (2010).

[21] Kelly M. Slavitt, Fixation of Derivative Works in a Tangible Medium: Technology Forces a Reexamination, 46 *IDEA* 37 (2005).

[22] Christina J. Hayes, Changing the Rules of the Game: How

Video Game Publishers are Embracing User-Generated Derivative Works, 21 *Harv. J. Law & Tec* 567 （2008）.

[23] Ashok Chandra, Crisis of Indefinite Consequence: How the Derivative Works Exception and the Lanham Act Undercut the Remunerative Value of Termination of Transfers, 16 *Fordham Intell. Prop. Media & Ent. L. J.* 241 （2005）.

[24] Gregory C. Lisby, Web Site Framing: Copyright Infringement hrough the Creation of an Unauthorized Derivative Work, 6 *Comm. L. & Pol'y* 541 （2001）.

[25] R. Anthony Reese, Transformativeness and the Derivative Work Right, 31 *Colum. J. L. & Arts* 467 （2008）.

[26] Peter J. Settle, Underlying Copyright Renewal and Derivative Works: Abend v. MCA, Inc. , 863 F. 2d 1465 （9th Cir. 1988）, 58 *U. Cin. L. Rev.* 1069 （1990）.

[27] Carol S. Curme, Derivative Works of Video Game Displays: Lewis Galoob Toys, Inc. v. Nintendo of Am. , Inc. , 964 F. 2d 965 （9th Cir. 1992）, 61 *U. Cin. L. Rev.* 999 （1993）.

[28] Michael A. Stoker, Framed Web Pages: Framing the Derivative Works Doctrine on the World Wide Web, 67 *U. Cin. L. Rev.* 1301 （1999）.

[29] Robert J. Morrison, Deriver's Licenses: An Argument for Establishing a Statutory License for Derivative Works, 6 *Chi. -Kent J. Intell. Prop.* 87 （2006）.

[30] Joseph A. Chern, Testing Open Source Waters: Derivative Works Under GPLv3, 13 *Chap. L. Rev.* 137 （2009）.

[31] Christine Wallace, Overlapping Interests in Derivative Works and Compilations, 35 *Case W. Res.* 103 (1985).

[32] Amy B. Cohen, When does a work Infringe the Derivative Works Right of a Copyright Owner? 17 *Cardozo Arts & Ent LJ* 623 (1999).

[33] Mitchell L. Stoltz, The Penguin Paradox: How the Scope of Derivative Works in Copyright Affects the Effectiveness of the GPL, 85 *B. U. L. Rev.* 1439 (2005).

[34] Lothar Determann, Dangerous Liaisons —Software Combinations as Derivative Works? Distribution, Installation, and Execution of Linked Programs Under Copyright Law, Commercial Licenses, and the GPL, 21 *Berkeley Tech. L. J.* 1421 (2006).

[35] Dennis S. Karjala, The Investiture of Professor Dennis S. Karjala as the Jack E. Brown Professor of Law: Harry Potter, Tanya Grotter, and the Copyright Derivative Work, 38 *Ariz. St. L. J.* 17 (2006).

[36] Kathryn Judge, Rethinking Copyright Misuse, 57 *Stan. L. Rev.* 901 (2004).

[37] Michael Abramowicz, A Theory of Copyright's Derivative Right and Related Doctrines, 90 *Minn. L. Rev.* 317 (2005).

[38] Naomi Abe Voegtli, Rethinking Derivative Rights, 63 *Brooklyn L. Rev.* 1213 (1997).

[39] Swatee L. Mehta, Berkeley Technology Law Journal Annual Review of Law and Technology : I. Intellectual Property:

A. Copyright: 3. Derivative Works: a) Substantial Similari-
ty Test: Tiffany Design, Inc. v. Reno-Tahoe Specialty,
Inc, 15 *Berkeley Tech. L. J.* 49 (2000).

[40] Elisa Vitanza, I Intellectual Property: A. Copyright: 2. De-
rivative Works: a) Popular culture derivatives: Castle Rock
Entertainment, Inc. v. Carol Publishing Group, Inc, 14
Berkeley Tech. L. J. 43 (1999).

[41] Dennis S. Karjala, Judicial Review of Copyright Term Exten-
sion Legislation, 36 *Loy. L. A. L. Rev.* 199 (2002).

[42] Pierre N. Leval, Toward a Fair Use Standard, 103 *Harv. L.
Rev.* 1105 (1990).

[43] Eileen Siegeltuch, Fred Ahlert Music Corp. v. Warner/Chap-
pell Music, Inc. -Post-Termination Licensing of Pre-Termina-
tion Derivative Works: Whose Song is it anyway? 6 *Vill.
Sports & Ent. L. J.* 379 (1999).

[44] Curtis, Caveat Emptor in Copyright: A Practical Guide to
the Termination of Transfer Provisions of the New Copyright
Code, 25 *Bull. Copyright Soc'y* 19, (1977).

[45] Note, Derivative Works and the Protection of Ideas, 14*GA.
L. REV.* 794 (1980).

后　记

本书是我在博士学位毕业论文基础上加工、润色而成。这篇博士毕业论文是我在中南财经政法大学知识产权研究中心攻读知识产权法学专业博士学位期间完成的。论文的写作，得到我的导师曹新明教授、吴汉东教授以及陈小君教授等诸位教授的指点和帮助。在此，表示深深感谢，感谢母校对我的培养，感谢各位老师对我的悉心教导与关心！你们的教诲与恩德，是我人生中的宝贵财富，我将永远铭记于心。

我博士毕业后继续就职于南昌大学法学院。本书的出版，得到了南昌大学法学院、南昌大学立法研究中心和卓越法律人才教育培养基地各位领导的大力支持，并提供学术著作基金资助本书出版。在此，亦向各位领导、同事、所在学院及立法研究中心表示深深感谢，你们的关心和支持，是我继续向前的动力，我将以进一步的努力来回报南昌大学。

本书能够得以顺利出版，在此还要特别感谢知识产权出版社和刘睿女士，感谢刘女士的无私帮助。

由于修订出版时间有些仓促，书中错谬浅陋之处在所难免，恳请读者批评指正。

是为记。

孙玉芸

2014.6.8

《知识产权专题研究书系》书目